The Event Safety Guide

大小型活动安全指南

英国健康与安全执行委员会
(Health and Safety Executive) 著

李艳凝 主译

·广州·

版权所有　翻印必究

图书在版编目（CIP）数据

大小型活动安全指南/英国健康与安全执行委员会著；李艳凝主译. —广州：中山大学出版社，2017.3

ISBN 978-7-306-05964-2

Ⅰ. ①大…　Ⅱ. ①英…②李…　Ⅲ. ①活动—保卫工作—指南　Ⅳ. ①D305.33-62

中国版本图书馆 CIP 数据核字（2017）第 009398 号

出 版 人：	徐　劲
策划编辑：	徐诗荣
责任编辑：	徐诗荣
封面设计：	林绵华
责任校对：	廉　锋
责任技编：	何雅涛
出版发行：	中山大学出版社
电　　话：	编辑部 020-84110283，84113349，84111997，84110779
	发行部 020-84111998，84111981，84111160
地　　址：	广州市新港西路 135 号
邮　　编：	510275　　传　真：020-84036565
网　　址：	http://www.zsup.com.cn　E-mail:zdcbs@mail.sysu.edu.cn
印 刷 者：	佛山市浩文彩色印刷有限公司
规　　格：	787mm×1092mm　1/16　16 印张　316 千字
版次印次：	2017 年 3 月第 1 版　2017 年 3 月第 1 次印刷
定　　价：	39.00 元

如发现本书因印装质量影响阅读，请与出版社发行部联系调换

译 者 简 介

主译：李艳凝

博士，博士生导师。毕业于全球顶尖的活动管理专业学府——英国活动管理中心（UK Centre for Events Management）以及中国中山大学会展管理专业，目前任教于英国考文垂大学（Coventry University），为活动管理及体育管理硕士专业助理主任。

李艳凝博士拥有结合学术和行业的双重专业背景和实践经验。学术方面，李博士一直从事活动策划与管理的研究，包括大型音乐节、体育赛事、会议展览、娱乐活动以及其他商业活动，并从事活动策划与管理的教学工作（其学生包括英国大型活动策划公司从业人员）。行业工作方面，李博士拥有超过11年的活动策划与管理的行业经验，包括：全球顶尖的音乐节格拉斯顿伯里音乐节（Glastonbury Festival）、Festival Republic 旗下的英国利兹/雷丁音乐节（Leeds/Reading Festival）和纬度音乐艺术节（Latitude Festival）、英国华人新年巡游庆典（伦敦与利兹）等英国大小型活动，以及国内的大小型节事活动。

翻译组成员（排名不分先后）：

汤玲玲　叶谋达　卓秋莹　唐雨薇　梁静怡　黄静瑶　刘展宏　黄蕾君　王元

（翻译组成员均毕业于中山大学翻译专业，拥有丰富的翻译经验以及会展、活动知识）

特别感谢

感谢考文垂大学的阿里·贝格（Ali Baig）老师对此书的翻译所做出的语言方面的指导。

译 者 说 明

本书译自 *The event safety guide (Second edition)*: *A guide to health, safety and welfare at music and similar events* [原书作者：英国健康与安全执行委员会（Health and Safety Executive），ISBN 978-0-7176-2453-9，原书版权：皇家版权 1999（Crown copyright 1999）]。本书内容包含在 Open Government Licence v3.0 版权规定之下的公共领域信息（Contains public sector information licensed under the Open Government Licence v3.0）。本书并不是强制性的活动安全指南，读者也可以根据需要选择其他相关的指南读物。本书以及英文原著不代表官方要求，原著作者和本书译者对读者如何理解和使用本书内容不负任何法律义务和责任。译者建议，由于本书原著是以英国行业和政策为基础的，不一定适用于中国，读者要认识到这些方面的区别，自行辨识，吸收对自己有用的信息和知识。

原著说明

初版为 Guide to health, safety and welfare at pop concerts and similar events（1993 年）。

第二版出版于 1999 年，书号为 978-0-7176-2453-9。

版权所有。未经版权方书面允许，不允许以任何方式翻印、储存于检索系统或进行任何形式（电子、抄录、复印、录音或其他）的传播。

翻印应投递书面申请至：The Office of Public Sector Information, Information Policy Team, Kew, Richmond, Surrey TW9 4DU；或者发送电子邮件至：icensing@opsi.gov.uk。

本书由英国健康与安全执行委员会发行。本书不是强制性的活动安全指南，您可以选择其他相关图书。但是，如果能够遵循本书作的指导，您一般都能够遵守法律。力图确保遵循法律的健康与安全检查员可以选择本书作为参照。（中英法律不同，读者应根据实际需要了解中国法律法规——译者注）

本书是 Guide to health, safety and welfare at pop concerts and similar events 的替代版。新的指导源于与健康与安全有关的法律的变化和良好实践的不断更新。

本书旨在帮助音乐活动组织者确保活动的安全进行（适用于各种大小型活动——译者注）。本书能帮助活动组织者了解其他相关利益者如当地政府以及应急服务部门的需要，从而能够与他们共同提升活动的安全性。

本书共分 33 个章节，简单易读，涵盖不同类型的场地规定、设施需要和管理问题。

原著前言

1993 年，英国健康与安全执行委员会协同英国内政部及苏格兰事务部出版了 *Guide to health, safety and welfare at pop concerts and similar events*。该书广受欢迎并成为有关活动健康与安全规划管理的标准。

由于健康与安全法律法规的更迭、节事产业优秀实践的发展，该书经历了审查和修订。本书提出的建议经过了尝试和检验，为健康及安全地组织音乐活动打下了坚实的基础。许多章节能够应用于其他类型的活动，即便它们并非一定是音乐主题，但与音乐节有着一些共同特性。

本书能够帮助活动组织者、地方当局、紧急服务提供方及健康与安全部门，共同促进活动的安全举办。他们为本书付出了很多努力，确保健康与安全在活动中的优先地位，进而保证所有参与者能够安全地享受活动。

本书在撰写过程中咨询了一个由节事行业从业人员组成的小组，得到了大量各界人士的支持。本书所有参与者，包括从业人员小组成员，会在致谢一章列明。我感谢他们无偿提供的时间、知识和专业见解，没有他们的帮助，本书不可能得以顺利出版。

我尤其想感谢伦敦哈林盖（Haringey）自治镇的高级环境健康官洛林·米勒·帕特尔（Lorraine Miller-Patel），她完成了本项目艰难的协调工作。

总指导：珍妮·培根
1999 年

目　　录

概　论 ·· （1）
第一章　规划与管理 ··· （3）
第二章　场所与场地设计 ·· （14）
第三章　消防安全 ·· （22）
第四章　重大事故处理规划（应急规划） ··································· （34）
第五章　通讯和沟通管理 ·· （42）
第六章　人群管理 ·· （53）
第七章　交通、运输管理 ·· （62）
第八章　建筑结构 ·· （68）
第九章　护　栏 ··· （78）
第十章　电气装置与照明设备 ·· （82）
第十一章　食品、饮料及水 ··· （88）
第十二章　商品经营及特殊许可 ··· （93）
第十三章　娱乐项目、景点及促销展示 ······································ （96）
第十四章　卫生设施 ·· （100）
第十五章　废弃物管理 ··· （105）
第十六章　声音：噪音与震动 ·· （111）
第十七章　特效、烟火与爆竹 ·· （117）
第十八章　露　营 ·· （130）
第十九章　具特殊需求的群体之设施 ··· （137）
第二十章　医药、救护车与急救管理 ··· （140）
第二十一章　信息、福利保障与援助 ··· （155）
第二十二章　孩　童 ·· （160）
第二十三章　演出者 ·· （166）
第二十四章　电视与媒体 ·· （168）
第二十五章　露天运动场馆的音乐活动 ······································ （172）
第二十六章　室内演出场馆的活动 ·· （183）

第二十七章　大型活动 ……………………………………（187）
第二十八章　小型活动 ……………………………………（192）
第二十九章　古典音乐活动 ………………………………（195）
第三十章　不设围栏或非售票活动，包括电台路演 ……（198）
第三十一章　通宵音乐活动 ………………………………（202）
第三十二章　不持牌活动 …………………………………（208）
第三十三章　健康与安全责任 ……………………………（210）

实用地址（网址）……………………………………………（220）
声　　明 ………………………………………………………（225）
参考资料 ………………………………………………………（233）
英国标准 ………………………………………………………（239）
延伸阅读 ………………………………………………………（243）
更多信息 ………………………………………………………（246）

概　　论

一、有关本书及其目的

1　本书旨在帮助音乐活动组织者确保活动安全地运行。无论是由个人、集体还是地方政府充当组织者，保护每个参与者和工作者的健康、安全及福利都是其首要责任。

2　本书整合了活动组织者、承包商及雇员所需的信息，可以帮助他们遵循1974年出台的《劳动健康与安全法》（1974）（Health and Safety at Work etc Act 1974，HSW Act）及相关法规。本书可帮助活动组织者了解整个活动涉及的可能的合作方（如地方政府相关部门和紧急服务提供机构）的需要。

3　本书明确了什么是必须做、需要做和可做的，以及其原因。本书不能取代活动组织者从其他渠道获取建议的需要，尤其是向地方政府相关部门和紧急服务提供机构咨询的需要。

4　除了活动组织者，地方政府相关部门、健康与安全保障官员、紧急服务提供机构、活动的承包商及分包商也能从本书中获益。本书提供了基本的活动安全标准和措施，从而促进工作步骤的一致性，同时考虑到不同的活动类型和规模，留出一定变通空间。

二、本书与之前版本的区别

5　本书以之前版本为基础，根据法律、技术和工作方式的变动而更新。基于各方咨询磋商，本书囊括的主题和活动类型范围得到拓宽，新增的主题包括商品经营、露营及娱乐活动。

6　本书着重于健康与安全法案及相关法规的应用而非公共娱乐法规，但在娱乐牌照发放方面，地方政府相关部门在考虑合适的牌照发放情况时亦可能参考本书的内容。

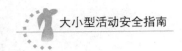

三、应用的活动类型

7　本书以健康与安全管理和风险评估的总体原则为基础。每个活动各不相同，需要对各种因素、管理、服务及配置和规定有专门的考虑。

8　本书为在不同场地进行的许多类型的音乐活动提供有用的建议，这些场地包括专门建造的竞技场馆、非公共娱乐场地、露天场馆、公园、绿地等。然而，本书的指导不适用于夜店和迪斯科舞厅。

9　音乐活动类型多种多样，包含摇滚、古典、传统、现代及世界音乐。不同活动在规模和复杂性上各不相同，小到只有 500 人参加的当地居民音乐会，大到历时数天、吸引 10 万国际旅客的大型节事，都需要遵循法律要求，但所需的安排会根据活动情况各异。

四、本书编排

10　好的策划管理是各种音乐活动成功的基石。本书的第一章为活动组织者提供好的策划管理所需要考虑的基本点和简要的英国法律义务方面的建议。

11　接下来的章节提供活动所涉及的人员的健康及安全的具体安排建议，包括服务和设施的各种规定；也有部分章节是为不同的活动类型提供相关的具体建议。阅读本书时，这些章节不应脱离于其他章节。最后一章阐述雇员及其他工作人员的有关事宜，并总结了与活动筹办相关的英国法律。

12　除了本书，活动组织者还可参考其他指导的建议。英国内政部的《娱乐场所及相关场所的火险指南》(*Guide to fire precautions in existing places of entertainment and like premises*) 及建筑工程协会的《临时可拆卸构建物：设计、采购及使用指导》(*Temporary demountable structures: Guidance on design, procurement and use*) 中包含的技术细节不在本书中重复。

13　建议所有活动组织者将章节目录作为策划活动时的核对一览表。通过进行基于活动类型和规模的风险评估，活动组织者能直接决定每个章节中哪些因素是相关的和有用的，并评估特定活动所需设施的类型和级别。

第一章　规划与管理

14　为了保障音乐活动现场观众、现场工作人员、承包商以及分包商的健康、安全和福利，活动组织者务必做好健康与安全的管理工作。规划有效的健康与安全管理是非常重要的，因此应和规划活动的其他方面同时开展。

15　本书中的活动组织者是指宣传并且举办活动的个人或者组织。更多有关活动组织者的责任的详细信息可以参阅本书第三十三章"健康与安全责任"。

16　本章目的在于帮助活动组织者安全地策划并管理其活动。它主要阐释了有效的健康与安全管理原则，并且阐述了活动组织者可能希望采取的安全管理活动的基本措施。

一、健康与安全管理

17　要保证健康与安全管理成功，需包括以下要素：
（1）建立一个有关健康与安全的方针。
（2）保证上述方针付诸实践。
（3）为实施方针设立一个有效的管理框架并为之做好准备。
（4）及时掌握控制健康与安全方面的表现和绩效。
（5）审核此表现和绩效，并随之修订方针。

▲ 健康与安全方针

18　安全方针是一个公司或者组织表明其上下一体都接受了健康与安全和其组织有着不可分割的关系的文件。公司内部最高管理者的认可意味着方针可以有效地付诸实际行动。换句话说，活动组织者通过声明健康与安全方针，让其他人知道活动举办者对健康与安全的承诺。

19　安全方针也应该包括组织的具体信息，以及如何将方针转化为行动的信息。这部分将会描述其他人员所负的健康与安全责任（但不是最终责任，因为最终责任需要经过法律确定）。安全管理方针还应包括其他内容，例如，一

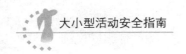

个展示安全责任的图表，以及任命权威的、合格的人员来管理安全和可用于健康与安全的资源（如时间和金钱）。

20　准备工作应该包括以下具体事宜，例如，维持工作地点安全、工作系统安全、人员出入安全，提供各种信息，对员工进行培训并与他们磋商。

21　英国的法律要求聘请 5 人或 5 人以上的活动组织者撰写一份有关健康与安全的书面方针（建议我国相关行业人士参考此要求，尽量提供一份全面的健康与安全方针——译者注）。

22　活动组织者可以是宣传并管理活动的个人或组织，如活动宣传者、活动运营公司或者当地政府。如果属于上述情况，可能需要聘请 5 人以上团队，并且按照要求为活动撰写一份有关健康与安全的方针。如果只是代表其他公司或组织受聘策划安排活动的话，如作为一个委托人，则组织者可能不是实际意义上的雇主也没有任何员工，但是活动组织者始终需要明确谁是确保活动遵从《劳动健康与安全法》（1974）的要求的最终责任人，并确保对这个责任人所担负的责任进行档案记录。

23　有些音乐活动可能是由没有实际雇员的个人或组织操办的，如一些社区活动，因此并没有英国法律要求其制定安全方针。但是，活动组织者在管理现场工作的承包商与分承包商方面还是负有法律责任的。因此，我们建议活动组织者在这种情况下也撰写一个安全方针，这样可以为活动组织者提供一个框架，以管理活动的健康与安全。

24　如果一系列活动由相同的组织者组织的话，那么同一份健康与安全责任方针也可能适用于这个系列的活动。如果是上述情况的话，考虑到每次活动的不同情况，活动组织者需要针对每个活动重新评审并修订一些活动健康与安全的方针。

25　在安全方针内给出详细的定义、介绍活动期间健康与安全的层级责任架构是非常重要的，这些详细内容需要记录在安全方针文件内（包括从前期搭建到后期拆卸等活动的所有阶段）。

26　如果一个活动举办于已有的场址，如室内运动场或露天体育馆，活动组织者需要联络场馆或者地线管理人员洽谈有关健康与安全的准备事宜。

二、安全管理的规划

27　通过识别、消除并控制危险来进行预防属于有效规划。规划安全管理所需时间取决于音乐活动的规模、种类以及活动时间的长短。根据相关经验，本书建议：对于大型活动，规划安全管理应在活动开始前的6～9个月开始。

28　本书其他章节为不同的主题领域提供具体的建议和指导。所以，为了能够成功有效地规划活动中的安全管理，读者有必要仔细阅读本书的所有章节。

三、活动的各个阶段

29　一个活动中的安全规划可以分为以下几部分：

（1）搭建阶段。主要包括规划设计场址，甄选出色的员工，遴选承包商与分承包商，以及舞台、大帐篷和护栏屏障的搭建等方面。

（2）迁入阶段。主要包括规划安全搬运、安装活动所需的设施设备，规划活动中所需的服务设施，如演出人员需要的舞台道具、灯光、广播系统等。

（3）活动展示阶段。主要包括规划有效的人群管理、交通运输管理以及福利保障准备工作。规划和准备好如何处理火警、急救、意外事件以及重大事故是非常重要的。

（4）迁出阶段。要求针对安全移出设施设备、器材、道具以及服务设施做好规划。

（5）拆卸阶段。主要包括对活动结束和拆卸基础设施时的风险控制进行良好的规划。即便是处理所搜集的垃圾以及污水都有一定的风险，因此在此阶段需要事无巨细地做好规划和管理。

（一）搭建阶段的规划

30　在搭建阶段，为了把风险降低至最小，活动组织者要确保场地设计是建立在安全的准则之上（参阅本书第二章"场所与场地设计"）。同时，活动组织者也有必要确保安全搭建活动现场所需的基础设施，如舞台、座位、帐篷、大帐篷以及其他建筑。一旦这些设施搭建完成并投入使用，必须保证设施的结构是安全的（参阅本书第八章"建筑结构"）。

31　活动组织者需准备好展示舞台、屏障系统、近舞台区音响架、远舞台区音响架、出入口、紧急逃生路线、急救和伤检分类区、卫生间以及销售摊位等位置的规划图。活动组织者可能需要从现有场馆经营者或者场馆经理那里拿到场地的平面图，并把相关图表复制下来提供给搭建基础设施的承包商，确保他们正确地搭建活动所需的设施。

32　在搭建开始之前，活动组织者必须要求承包商以及分包商提供他们的健康与安全方针，以及与他们工作有关的任何可能会产生危险与危害的信息。活动组织者也需要获取关于舞台、座位以及其他临时搭建的可拆卸建筑的文件和测算信息。与安全监察员、地方政府授权单位以及紧急服务部门人员商讨活动的安全与健康事宜时，活动组织者需要用到这些平面图、文件以及相关测算信息。

33　活动组织者要规划好各承包商的前后顺序以及在场馆内活动时他们相互之间的协调性。活动组织者也要规划好为现场工作人员提供急救以及福利与保障的设施，并确保从一开始就提供这些设施，保证其数量足够，并且是完善无损、可以正常运转的。

34　活动组织者最好在承包商到达场馆之前，及时与他们草拟一份场地安全制度，并与他们就场地安全制度进行沟通。这些场地安全制度可以以标识的形式贴在场馆办公室或者其他区域，这样承包商可以明白在特定场址需要注意到的安全制度和操作要点。

（二）迁入阶段的规划

35　一旦建好基础设施，其他设备与服务设施，如安装演出者在舞台上演出所需的设施（可能需要人工操作）以及酒吧区域所需要用的一些设备，就可以迁入场地，并进行相关的安装搭建事宜。这些操作都需要细致谨慎的规划安排。

（三）活动展示阶段的规划

36　活动展示的规划需要准备人群管理战略，交通运输管理战略，火警、急救、重大事故以及应急管理战略。上述方面细节的有关规划可以在本书的相关章节找到。成功地规划一个活动不可能由一个人来完成，它离不开整个团队的合作，并需要向应急服务部门（如警察、消防队等）、卫生部门、当地政府、现任场馆经理、工作人员以及安保服务承包商寻求信息以及建议。

37　活动组织者要为活动创建一个安全管理团队，协调规划活动中的各个方面。活动安全管理团队成员可以包括当地政府成员以及紧急服务成员。我们也建议活动组织者召开一系列与安全规划相关的会议，这样大家可以互相交流有关信息以保证相关成员明白规划的进度。桌面演练方案可以为较大型、较复杂的活动测试其应急方案的有效性。

（四）活动安全管理规划以及安全管理团队会议

38 活动组织者要为安全管理团队提供所有规划方面的全面概述，这对团队制定一个活动安全管理方案很有用。一个活动安全管理方案可以包括以下八个方面：

（1）活动安全方针声明。其中应该有详细的组织结构图以及各个级别所负的安全责任。

（2）活动风险评估（参阅本书的41—48条）。

（3）活动相关细节。包括场地设计、建筑架构、群众构成、场地容量、活动持续时间、餐饮、卫生间、垃圾、水、防火注意事项、急救服务、特技效果、进入及离开通道、音量水平等。

（4）场地安全规划的细节。包括场地安全计划、现场人员经理以及安全协调人、结构安全计算以及图纸规划等。

（5）人群管理规划的细节。包括工作人员数量和种类、工作方法以及指挥系统。

（6）交通运输管理规划的细节。包括停车安排、公路管理事宜以及公共交通安排。

（7）应急规划的细节。包括在重大突发事件及意外事故中，指定人员应该采取的具体措施。

（8）急救规划的细节。包括在场地内安排急救的程序以及与当地医院的安排事宜。

39 需要记住的是，活动安全管理规划属于工作文件中的一部分，因此无论在活动之前还是活动中，都需要及时评估并进行更新，添加新的信息。只有活动安全管理团队中的核心成员才有必要掌握并获取此规划。活动组织者要确保对整个文件进行宏观管理，这样才能确保整个文件没有多余的或无效的内容。

40 活动的安全规划会议是一个确保安全管理团队成员及时了解规划的内容，以及定期提供安全管理信息机制的理想方法。活动组织者可以在活动开始之前的几天或几周开始准备这些会议。如果活动会持续几天，如节庆活动，那么就应该在活动举办期间至少每天举办一次这样的会议。

（五）活动风险评估

41 英国的《劳动健康与安全管理条例》（1999）（The Management of Health and Safety at Work Regulations 1999）要求所有雇主以及个体经营者评估他们的

工作会给员工或者其他受影响的人所带来的风险（建议我国行业人士评估他们的工作对员工或其他潜在受影响的人士所带来的风险，以促进活动的安全进行——译者注）。

42　风险评估的目的是识别可能会带来伤害的危害物，评估这些危害物可能引发的危险，并采取合适的措施去消除或者控制这些危险。如果有5人以上受雇员工，这些风险评估的结果必须被记录下来。只有在承包商、其他公司和在现场工作的个体户提供相关信息之后，才有可能针对搭建阶段、活动展示阶段以及拆卸阶段进行风险评估。同时，活动相关人员也有必要亲自去实地查看场馆或场地，以更好识别特定的危害物。

43　危害物就是任何对人们有可能造成伤害的事物。它可能是一个物品上造成伤害的危险点，或者是物质、环境、情景，也可能是一个行动。

44　风险就是一个危害物产生危害的可能性和严重程度。在风险评估中，应该体现出危害发生的概率以及严重性。

45　根据活动性质的不同，与大规模人群聚集相关的危害物可能也不同，应该同样地对这些不同的危害物进行风险评估。演出者及其所吸引的观众的过往信息可以在风险评估方面提供宝贵信息。这样，整体活动的风险评估就可以预测到哪些地方的风险需要被降低到可接受的水平内。

46　评估与活动相关的风险有五个步骤：
（1）步骤一：识别与活动节目相关的危害物，与活动节目进行地点相关的危害物，以及操作节目所涉及的危害物。
（2）步骤二：识别有可能受到伤害的人群及其如何受到伤害。
（3）步骤三：识别和评估已有的防范措施，如场地设计、操作程序或者现有的工作安全系统。
（4）步骤四：评定风险。
（5）步骤五：决定可能需要采取更进一步的行动，如场地设计的改进、工作安全系统的改进等。

47　风险评估的结果必须被记录，并且活动相关人员要建立一个确保风险评估得以检讨的系统，如果有必要的话，可以重新修订风险评估。

48　更多有关如何执行风险评估的有用信息可以在《建立一个针对公共场所中群众安全的风险评估的方法》（*Research to develop a methodology for the assessment of risks to crowd safety in public venues*）以及《五步骤进行风险评估》（*Five steps to risk assessment*）中找到。

（六）迁出规划

49 尽管音乐活动已经结束，但并不意味着健康与安全管理责任已经结束。活动组织者要确保已经考虑到关于活动结束后如何移除舞台上的设备及服务设施、如何移除露营帐篷及大幕蓬等相关事宜。

（七）拆卸规划

50 活动相关人员需要小心安全地拆卸并移除舞台、帐篷以及摊位到场地外。在拆卸期间，活动组织者要确保承包商也必须遵循相同的场地安全管理条例。

四、组织规划活动的安全

51 一旦准备好安全与管理方针，确定形成了有关各个级别责任的共识，并已经准备好了安全规划，活动组织者就必须组织规划活动的安全事宜，尤其是在现场工作将要开始之前。

52 有效的组织包括以下 4 个因素：
（1）能力。
（2）控制。
（3）合作。
（4）沟通。

（一）能力

53 能力是指要能够保证所有在场内工作的员工、个体户、承包商以及分包商具备必要的培训、经验、素养、专业知识和其他牌照，以保证工作安全地进行。能力也意味着要能够保证相关人员具备工作所需的专业水平，尤其是能够听取有关专家的建议。

54 活动组织者要保证自己有意雇用的承包商以及分包商，无论他们是负责基础设施建设还是提供其他服务，都需要有能力在场地工作时保证其健康与安全。活动组织者可以简单地审查这些承包商以及分承包商的健康及安全条例，以及评估和检查与他们所计划的工作相关的安全方法以及风险应对措施。

（二）控 制

55 建立并保持控制是所有管理功能的核心。建立健康与安全组织结构是控制的开始,它需要详细地描述健康与安全责任的归属并且指出清晰的报告机制。控制也保证了承包商以及个体户明白他们的责任,知道什么是必须做的,以及怎样的情况下他们需要为在场地内的安全作业负责。因此,应确保承包商开始在场地工作之前就明白健康与安全是怎样控制和检测的,这非常重要。

(三) 合作

56　有效的合作建立在员工、承包商和其他人员的参与之上,建立在规划中、建立在标准设置上、建立在操作程序中、建立在风险控制说明中,以及建立在监控与审核中。合作各方之间的信息交流、协作将有助于有效控制风险。

57　承包商、分承包商以及个体户需要注意可能对场内工作人员有安全威胁的危害物以及风险,所以他们需要互相合作,将已经识别的风险降至最低,这可以通过一份准备充分的场地安全条例及安全规划来实现有效合作。

(四) 沟通

58　有效的沟通可以保证所有在场地工作的人员明白健康与安全的重要性。活动组织者需保证及时让承包商、分承包商以及其他相关人员了解有关安全的事务以及需采取的安全程序。

59　更多有关管理场地内承包商的信息,可以在英国健康与安全执行委员会出版的《承包商管理:雇主指南》(*Managing contractors: A guide for employers*) 中找到。

五、监督安全绩效

60　监督对于保持并且提高健康与安全管理绩效是非常重要的。有以下两个方式获取有关安全绩效的信息:
　　(1) 主动监测系统。
　　(2) 被动检测系统。

61　主动监测系统是在事故或者意外发生之前就给出有关安全绩效的反馈。主动监测可以通过以下方式实现:在搭建和拆卸阶段检查场内承包商,对承包商的安全方法声明和其在场地内工作的实际情况进行核对。

62　被动检测系统在发生事故或者意外之后启动,包括识别并报告人员受伤情况、病况以及其他损失,如财产损害情况、可能造成伤害的潜在因素和安全标准中的一些弱点或遗漏点。

63　安全检查时所获得的信息、意外事故的结果、财产破坏情况等，都要记录在活动日志中。这个日志也可以用来保存其他记录以及日后用来审核检测活动的信息。没有这两个系统所提供的信息，就不可能根据安全方针里既定的安全标准来评估安全绩效。所以，没有这些检测系统，未来的活动就无法改进其安全绩效。

▲ 安全协调员的角色

64　除非活动组织者有能力设计并使用保护性措施，否则一定要找到足够的帮助促使活动符合健康与安全法规的规定。一个合格的安全协调员需要获得足够的培训，拥有丰富的专业知识、经验以及可以设计并使用保护性措施的其他资格。

65　活动组织者应任命一个合格的安全协调员去帮助活动遵守健康与安全法规，并且确保其直接向活动组织者报告有关情况。安全协调员可以帮助：
　　（1）挑选并且监督承包商。
　　（2）联络场地内承包商、个体自营者以及健康与安全执法机构人员。
　　（3）检查安全方法声明以及风险评估。
　　（4）制定场地安全条例，并且监督其实施情况。
　　（5）检查有关建筑、电力供应等部门是否拥有相关证书。
　　（6）与现场的承包商沟通相关安全信息。
　　（7）监督并且协调安全绩效。
　　（8）协调重大事故的安全事宜。

66　为了达到有效管理，安全协调员需要获得承包商所提供的有关安全的文件。安全协调员也需要在从活动搭建初期直到活动最后拆卸的整个过程中与场内工作人员进行沟通，且随时待命。安全协调员也应该是安全管理团队中的一员。

67　本书建议活动组织者不要自己担当安全协调员。因为从有效性的角度考虑，安全协调员不应该有其他强度大的角色或任务，而活动组织者在活动期间难以避免地要担负其他强度大的任务。

六、审核和检查安全绩效

68　审核主要的目的是确定安全管理措施准备到位、建立有效的风险控制系统并且付诸实施。在每一场音乐活动结束后都要进行审核，这样可以识别规划

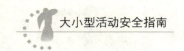

中的任何问题，包括组织上的或者活动期间产生的问题。为了更好地服务将来的活动，活动相关人员需要分析和纠正这些问题。活动组织者可以寻求警察、消防队、安全部门、紧急服务提供机构、当地政府的建议和看法，以及安全协调员、承包商以及工作人员的意见和看法。

69　活动结束后，活动组织者需要准备一个事后报告，回顾安全管理系统的效果。地方政府可能也会要求活动组织者参加一个事后报告会议，在会议中从其观点出发，给予关于安全管理系统的反馈。

七、与地方政府相关部门以及紧急服务提供机构的联络协调

70　地方政府相关部门通常会要求开一个初步会议去讨论活动的策划书。紧急服务提供机构的成员、健康与安全检查官员也可能会参加这个会议。如果活动组织者在申办批准之前，请求地方政府相关部门给出一个清单表，包含审批要求以及提交申请的时间表，这会非常有用。活动组织者提供的信息需要足以让地方政府相关部门检验其安全管理系统，并检查任何必要的规划、计算和图纸。

71　除非有必要，地方政府相关部门通常不会提前要求活动组织者提供每一份与安全相关的文件复印件，但是他们可能要求活动组织者证明在活动举办之前就已经做好关于安全的规划。活动组织者要确保可以随时提供任何有关安全事宜的文件，以便健康与安全监察员或者其他地方政府相关部门进行检查。为了让检查流程更加便利，活动组织者需要保存好这些文件，确保没有把安全信息文件存放在不当的地方。活动组织者要做好适当的安排，以便地方政府相关部门可以快速地联系到活动组织者，在询问有关安全问题时能得到进一步解释。如果最后时刻才做出更改，将不利于良好的安全规划和管理。

72　一旦活动被允许举办，活动组织者就需要与地方政府以及紧急服务提供机构的成员保持联络。活动组织者可以考虑邀请上述部门人员参加活动安全小组会议，以确保他们了解活动安全管理规划的最新信息。

八、公共娱乐许可证以及《劳动健康与安全法》（1974）

73　大多数音乐活动通常都需要获取地方政府相关部门颁发的公共娱乐许可证。永久性场所通常会有一年一度的娱乐许可证，并具备满足举办不同类型的活动所需的特定条件。如果活动组织者准备在一个拥有公共娱乐许可证的固定

场所举办活动的话,则需要了解此场地的一些具体详细的要求。

74　要获得公共娱乐许可证,需要遵守《劳动健康与安全法》(1974)的要求,不能与其相冲突。本书的目的是帮助活动组织者遵守《劳动健康与安全法》(1974)的要求,所以活动组织者不应该混淆单独立法下的公共娱乐许可证与《劳动健康与安全法》(1974)。关于娱乐许可的法律法规信息可以在本书第三十三章"健康与安全责任"获取。然而,在考虑如何设定适合的娱乐许可证要求时,地方政府相关部门可能会参考本书。

第二章　场所与场地设计

75　本章概述了在设计场所或场地时需考虑的各种因素。更多关于具体问题的细节能在本书其他章节中找到。

76　场地设计的基本原则是：为观众提供一个地方，使其能在安全和愉悦的氛围下享受娱乐活动。对于特定的安全规定，设施与服务的类型、数量、规格的要求，则是基于活动的类别和风险评估的结果（见本书第41—48条）。

77　场地的最终设计应当要基于娱乐活动、区位、活动规模及持续时间，同时需要考虑当地地理、地形和环境的基础结构和设施。

一、场地适宜性评估

78　前往现场进行前期评估，确定（场地的）适宜性是很重要的。此评估主要考虑：提供给观众的空间、临时构建物、后台设施、停车场、露营区和集结点。活动组织者心里可能已经对（场地）容量有一个预期，对娱乐活动会有一个概念性的想法。在这一阶段，粗略计算可用的空间会很有帮助。

79　以下是场地适宜性评估需要考虑的因素：

（1）地面情况——是否适合？最好是平整且排水优良的开阔场地，且要避开陡坡和沼泽区域。

（2）行车交通路线、行人路线、紧急通道和出口——现有哪些路线？它们是否能够应付预期的（观众）容量？是否可设单独的紧急通道？如果没有单独的紧急通道，能否提供其他路线？路桥结构是否稳固？更详尽的信息请见本书第七章"交通、运输管理"。

（3）位置以及与对噪声敏感的建筑的邻近度——周围有没有任何对噪声敏感的建筑？能否兼顾观众和邻近居民的需求？建议进行噪声传播测试。

（4）地理位置——场地处在哪里？距离医院、消防局、公共交通、停车场、主要干道、当地服务与设施等有多远？这些信息在评估场地的适宜性以及决定需要安排在场地内的额外设施时很有价值。

（5）地形——场地与周围环境地形关系如何？是否形成一个天然的圆形剧场？日出日落的方位在哪里？是否有任何自然特征能够帮助降低噪音？是否有任何自然隐患，如湖泊与河流？

（6）区位及可获取的服务——水源、排污、瓦斯、电力、电话（包括空中电缆）是否有任何限制或隐患？能够使用它们吗？活动场地是否在建议距离危险装置或输油管道的建议安全距离范围之内？

80 以上需考虑的方面可以通过走访场地、研究合适的地图，以及向土地所有者、当地政府和场地管理方征询意见和信息来进行评估。这些信息在开始进行详细的场地设计前是至关重要的。关于场地的大部分信息可以从场地管理方或当地政府处获得。

二、场地设计前的数据收集与评估

81 场地设计的下一个步骤是收集所有可获得的数据并对其进行评估。场地设计应当遵从场地的适宜性和风险评估。

82 活动组织者要确保考虑了以下因素：
（1）预计受众容量。
（2）演出者背景。
（3）观众构成。
（4）活动持续时间和时间安排。
（5）场地评估。
（6）是否销售酒精饮料。
（7）观众是否站立、就座或者两者混合。
（8）观众在娱乐活动和（或）设施间的移动。
（9）活动的艺术形式、独舞台、多个分会场的大型综合馆等。

83 以上信息可以用于确定场地中需要的设备和设施，如舞台、帐篷、屏障、围栏、厕所、急救、租地营业商户、出口、入口、接待区、视线、电力、水、排污、瓦斯、汽油、远舞台区音响架、外围边界围栏、后台要求、观赏台及垃圾处理要求。所有信息整合后，详细的场地设计就可以开始了。

三、场地规划

84 在确定基本框架之后，应该制订详细的场地计划。由于会有修正及补充信息，因此通常会出现多个场地计划的版本。活动组织者需要确保的是，其场地计划是最新的且与活动安全管理团队的成员及时共享。一般说来，场地规划在确定容量水平和门票发售之后便不能改动，因为任何改动都有可能影响观看视线，进而影响可观赏的视野范围。永久性固定场所的场地规划可能已经存在。

四、场地设计的考虑因素

（一）场地容量或受众容量

85　场地容量一般取决于能够容纳人群的空间以及紧急出口的数量。后者是基于适合的疏散率，即可供使用的出口的宽度及适宜的疏散路线的计量结果。

86　场地的一些部分可能被建筑物占据而不能容纳观众。因为并非所有地点都能有直接观看娱乐活动的视野，所以其他部分也应列入计算观众容量的考虑范围。如果有观众实在无法合理地观看到表演的区域，此空间不应被列入可用空间，或应以较小的人群密度列入计算当中。设计时需要考虑到在恶劣天气下能为观众提供部分或全部遮挡、保护的区域，并需要考虑观众向该区域移动所产生的影响。

87　在提供座位的场地，观众容量主要取决于座位数及出口通过量，设计时选取较小的那个数值；在其他情况下则需要通过计算来确定可以接受的观众密度。通常来说，室外音乐活动需要每人有 0.5 平方米的可用地面空间。

88　场地计划中，在最初的基础建设要求和设施情况确定后，需要再核查之前的观众容量计算和出口要求。更多详细的观众容量的信息可以在本书第三章"消防安全"以及《现有娱乐场地及类似场地火灾预防指导》（*Guide to fire precautions in existing places of entertainment and like premises*）中找到。

（二）出口要求

89　场地所需的出口数量直接取决于观众容量和该类型建筑物的适宜的疏散时间。《运动场地安全指南》（*Guide to safety at sports grounds*）及《现有娱乐场地及类似场地火灾预防指导》中提供了有关露天场馆和固定娱乐活动场地的详细信息以及计算实例。

90　应将出口设置在场地外围边界，并通过直接或间接的标识确保其清晰可见，应确保标识没有在任何方向被遮拦。出口的终点经过评估应使其尽量安全，如通向开阔空间、集结地点等，而不是设在道路的主干道或者交通密集处。因此，在进行整体活动的风险评估时，对这些地区进行检查是很重要的。出口大门应当实施有力且高效的运营管理。若条件许可，尽可能为行人、服务车辆及特许车辆设置独立的出口，同时也需要考虑轮椅通道和出口。

（三）场地通达

91 场地通达是交通运输和停车设施设计和定位的一部分，也是通道设计的一部分。这些设施必须能够满足客流最高峰时的需要，这是由到达人群的状况决定的（见本书第七章"交通、运输管理"）。

92 通道路线的设计和安排显然由设施的位置决定。将不同路线设置在场地四周，这样可以最小化设施的负荷，且确保路线不交错。路线应当简单、直接、易走，避免交叉流。

（四）入口

93 入口用于监控和指导观众进入活动场地。有些场地的入口也作为出口，其他场地如足球场馆中，入口和出口是分离的。活动有必要为表演者、工作人员、嘉宾等提供独立的入口。

94 入口的设计和定位取决于所需的入口数量、所处位置和每个入口能控制的容量。应有足够多的入口来应对人流高峰，实现人流进出流畅且有序。决定所需的入口数量的重要因素包括人流的方向、每个方向最大的人流量以及入口处的流速。对于专门建立的场地，这些因素应已被考虑和核准。

95 流速取决于入口的种类、设计、宽度以及是否需要安检（《运动场地安全指南》给出了适用于运动场地的流速）。预期的入场时间应该是所有人可以进入场地的时间，这完全取决于活动的类型、时长以及观众构成。恶劣天气可能影响预期入场时间。任何用以在入口处管理人群的排队系统也需要进行计划和周全的设计。

（五）视线

96 观众有清晰的面向舞台的视野是很重要的，这样可避免观众涌向中心。尽可能宽的视线有助于降低舞台前的人群密度，以及最大化地降低人群因拥挤和冲撞而受伤的可能。舞台的宽度、高度以及有线广播系统的安置等，都会影响视线。应该对视线进行设计，以使舞台近前方左右两侧有更清晰的空间，给人群提供移动路径和紧急通路。

（六）电视屏幕

97 对于大型观众群体，增加舞台与观赏区域末端的距离会导致较差的可视性和娱乐价值。这可能会导致冲撞和人群拥挤。战略性地布置电子或投影屏幕是十分有效的。距舞台一定距离的屏幕能够鼓励一定比例的观众使用场地内不那么拥挤的地方。靠近舞台的屏幕有助于阻止人群涌向舞台。屏幕需要坚固的底座和支架，因此应在场地设计中留出足够的空间。并非所有屏幕都能在日光下运作，如有相关需要则须确保使用合适类型的屏幕。

（七）座位安排

98 如果存在观众过于激动的风险，则要考虑举办全入座型活动，这可能有助于预防舞台前人群拥挤和冲撞。所需要的空间和过道宽度等信息可以在《现有娱乐场地及类似场地火灾预防指导》中找到。如果提供临时座椅，则座位需要足够安全，以防断裂。提供临时座椅必须经过地方政府相关部门的批准。

（八）斜坡

99 活动组织者需确保在风险评估当中充分考虑了任何场地中斜坡可能造成的影响。组织者可能需要考虑为出口提供阶梯或有防滑面的坡道。舞台前的区域应尽可能平整，以避免绊倒和冲撞。

（九）观测点

100 在一些户外音乐活动中，可能需要观测点。组织者需要战略性地布置这些观测点，以便最大限度地观察到观众群体。组织者还要为观测点建立安全的出入口。

（十）活动制作的基础建设和后台要求

101 活动制作的基础建设取决于活动的类型、规模以及时长。活动组织者需要对活动制作部的办公室、茶水间、休息室（工作人员及艺人）、更衣化妆室、仓库、设备等进行特别地安排，通常安排在后台，应周全地考虑所需的房间数、火险、通道和流通空间、发电机、急救点、救护车以及火警、警察的要求。应尽量分离表演者区域和制作区域。

（十一）火警和救护车的要求

102 对于火警和救护车的要求，如停车区域、急救点、会合点、检伤分类区等，需要有周全的评估，且设置在合适地点。对场地进行设计时，应使这些地方易到达且易辨认。火险用品应保证可到达场地各处，且确保任何建筑物50米以内均有火险用品，对此应建立紧急通道并保持其在任何时候都通畅无阻。对于潮湿、不稳的地面，可能需要铺设临时道路。应考虑为火警和救护车辆另设独立的具备门控的出入口，这些出入口需要有足够的宽度和高度。

（十二）警察和现场工作人员的安排和位置

103 警察是否在场以及现场工作人员的数量和位置取决于所提供的娱乐活动的类型（见本书第六章"人群管理"）。

（十三）现场工作人员

104 对于大型活动，大量的工作人员会在场，且他们会需要专用的设施，如餐饮、厕所、沐浴、办公室、住宿等。这些设施可能需要组成专门的区域，或安排在后台与主要区域之间。活动组织者要周全地规划这些需求，把其完善地结合于场地设计中。

（十四）接待区域

105 接待的规格取决于活动的规模。招待设施可能只是一个小型会议区域，只提供给一小部分人，也可能是招待几千人的复杂的大型综合设施。接待区域可能需要大帐篷和看台。具体的要求需要结合整体场地设计进行规划。接待区域虽常被忽略，但这个地方也应该被列入场地容纳数统计当中。

（十五）噪音考虑

106 整体场地设计应当最大限度地使观众愉悦和保障周围居民不受噪音干扰（见本书第十六章"声音：噪音与震动"）。规划时应考虑舞台位置和其他声源与附近的对噪声敏感建筑的关系，并考虑场地的地形，最大限度地利用斜坡和自然屏障的作用来减轻噪音。在远舞台区音响架悬挂分布式音响系统是非常有利的。规划时应仔细考虑这些音响架的坐落和建构，以便控制视线，避开拥挤点，以及防止未授权"看台"的形成。

（十六）餐饮提供及商品销售

107 将餐饮提供和商品销售的位置安排在远离进出通道和人员不密集的区域。一些区域会有液化石油等易燃物品，需谨慎设置（见本书第十一章"食品、饮料及水"）。规划时需考虑流通空间及潜在的排队安排，这些安排不应阻碍

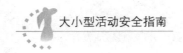

通道。

（十七）边界围栏

108 是否需要设置边界围栏取决于活动的类型和特性。围栏也许能够阻止闯入者进入场地，有助于观众的安全。

109 有些活动不需要围栏，只需要木桩、胶带和工作人员作为屏障就可以了，而其他活动可能需要复杂的实体栏杆或多重设置。规划时需评估人群对这种建筑结构的负荷及攀爬的可能性。

110 大型音乐活动的一种典型安排是设置一个不透明的内围和外围，给工作人员提供一个用于巡查的通道。为防止有人通过助跑攀爬内围，内外围间隔一般设置为5米。3个围栏可以很容易地形成车辆紧急通道。这需要仔细考虑活动现场的地面状况、障碍物、支柱以及出入口的需求情况。

（十八）舞台前的护栏要求和设置

111 规划时可能需要考虑在舞台前设置护栏，尤其是当预期的观众数量很庞大时。是否有必要设置护栏、护栏的类型及设计，应综合考虑活动的风险评估、表演者和观众的构成的评估以及活动容量等。对于大部分大型音乐活动而言，特定的舞台前护栏是必需的（更多信息见本书第九章"护栏"）。

（十九）标识系统

112 所有标识的位置和大小对于场地设计都是重要的。对于室内或永久场地来说，紧急出口、灭火器位置、入口、停车场、紧急交通工具停靠点等标识通常已经完备；而对于附属设施和一切室外场地来说，则一般并不是完备的。

113 有效地使用标识能够迅速传递方位、方向及紧急信息，从而帮助引导观众人流。标识应该清晰可见和易懂，且天黑时应有照明。

114 从场地设计的角度来看，标识的大小和位置十分重要。大型室外场地需要更大的标识以便远处可见，可能需要建立固定装置如脚手架等来设置标识。安全标识必须遵照《健康与安全（安全标识及信号）法规》（1996）［Health and Safety（Safety Signs and Signals）Regulations 1996］。

（二十）福利保障设施

115 福利和信息设施、卫生场所、供水系统等的数量及种类取决于活动的类型。一旦确定了数量，则需要在场地设计时考虑这些设施。

116 以不妨碍视线和最大化满足需求的标准将卫生场所分布在场地周围，如靠近酒吧和餐饮区。如果使用非主要的场地单元来设置这些设施，则需安排水车进出抽空污水箱。设计时应确保这些设施清晰可见、标识完备，且使用设施的排队队伍不会阻塞任何门口、紧急通道等。通常在卫生场所旁边设置供水系统。如果使用水车、水罐，则需考虑周围的空间需要和地面排水。

117 信息发布点可以小到为一个通知板，大到为一个大帐篷。设计时需要考虑它们的大小和位置。最好的位置是场地内靠近主要入口处的地方，但不能离任何门和紧急通道太近，因为要考虑到在咨询或等候的人可能会形成阻碍。应尝试将福利保障和信息发布点设置在场内较不吵闹处。

（二十一）超出预期观众容量

118 设计时应制定应急预案以应对过多的观众。在计算的基础上，可能需要设计等候、排队区域和相关设施，这些应在场地设计中一并考虑。

五、场地的最终设计

119 一旦最终确定所有必须考虑的细节和要求，应该在场地规划文本中注明每一项细节，尤其是对周围的空间要求等。最终的规划应再经过审核，以检查容量（有关视线和流通空间）、应急服务、工作人员及观众的进出等因素。此时，可以最终确定电力的发动和传输位置。

第三章 消防安全

一、逃生途径

120 本章的目的是阐述在现场发生火灾时，为了确保所有人都有适当的和足够的逃生途径所必须做的工作。更多的细节在《现有娱乐场地及类似场地火灾预防指导》中可以找到，相关的建议也可以从当地的消防部门获得。音乐活动须同时遵守英国《火灾预防法案》（1971）（Fire Precautions Act 1971）和《（工作场所）防火措施条例》（1997）[Fire Precautions (Workplace) Regulations 1997]的要求。《（工作场所）防火措施条例》（1997）同时适用于任何帐幕或其他可移动结构。在苏格兰，逃生途径可能受其他法例管制，因此必须咨询地方政府相关部门。

121 活动场地无论是在建筑内部或在户外，都可能需要做出适当的调整，以适应音乐活动。本章涵盖了为了安全地举办音乐活动而提供给建筑物、体育场馆和室外场地的逃生途径。

▲ 定义

122 本章将使用到的定义如下：

（1）最终出口是一条逃生路线的终点，即是指从建筑物和建筑结构通过这条路线直接到达安全地点，如街道、通道、人行通道或露天场所；其位置的设置需确保人们能够从建筑物和建筑结构附近安全地疏散或免于火灾的影响。

（2）逃生途径是一种结构性途径，它为人们提供了一条在没有任何援助的情况下，能够从建筑物或建筑结构的任何一点转移到一个安全地点的路径。

（3）安全地点是一个让人不再受到火警威胁的地方。

（4）场地容量是场地能安全容纳的在场人员的最大数量。在时间较长的活动的站立区域里，有必要考虑观众"坐下"所需的空间，且要考虑观众能否方便自如地去洗手间及其他休息设施。关键是活动组织者要尽早就场地容量与地方政府和消防部门达成一致，因为逃生途径的设置依赖于这一数字。

在设有座位的区域，场地容量主要取决于可用的座位数。但是在其他情况下，需要进行计算，此计算基于每个人占用0.5平方米的原则。因此，可容纳观众的最大数量可以通过可容纳人员区域面积除以0.5平方米得出。

例如：一个大小为100米×50米的户外场地，其全部区域可以容纳观众，则其可容纳观众的最大数量为10000人（即100米×50米＝5000平方米，5000平方米/0.5平方米/人＝10000人）。

然而，针对某些活动，地方政府或消防部门有权决定是否需要减少场地容量。

二、设置逃生途径的一般原则

123 无论火警在场地的哪个地点爆发，人们应该可以在不借助外力帮助的情况下，沿着一条清晰可辨的路径步行到安全区域。但是，对于一些残障人士而言，在没有他人帮助的情况下，即使能达到上述目标，也可能遇到困难。设计时要仔细考虑针对这些人群的安排。

124 当必须撤离时，人们往往试图从他们进入的路径离开。如果人们无法从进入的路径离开（也许是受到了火灾或烟雾的位置的影响），他们应该能够远离火源，并找到其他安全离开的路径。然而，观众可能会低估风险，或不愿意使用他们不熟悉的出口，关键是活动组织者需要培训现场服务人员，使其认识到可能会发生这种情况，以确保观众能迅速离开。

（一）室内：专为公众集会设计的建筑物

125 一般说来，专为公众集会设计的建筑物根据其设计的目的会有相配适和足够的逃生途径。然而，也需要考虑对其进行一些调整。例如，提供一个舞台或临时看台、显著增加可容纳的观众数量等调整，可能导致对额外的措施的需求。

126 当需要在现有逃生途径上增加额外的逃生方式时须确保：

（1）出口的大小和数量是合适的和足够的。

（2）出口是分散的，这样不管火灾在哪里发生，人们都可以掉头逃生。

（3）出口和离开通道有清晰的标识。

（4）逃生路线有足够的照明以保证光线充足（参阅第十章"电气装置与照明"）。

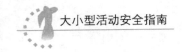

（二）室内：不为公众集会设计的建筑物

127 因为这些场地的设计目的并非容纳大量的人群，所以非常可能需要增添额外的逃生途径，以满足音乐活动的要求。在活动规划早期阶段，请咨询消防部门或地方政府相关部门。

128 在决定逃生途径是否合理时，要考虑如下因素：
（1）建筑的容纳能力。
（2）所需出口的宽度和数量。
（3）是否需要在建筑内部搭建临时支架或舞台。
（4）出口指示标识和方向指示标识。
（5）建筑物提供的正常照明和紧急照明。

（三）体育场馆

129 在英国《运动场地安全法案》（1975）（Safety of Sports Grounds Act 1975）之下取得了普通安全证明书的体育露天场馆会设有足够的从正常观看区域逃生的途径。然而，如果场区内挤满了观众，或堆占了临时支架，如舞台或支架，则可能还需要增加额外的出口。如果露天运动场是根据《运动场地安全法案》（1975）第一部分来建立的，那么它可能要有特别安全证书才能举办活动。当需要这种证书时，应及早向地方政府相关部门申请。

130 如果一个体育场的使用不需要《体育消防安全和场地安全法案》（1987）（Fire Safety and Safety of Places of Sport Act 1987）第129条或第3部分所描述的证书，则必须要保证场馆内的所有地方都有足够的逃生途径。进行这方面的规划时，请尽早咨询消防机构和地方政府相关部门。针对观众席和配套领域的进一步指导，已经收入在《运动场地安全指南》中（参阅本书第二十五章"露天运动场馆的音乐活动"）。

（四）户外场地

131 户外场地，如公园、田园和庄园的花园，通常会在其边界设有围栏。为了提供可以有秩序地撤离的逃生途径，应保证：
（1）在围栏上的出口的数量和大小对在场的人群而言是足够的，并且分布在四周。
（2）在活动中，出口和闸口都不能被锁上，并有活动现场服务人员看管。
（3）所有出口和闸口都有恰当的标识，如有必要则须亮起指示灯。

132 在规划阶段，应就逃生途径的设立征求消防部门和地方政府相关部门的建议。

三、一般要求

（一）大营帐及大型帐篷

133 关于娱乐用途的临时搭建物（其中包括大营帐和大帐篷）的消防安全信息，可以在《现有娱乐场地及类似场地火灾预防指导》中找到。

134 纺织商会也能就门窗及其紧固零件、电气和燃气安全与逃生路线的最新发展提供有关咨询意见［参阅本书"实用地址（网址）"部分］。相关信息可在建筑工程协会的《临时可拆卸构建物：设计、采购及使用指导》中的第十二章找到。

（二）楼梯

135 任何可以构成逃生路径的一部分的楼梯、大堂、走廊或通道，应当有一个统一的宽度、构造和设置，以便为人们提供一条安全的逃生通道。

136 一般来说，楼梯不应少于1.05米宽。楼梯的总体容纳能力应能满足火灾情况下可能会使用楼梯的人群的数量。在规划时，有必要考虑到有楼梯因为火灾而不可使用的可能性，且所有楼梯的总宽度都应能应对这种情况。

137 关于出口容纳能力（涉及疏散时间）的详细指导，可以在《现有娱乐场地及类似场地火灾预防指导》中找到。

138 宽度大于2.1米的楼梯一般应划分为多个部分，每个部分用扶手分隔开，这样，两个扶手之间每个部分的宽度通常不低于1.05米。

（三）坡道

139 在使用坡道的地方：

（1）梯度应该是恒定的，不会随分节而改变。

（2）有大量人流通过的坡道，其最大坡度不应超过1∶12。

（3）坡道应该有一个防滑表面，并且在适当情况下应有一个防护轨和扶手。

注：安装供乘坐轮椅人士使用的坡道应符合英国标准 BS 8300：2001。

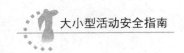

（四）出口

140 每一个场地提供的出口，其宽度、数量和位置应足够应对现场人员的数量。通常情况下，出口的宽度不应小于1.05米。有关计算公共集会场所出口的宽度和疏散时间的全面指导，可参阅《现有娱乐场地及类似场地火灾预防指导》和特别针对体育场馆的《运动场地安全指南》。

（五）逃生通道的门

141 一般原则下，如果一栋建筑用于公众集会，一扇用于逃生路径的门应朝人群移动的方向打开。

142 此外，此门应该：
　　（1）不能挡住任何逃生路径。
　　（2）此门的打开幅度不能小于90度，并且其打开幅面不能有任何地面高低变化。
　　（3）如果此门能朝两侧开启，则门上必须装有门视窗。
　　（4）如果此门旨在保护一条逃生通道，则此门应是防火的，并用防烟胶封闭，且能自动关闭。

143 在建筑物或场地有人员在场时，任何由于结构上的原因不能悬挂向外开启的门，在任何时候都应锁定在完全打开的位置。该门的钥匙应放置在安全的地方，门上应清楚地用告示牌表明"确保该门在场地有人员时维持开启状态"的字样。该告示应当标在该门的两侧，让人们无论在门打开或关闭时都可以清楚地看到此告示。

（六）在门或闸口的紧固件

144 在活动开始前，作为最终出口的门和闸口，以及所有通往这些出口的门，都应彻底检查，以确保它们处在解锁状态；或在有锁的情况之下，当有人员逃生时，能在无须使用钥匙的情况下立刻便捷地从内部打开。在场地使用过程中，这些门和闸口在任何情况下都不应使用安全紧固件，如挂锁和链条。在场地使用过程中，安全紧固件应放在编了号的挂钩上，并放在未经授权的人员在任何时候都无法取得的地方。所有紧固件都应进行编号，并匹配编了号的挂钩。

145 在场地内有人时，有些门必须锁上，但这些门应该只能靠压力释放设备上的锁，如太平门、太平闩锁或压力垫等，以确保在场地内的人员通过施加压力便可从内部轻易开启。太平门、太平闩锁和压力垫应符合英国 BS EN179：1998 和 BS EN1125：1997 的标准。

（七）防火门的自动关闭设备

146 逃生路线可能有必要由耐火结构和防火门进行保护。除了储物室和室内设施管道（水、电、煤气、通风等）的门以外，所有防火门都应配备有效的自动关闭设备，以保证这些门能保持关闭状态。本书不建议使用上升式对接铰接部件。

147 通往储物室、室内设施管道（水、电、煤气、通风等）和所有连接各楼层的垂直管道的防火门在不使用时，都应处于自动关闭状态或上锁关闭状态。自动关闭的防火门上应贴有"防火门保持关闭"的告示，在上锁关闭的防火门上应贴有"防火门保持上锁"的告示。

148 应定期检查所有防火门，以确保它们完好无损，可以自由摆动、紧密嵌合在门框和地板上，且其自动关闭设备可以有效地运作。

（八）出口和方向标识

149 在紧急情况下，关键是要使用所有可用的出口。场地中应清楚地标明所有可用的撤离路线，使观众和工作人员都知道在紧急事故中所有撤离场地的路线。此外，如果让现场所有人员看到清晰的标识和撤离路线的全景，能在紧急事件发生时给他们心理上的安全感。

150 所有的消防安全标识、告示和图形符号应符合《健康与安全（安全标识及信号）法规》（1996）的规定。除了条例中指明的消防安全标识外，符合 BS5499-1：2001 要求的标识也可满足法规的要求。

151 出口的标识必须采取象形符号的形式，但也可以用显眼的文字，如"出口"或"火警出口"等文字加以补充。在逃生通道上的任何一个出口都应该有合适的出口指示牌，且指示牌应尽可能设置在门的正上方或开口处。

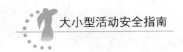

152 在人们无法看到出口的地方，或人们可能会对出口位置抱有疑虑的区域，应沿逃生通道在合适的地方设置出口方向指示牌。这些标识应足够大，固定在显眼的位置上，且应尽可能地固定在高于水平地面 2～2.5 米的位置上。

153 有人员在现场时，出口指示牌和附加的方向箭头标识应是亮着灯的。在户外活动中的告示牌应该是防水的，且能被人们清楚地看到；如有必要，在夜间时须亮起指示牌。

（九）正常照明和应急照明

154 如果在日照时间以外的时段或在没有日光的情况下使用场地，应保证在场地内的观众可以接触的所有地方和逃生通道均配备正常照明和应急照明（参阅本书第十章"电气装置与照明"设备）。

四、火灾分类

155 按照 BS EN2：1992 的标准，可以把火灾归类定义为如下几类：
  A 类火灾：涉及固体材料的火灾，这些材料通常是有机材料，一般在遇到烟火余烬时会着火。
  B 类火灾：涉及液体或可液化的固体的火灾。
  C 类火灾：涉及气体的火灾。
  D 类火灾：涉及金属的火灾。

（一）A 类火灾

156 在大多数的场地，A 类火灾是最有可能发生的火灾。水、泡沫和多用途的粉末能有效扑灭这些火灾。水和泡沫通常被认为是最合适的介质，因此相应的设备就是灭火消防喉、液体灭火器，或含有氟蛋白泡沫（FP）、水成膜泡沫（AFFF）、成膜氟蛋白泡沫体（FFFP）的灭火器。

（二）B 类火灾

157 涉及易燃液体的火灾通常适合用便携式泡沫型灭火器［包括氟蛋白泡沫（FP）、水成膜泡沫（AFFF）或成膜氟蛋白泡沫体（FFFP）灭火器］二氧化碳灭火器或粉末型灭火器。针对涉及液体外泄的火灾的各种灭火介质的最小需求量，BS5306-3：2003 标准提供了相关指导。

158 使用二氧化碳灭火器时应注意安全，因为烟雾和燃烧后的产物也许会对受限空间造成安全威胁。

159 如果在人群中或在受限空间内使用干粉灭火器，会对人们的视觉和呼吸造成一定的影响。不恰当地使用干粉灭火器可能会导致人们一定程度的恐慌。

（三）C 类火灾

160 没有为涉及气体的火灾而特别设计的灭火器材，因为应对这种火灾唯一有效的方式是关闭气体的阀门或者堵塞阀门阻止其泄漏。在涉及漏气以及在可燃气体的供应没有被阻断的情况下扑灭这种火灾，会有爆炸的危险。

（四）D 类火灾

161 在上文提及的灭火媒介中，尽管有种特殊的粉末能够控制部分 D 类火灾，但没有任何灭火媒介能有效地应对诸如铝、镁、钠、钾等金属的火灾。只有经过专门训练的人员才能处理这种火灾。

五、消防设备

162 以下各条就火灾早期阶段、消防队到来之前的消防设备使用问题提供建议。专为公共集会而设计的场地可能已配有灭火系统，包括自动喷水灭火系统；但一般的便携式或手持式的消防设备，如灭火器、灭火消防喉和防火毯，就已经足以应付早期阶段的火灾了。

163 所有场地应配备合适的便携式或手持式灭火设备，并且在规划阶段就应与地方政府相关部门和消防部门针对这些预防措施进行协商确定。

（一）灭火器

164 如果安装了便携式灭火器，它们应符合 BS EN3：1996 的规定，并根据 BS7863：1996 和 BS5306：2003 的规定进行颜色编码。

（二）消防喉

165 如果安装了消防喉，它们应该被放置在显眼并且可及的地方。消防喉的水管应符合 BS3169：1986 里对 1 型水管的规定，消防喉的安装也应符合 BS 5306－1：2006 和 BS EN671－1：2001 的规定。

（三）防火毯

166 防火毯适用于某些类型的火灾。它们的归类在 BS 7944：1999 和 BS EN

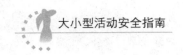

1869：1997 中可找到。

六、涉及电气设备的火灾

167 在有任何电气供应的情况下使用液体灭火器是很危险的。专门防范电气风险的灭火器应为干燥粉末或二氧化碳类型的灭火器。尽管一些含有水溶液的灭火器（如 AFFF 型灭火器）可能满足 BS EN3－2：1996 导电性测试的要求，但它们可能无法充分地降低潮湿表面（如地面）的导电危险，因此，这类型灭火器不应用于防范电气危险。

七、消防器材配备

（一）室内：专为公众集会设计的建筑物

168 通常情况下，对建筑物的正常使用来说，相关消防设备的数量应是足够的。但是，如果需要搭建额外的设施，如舞台、场地过道、更衣室等，就有可能需要配备额外的消防器材。

（二）室内：不为公众集会设计的建筑物

169 这些场地需要重点关注，因为现有的消防设施可能仅达到要求中的最小数量。然而，也应该考虑到现有的一些设备（如仓库内的消防喉）及其维护情况。在决定什么消防设备合适时，要同时考虑建筑物的结构和内部设置，包括这两者的规模。总的原则是，任何人从火灾发生的地点到达灭火器的距离都不应超过 30 米，而且也要在靠近出口的逃生通道处放置灭火器。

（三）室外场地

170 为室外场地提供的消防设备根据当地的条件以及现场的配备有不同的设置。一般来说，需要有应对植被、车辆和大帐篷发生火灾的消防设备。最好的安排是，提供有良好标识的消防设备点，这些消防设备点如下所示：

（1）当现场有竖立式水管并且供水压力充足（水能从喷头喷出约 5 米）的情况下，消防点应包括一个竖立式水管以及长度不小于 30 米的小口径消防喉。消防喉要连接到竖立式水管上（最好有螺纹接口）。消防喉的另一端应该为小型手控喷嘴。水管要存放在一个涂成红色的箱子里，并标有"消防喉"字样。

（2）在没有竖立式水管或者供水压力不充足的情况下，每个消防点应提供1个至少25升的配有铰链盖的水箱、2个水桶以及1个手泵或桶泵，或提供适当数量的水型灭火器（2个或更多的级别为13A的灭火器）。

171 应为位于室外的消防设备采取保护措施，使之免于霜冻、故意被破坏和偷窃等问题。消防点应该有显眼的标识。更多的建议可以从消防部门或地方政府相关部门获取。

八、特殊风险

172 此外，应为以下各规模的特殊风险配备相应的便携式灭火设备：
（1）超过56平方米的舞台：在舞台上的每一侧要有液压消防喉或2个水型灭火器（级别13A），以及1块轻型防火毯（参阅本书第167条）。
（2）不超过56平方米的舞台：在舞台上的每一侧要有1个水型灭火器（级别13A），以及1块轻型防火毯（参阅本书第167条）。
（3）更衣室：每4个更衣室至少配备1个水型灭火器（级别13A）和1块轻型防火毯。
（4）布景储藏间、舞台地下室、财产储藏间和音乐室：在每个风险区域配备1个（级别为13A的）水型灭火器，或者在水不适合作为灭火媒介的区域配备1个合适的灭火器。
（5）电气供给室、蓄电池室、舞台配电及电气设备：1个二氧化碳灭火器或1个干粉灭火器（最低级别要21B）。
（6）锅炉房——固体燃料起火：1个水型灭火器（级别13A）。
（7）锅炉房——燃油起火：1个干粉或泡沫灭火器（级别34B）。
（8）便携式发电机（作为电源）：1个二氧化碳灭火器或者1个干粉灭火器。
（9）移动设备：1个干粉灭火器（级别21B）和1块轻型防火毯（参阅本书第十一章"食品、饮料及水"）。

九、在火警发生时发出警报的方式

173 以下段落就火警发生时应如何给予警报提供一般性的建议。更详细的建议可以从《现有娱乐场地及类似场地火灾预防指导》、消防部门或者地方政府相关部门获取。

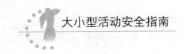

（一）火警预警系统

174 火警预警系统的目的是给活动现场服务人员和在场的每一个人提供信息，以便所有人在逃生路线因为明火、高热或烟雾变得无法通行前能够安全撤离。用于预警的方式应适合于特定的场地，应考虑到场地的大小和布局以及可能在场的人员数量。

175 火警预警系统应大体上符合 BS5839－1：2002 的规定。《健康与安全（安全标识及信号）法规》（1996）规定，需要电源才能运作的标识或信号应具有后备电源。按以前的标准设计或安装的系统也可以通过满意的、广为认可的测试、电气认证以及地方政府相关部门的批准而得以继续使用（关于紧急事故公共广播的进一步建议请参阅本书第五章"通讯和沟通管理"）。

（二）室内：专为公众集会设计的建筑物

176 已获取音乐娱乐活动牌照的场地拥有经过核准的方式，能在火警发生时发出警报。然而，活动组织者有必要在规划的早期阶段咨询消防部门，以确保该系统是否合适。

（三）室内：不为公众集会设计的建筑物

177 不为公众集会设计的建筑物，如仓库、机库、农业建筑等，可能有适合音乐活动的预警系统，或者根本就不具有火警预警系统。因此，有必要修改现有系统使该建筑适合作为活动的场地，或为其提供一个临时的预警系统。

178 如果安装了临时预警系统（这也可能是最适宜采取的行动），那么提供一个无线电传输系统则会有许多优点，因为它不需要在建筑内铺设电线或对建筑物做出调整。固定呼叫点也可以由活动现场服务人员携带的移动电话呼叫点替换，从而保证报警器能在发现火灾的瞬间发出警鸣。但是，任何系统都必须遵从 BS 5839－1：2002 的总体原则，并符合 BS EN 60849：1998 的规定。活动组织者应向消防部门或地方政府相关部门咨询场地所使用系统的适用性。

179 对于一些不适用于公共娱乐活动的建筑，可能需要配置一个带有自动探测火警功能的报警系统，特别是在火势可能会在被发现前变得严峻的情况下。

（四）户外活动

180 当活动在户外举行时，人们被火灾困住的可能性虽然比较小，但仍需要为临时的和可移动的建筑如大帐篷等配备火警预警系统。露营区应该有火灾瞭望塔，活动主办方也应告知露营者关于火灾安全的相关建议。

十、幕帘、窗帘和其他材料的消防安全建议

181 使用幕帘、窗帘和临时装饰品可能会影响逃生路径的安全使用。我们建议活动组织者书面告知消防部门和地方政府相关部门关于任何易燃装饰材料的使用，并附有材料的完整详细信息，包括拟使用的材料样品（样品不小于1×0.5米）。当一个建筑物已经被用于公共集会时，这些材料的使用可能已经获得有关批准。

（一）幕帘和窗帘

182 所有的幕帘和窗帘应使用耐久的或阻燃的面料，并在根据BS5438：1989的标准进行测试时应同时符合BS 5867－2：1980（amd 1993）B型面料的标准。非耐用面料是可以接受的，只要它符合BS5867－2：1980（amd 1993）B型面料的标准且有安全检验的证书。

183 如对有关材料的阻燃性有争议，则应获得检验证书以表明其符合相应的规定。测试应该在已经通过贸易局和国家工业部门计量认证服务（NAMAS）认证的实验室或者类似的经认证的实验室进行。

184 悬挂在逃生门上的幕帘如会造成额外的问题，则应做出调整，以避免其拖曳在地面上。幕帘应能从中间拉开，只有在幕帘附近有活动现场服务人员负责，并且他能在紧急事故发生时拉开幕帘的情况下，才允许使用此幕帘。

（二）人工植被和干植被

185 在观众区使用的以装饰为目的的所有人工植被和干植被都应该是经过阻燃处理的。由于阻燃处理会因为与水分接触而受到不利影响，可能有必要对植被进行定期的重复处理以维持其效果。重复处理对保持植被的外观也是有必要的。

186 目前没有相应的实验室试验方法可以评估人工植被或干植被的阻燃性能。但是，我们建议要对这些和其他类似物品进行引燃测试，这些测试要使用用于测试幕帘帷幕的小型燃烧源进行。

187 因为要完全防止人工植被（如枝和茎）的固体塑料部件产生燃烧的熔滴及碎片是相当困难的，所以消防部门或地方政府相关部门可能会限制某些材料的使用量，并禁止其在某些区域使用。

第四章 重大事故处理规划（应急规划）

188 在音乐活动上发生重大事故的后果可能是灾难性的，活动组织者有必要对重大事故的发生制订处理计划。应对重大事故通常要求一个多机构合作模式，参与者可能包括活动组织者、警方、英国国民保健服务系统（包括救护车服务）、消防部门、地方政府相关部门、当地紧急事故规划官员、活动现场服务人员以及急救人员。因此，有明确的责任划分，并且在活动策划阶段就要各方确认及了解各自的职责，是非常重要的。活动组织者应以书面形式向有关人士或组织发出商定好的程序。

189 处理工作场所中的严重和迫切的危险（包括疏散）的程序是《劳动健康与安全管理条例》（1999）的一个要求（参阅本书第三十三章"健康与安全责任"）。

一、定义

190 对于重大事故的确切定义可以在第 192 条里找到。不需要紧急服务、英国国民保健服务或地方政府相关部门介入的轻微突发事件或事故，活动组织者应通过制订适当的应急计划进行处理。活动组织者尤其需要意识到，在没有适当的规划和管理的情况下，小型事故有可能发展成的重大事故。因此，活动组织者应制订应急预案，以应对轻微事故以及重大事故。重大事故预案的制订应与紧急服务相结合。

191 至关重要的是，活动组织者应精确地确定计划中什么是需要做的，并与警方就什么情况下应把事故移交给警方处理达成一致。如果认为将事故移交给警方处理可以防止事故恶化，则应在任何实际的重大事故发生之前进行移交。同样重要的是，活动组织者要与紧急服务机构就重大事故的声明程序和发出声明的人选达成一致。

第四章 重大事故处理规划（应急规划）

▲ 定义重大事故

192 重大事故是需要一个或多个紧急服务机构、英国国民保健服务系统或地方政府相关部门就以下情况实施特殊安排的紧急情况：
（1）涉及大量伤亡人员的初步治疗、抢救和运输。
（2）直接或间接涉及数量巨大的人群。
（3）处理公众和新闻媒体（通常是对警方）的大量询问。
（4）大量需求两种或者更多种类的紧急服务的综合资源。
（5）需要动员、组织紧急服务机构及相关支持机构如地方政府等，以应对大量人员伤亡、严重受伤或民众无家可归的威胁。

更多关于重大事故的信息可以在英国内政部出版的《应对灾难》（*Dealing with disaster*）里找到。

二、规划

193 对于任何针对重大事故的规划，活动风险评估都是一个很好的起点。它能帮助活动组织者专注于需要考虑的地方，主要包括：
（1）活动的类型、表演的性质、时间的天数和每个活动的持续时间。
（2）观众构成，包括年龄、过往或预期行为、特殊需求等。
（3）是否有固定座位。
（4）场地和场馆的地理环境。
（5）地形。
（6）火灾、爆炸。
（7）恐怖主义。
（8）结构故障。
（9）人群激增或骤减。
（10）秩序混乱。
（11）灯光或电源故障。
（12）天气，如酷暑、严寒、暴雨。
（13）场外危害，如工业厂房。
（14）安全设备故障，如闭路电视和广播系统的设备故障。
（15）延迟启动、缩短活动时间或取消活动。

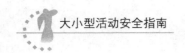

▲ 重大事故应急规划的准备工作

194 在制订重大事故应急规划时，要考虑以下事项：
　　（1）识别和确定关键决策人。
　　（2）终止活动。
　　（3）识别和确定紧急逃生通道，以及紧急服务的提供。
　　（4）有特殊需求的人士。
　　（5）识别接待表演者、工作人员和观众的区域。
　　（6）用以警示和撤退工作人员的加密信息的脚本细节。
　　（7）警报程序。
　　（8）公共预警机制。
　　（9）疏散人群和遏制事故的措施与程序。
　　（10）对观众进行广播通知的详细脚本。
　　（11）识别紧急服务的集合点。
　　（12）识别救护车装载点及验伤区域。
　　（13）位于本区域、对重大事故有相关准备的医院的位置，以及为到达这些医院预留的交通路线。
　　（14）临时停尸设施的详细信息。
　　（15）有关人士的职位、职能简介，包括联系人列表以及联系方法。
　　（16）文件编制和留言板。

195 活动组织者的规划应能就不同的事故环境或可用资源做出灵活的反应，有可能需要准备多种规划以处理具体问题。规划也应建立在日常安排之上，并将它整合到现有的现场工作程序里。

196 经验表明，通过多机构合作模式生成的规划能使各机构共同承担问题的责任，并生成有效的解决方案。这种方法可以称为综合应急管理。一个应急规划团队应该由有义务处理任何紧急情况或重大事故的个人和机构组成。

197 为了有效行事，重大事故应急规划团队规模不宜过大，设立一些专业的子团队可能对此会有帮助。涉及该活动的每个组织，如警方、消防队、急救提供机构等，应就重大事故发生时其角色及其可提供的资源给予明确的确定，并最终以意向声明的形式来确定。

198 领导应急规划团队的人必须是符合资格的且有能力承担此职务，并且对相关问题有广泛的认识。这个人不一定是活动的组织者或其员工之一。然而，应急规划团队里的成员应就该应急规划的有效性向团队领导人负责。活动的安全协调员应参与到应急规划的过程当中。保管好会议和决定的记录，是非常重要的。

199 应急规划应该明确易懂，尽量不要包含行业术语。指导，特别是行动方面的指导，必须是具体的，要保证任意指定的个人、职位和层级都能发挥特定的功能。提供术语语汇表或许会有帮助。如果可以简单、快捷地更新规划的布局，将会节省大量的时间。经修订的文本应该用一个日期或编号系统进行归档，以易于辨认。

200 场外因素也是规划的重要组成部分。交通事宜包括紧急通道、出口，以及针对对活动有影响的场外事故的准备。这包括可能会发生的大巴车相撞事故或大量游客滞留的情况。当活动场地邻近其他县区或行政边界时，地方政府的应急规划人员可能需要进行联络协调，并确定提供双边救助所需的能力。活动组织者应就现有的地方政府应急规划方案咨询地方政府相关部门的应急规划人员，并将活动的重大事故应急规划的副本提供给地方政府相关部门的应急规划人员。

201 包含相关的地理和地形特征的、详细的带网格的场地规划图，将对规划应急方案和活动中的重大事故处理有重大价值，这样的规划图在计算包括了正常和紧急情况时的人流会特别有用。

三、训练、演练和测试

202 活动组织者可以考虑通过测试来检测应急规划的有效性，以及个人及团队操作该规划的能力。方法可以包括模拟演练或桌面模拟演练。演练不一定要涵盖全部内容，可以设计为每次只测试该应急规划中的一个方面。演练后的汇报有特别的建设性意义，它可以消除可能已造成的误解，并强化未来的合作关系。

203 一旦应急规划获得通过，每个机构必须确保全面知会负责实施规划的人员。通过这种方式，可以在第一时间预防问题的发生。而事故一旦发生，及时向工作人员进行妥善的简报，可以阻止事态的恶化。我们强烈建议在活动前进行沟通和通讯演练。培训现场工作人员也是必不可少的安全要素。对于任何有处理紧急事件任务的工作人员和其他人士，活动组织者都必须以书面形式向他们说明其职责详情、重大事故的处理程序以及现场场地网格图。活动组织者需对与活动有关的人员包括特许经营商以及给活动提供重要援助的服务机构的人员进行简报。

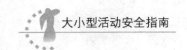

204 进行有效简报的一个主要障碍是现场管理工作的短暂性和紧急服务工作的轮班制。当计划外的工作人员被匆匆引入时，这种情况会变得更加难以应付。在这种情况下，通知工作人员的方法可以包括个人、团队或小组汇报，书面说明和培训视频。

四、紧急服务和地方政府的职责

205 一旦宣告了重大事故的发生，警方将协调和促进"场内"和"场外"的响应机制。然而，在发生火灾的情况下，消防局会负责场内的处理情况。英国国民保健服务的救护车服务会启动现场整体医疗处理的协调工作，包括选定并告知接收的医院、转移伤亡人员、提供应急运输服务、与其他机构沟通和联络等。地方政府相关部门在重大事件发生时能够提供一系列的服务，这些服务可能包括提供接待中心、临时应急住宿、餐饮及使用多种特殊设备设施。

五、警戒线

206 发生重大事故时可能需要使用警戒线，活动组织者需与警察、消防局和救护车服务机构讨论如何在现场放置警戒线。活动组织者应根据现场情况放置警戒线，在事故的过程中可能需要移动这些警戒线。

六、重大事故的管理架构

207 在处理重大事故时，英国各地紧急服务机构和地方政府广泛采用三层管理架构。这一事实表明，在事态非常严重的情况下，需要在执行层面、战术层面和战略层面协调处理事故。许多活动组织者已经在使用这个管理架构，不妨咨询一下活动所在区域的紧急服务机构，看看这个架构是否适用于此活动（在某些地区，这些不同层次的管理分别被称为铜、银和金级别，但在别的地区这些名称并未被使用）。

208 除了措辞差异，这种共同议定的系统提供了一个简单的管理架构，简化了机构之间的协调。每个机构负责在自己的行动中实施这种架构。

209 在"执行层面"上最接近事故的管理者，应在一个地理区域内或一个特定功能上部署和执行任务。执行管理者的数量是不固定的，并且大多数事故都将在执行层面上得到处理，只有事故性质发生变化才能使事故处理升级到下一个层级。

210 "战术管理者"负责制定其组织所采取的战术。战术管理者一般会亲临事故现场。当有多于一个组织在这个级别上处理事故时,各方之间必须进行商讨,其任务包括整体协调、事故的综合管理以及决定资源如何分配。

211 对最严重的事故而言,一个更高的"战略层面"的管理可能是必要的。战略管理最好是在现场之外实行。战略管理者负责制定各自组织的政策架构,在这个架构内,他们的战术指挥人员会把组织整体需求放在首位。当有多于一个组织在这个级别上处理事故时,通常会由警方主持成立一个"战略协调小组",以确保所涉及的不同机构的策略是兼容的。

七、事故控制室(协调组及其位置)

212 除了在小型活动上,现场的住宿区域必须被预留出来作为指定的紧急联络中心或事故控制中心。在活动进行的过程中,要确保这个现场设施一直有工作人员执勤。在整个场地和场馆设计中要考虑事故控制中心的位置(参阅本书第五章"通讯和沟通管理")。

八、紧急服务中的控制车辆

213 如果有重大事故,紧急服务机构可能派遣指挥和控制车辆赶赴现场。如果它们的车辆能够位于紧急联络中心附近,这显然会更有利,因此在整个场地或场馆设计中要考虑这个因素。

九、沟通与通讯

214 针对沟通、通讯和紧急公告的建议可以在本书第五章"通讯和沟通管理"中找到。

十、媒体管理

215 从重大事故发生的那一刻起,媒体就会发出询问。有些媒体可能已经在现场报道事件,而其他媒体则会在短时间内抵达现场。通过建立合适的策略,为媒体提供一个准确、可信的回应。重要的是,所有活动的当事人需要理解媒体收集信息的需要。活动组织者应考虑委任一名首席新闻官并设置媒体集合点，以帮助媒体进行联络。在重大事故发生时，警方的媒体负责人将负责协调回应媒体的工作。

十一、现场及证据的保护

216 任何重大事故都可能会导致刑事诉讼和民事诉讼。警方、消防队、健康与安全检查人员以及当地政府官员会进行证据的收集及相关调查。在第一种情况（刑事诉讼）下，警方有责任保护现场及任何其他证据。很显然，此举动不应干扰到生命的拯救。活动组织者要清楚地知道哪些官员和检查人员需要获取信息，以进行任何必要的调查。

十二、志愿机构

217 许多志愿机构可以在事故中提供高质量的援助。如果他们可以出现在活动当中，应考虑邀请他们加入活动的应急规划中（参阅本书第二十一章"信息、福利保障与援助"）。

十三、一些特殊的情况

（一）活动取消

218 如果在观众已经到达后或者在演出暂停后无法重新开始时取消一个活动，那将会有许多不同的问题需要处理。即使是在没有发生实质上的重大事故情况下取消活动，也同样如此。人们的财物可能会丢失或被遗弃，人们可能会陷于困境，可能期待获得赔偿或重新派发门票。活动组织者应考虑并准备好面向观众的发言声明以及面向公众的新闻通讯稿。

（二）中止和启动活动

219 一旦活动已经开始，计划以外的活动中止可能产生严重的危害。做任何这样的决定都必须经过慎重考虑，并与重大突发事件应急规划团队进行讨论。同样，在决定观众是否需要疏散以及何时疏散时，都需要准确的判断。计划以外的活动中止和疏散都需要有预先制订好的、切实可行的、经过测试和演练的预案。重大突发事件的规划必须述明谁有权力做出中止或启动活动的决定。

（三）炸弹威胁

220 如果接收到炸弹威胁电话，必须尽可能准确地记录电话的细节（警方能够提供这方面的指导）。至关重要的是，该信息必须立即传递给警方，以做出评估和响应。

221 警方会就威胁的真确性给出建议。一般来说，任何疏散或转移人员的决策将由活动组织者落实。唯一的例外是发现了炸弹装置，或者警方接收了具体的信息。在这些情况下，警方可以发起行动，而活动必须遵守高级警官的指示。如果这个炸弹是真实威胁，必须警惕是否还存在其他炸弹设备，它们有可能针对的是紧急服务或已转移、疏散的观众。

第五章　通讯和沟通管理

222 有效的沟通是活动顺利并安全进行的首要因素。活动中所有组织内部以及组织之间的沟通所需要的条件都需要经过彻底检查确认。这包括检查活动的一般管理与运营管理，处理日常的健康、安全和福利等信息，以及有效地就重大突发事件进行沟通。

223 本章将从两个角度来探讨沟通的关键性问题：
（1）跨部门沟通。
（2）公共信息与对外沟通。

一、跨部门通讯和沟通

（一）活动规划过程中的沟通

224 在这个阶段沟通网络是广泛的，并涉及一系列沟通活动与信息需求，主要包括：
（1）有关活动特点等的情报收集。
（2）联络会议。
（3）获取恰当的许可证。
（4）准备关于现场内外安排的详细计划。
（5）商业安排——票务政策、宣传、合同签订等。

225 每个参与活动规划的人都需要准确记录每一项决策，并确保相关信息已传达给相关人员。非常重要的是，意向书声明要清晰明确地定义职位、职能以及不同机构和个人的责任。

（二）准备重要的支持文件

226 明确地运用语言，对于提供一个清晰可靠的沟通机制至关重要。沟通时，应尽可能避免使用专业术语和缩略语。必要的话，在主要规划文件中列出术语列表是很有价值的。

227 活动组织者要选定特殊专业术语，以供人们应用于规划的准备、文件的准备以及涉及以下方面的沟通程序中：
（1）为不同的控制点命名，并任命相应负责的工作人员。
（2）标注不同类别的集合点。
（3）为场地中或其周围的关键位置提供独一无二的指引性标记。
（4）针对现场人士的不同类别，对各区域有清晰的命名。
（5）运用兼容的术语来评估风险和紧急事件的等级。
（6）为建立沟通而拟定的清晰的联络协议。

228 只要有可能，规划中就应该说明谁做什么而不只是要做什么。比如，"应急事件控制室必须获得通知"这样的表述，就不如"当值的工作人员必须通知应急事件控制室"有用。

229 《简明英语写作》（*Writing Plain English*）中的"简明英语运动"内容为书面沟通的许多方面提供了有用的指导。

230 与活动相关的地图和场地设计图非常重要。可视化数据应该显示车辆与人行的主要路线及对通行的限制。我们建议活动组织者为场地和其周围的情况采用网格场地图。场地图与实际场地如有差异，可能会导致应对迟缓、错误引导资源、沟通渠道因需要重新更正以及尝试解决混乱而遇到不必要的阻塞。

231 规划者注意保持不同文件中图标的特性及功能的一致性。如果一个标签出现超过一次（比如地图上有多个急救点），则每一个图标点都需要有独一无二的参照号。在改变规划前要事先咨询相关人士，这样才能考虑到改变规划带来的后果。

232 活动组织者应考虑委任一个关系协调员并将其作为一个独立的联络点。这个人将负责接收、收集、反复核对以及传播信息，主要包括：无线电广播频率、信号、电话线路、紧急通知系统、摄像机位、控制设施的安置、联系清单等。

233 活动组织者应确保活动的重大事故规划与地方政府或者是应急服务机构制定的应急规划相兼容，并确保距离事故现场较远的控制室中的工作人员也能够简单地获取相关信息。

234 许多其他类型的文件（比如技术图纸、安全证书、许可证、审批书、会议记录等）也要被囊括进整体的沟通过程、参考、指引、批准或许可中。应持

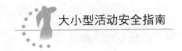

续更新所有的文件，如有任何改变都应马上通知涉及规划过程的人员。

（三）用以管理活动的机制

235 活动需要构建一种机制来实现有效沟通，这个机制包括：

（1）在机构内部（如应急服务机构、活动主办方、进行现场管理的组织、地方政府）。

（2）不同机构之间（如火警和消防局、进行现场管理的组织和救护车、场馆运营方和警察）。

236 这个机制涉及现场内外间的联系，应确保：

（1）可以很容易地联系到需要在现场参与活动的组织。

（2）可以将现场情况通报给需要其在场外响应的相关组织。

（四）紧急事件控制室中的通讯控制

237 在活动中需考虑以下方面：

（1）为通信设备提供的电源需要与活动制作的电源供给设备相独立，并且拥有独立的备用设施。在切换到辅助电源时，需要测试持续通讯方面电源供给的能力。确保备用电源充足是很重要的。在重大紧急事件中，这类电源供给可能需要持续供电至超过原计划活动的结束时间。

（2）确保紧急事件控制室或单位能够尽可能清楚地了解到活动的情况，能够很容易被联系上，能够为设备和人员的有效运作提供充足的空间。

（3）所有关键人员之间的联络必须畅通。

（4）要做好安排，确保紧急事件控制室与重要的地点和事件之间的联系畅通。

（5）如果可以的话，应对现场工作人员、安保部门、紧急服务提供机构、当地政府部门和急救中心的通讯控制进行共同定位与设置。

（6）人员配置应充足，以应对周期性政策的实施，并召开与各组织人员间的检讨会。

（7）当紧急情况升级时，无线电控制人员必须能够停止（移动无线电通讯器之间的）直接对讲功能或停止直接对讲设备的运行。

（8）所有电缆和电线要铺设在远离火灾及其他危险易发地等风险较小的地方。

（9）安排好维修人员，让他们随时待命进行任何必要的维修或调整。

（10）适合程度的隔音是非常必要的。必要时，可给工作人员配备耳机，以减少他们受到繁忙的控制室里的噪音干扰。

（11）给所有控制室提供主要的文件和文具，包括：场地图、重要通讯录、警报通知、布告板、工作记录日志等。

（12）清晰地展示常用信息（如场地图、主要联络方式等），并确保能够提供可擦板或活动挂图等设施，以便一旦有紧急事件发生时，相关的信息就可以写在上面。

（13）需要准备一个备用场地来维持和进行紧急通讯，以处理突发情况。

《运动场地安全指南》在沟通方面包含了许多实操性的指南。

（五）场外联系

238 活动组织者应将活动的详情提供给各个应急救护机构的控制室，并保证和所有急救机构的当地总部的联系热线保持随时畅通（无论是广播还是电话），这样才能随时拨打紧急电话。

239 某些组织机构（如交警、运输供应商等）会在场外受到庞大人流移动的影响，应做好与这些组织沟通的安排。当一些未预见事件（比如活动的缩减）的发生对于远在活动现场以外的地方产生严重的冲击影响时，这样的安排就显得更有必要了。

（六）无线电通讯

240 根据活动的规模，会有许多无线电通讯设置和网络在现场同步运行。在承包商租用无线电设备之前，活动组织者要告知各承包商可使用的无线电频率。网络协调员可以搜集所有建议频率的相关信息，并且咨询网络通讯局和地方应急服务机构。

241 每个需要用到无线电通讯的组织都应考虑到将哪个运行频道用作认定的功能或特定区域。此外，在大型活动中，活动组织者需要考虑为应急救护机构配置指挥专用频道。

242 作为一种重要的媒介，无线电广播能够满足一般运营需要并应对紧急情况。因此，在进行活动前进行检查是十分重要的。活动组织者应对此进行全面的覆盖全活动区域的测试，来确保广播信号能够覆盖充足的范围。在户外的场地中，应对桅杆、天线和中继器的定位需要进行研究和测试，以确保其合适。临时搭建物会对广播覆盖范围产生重大影响，因而在有它的情况下有必要采取改善措施以保障广播信号的覆盖。

243 在观众众多、音乐声大的环境中，背景噪音明显成为一个大问题。活动组织者要考虑为在高噪音区域工作的核心人员配置全套护耳耳机，并在活动开始

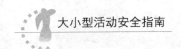

前给所有耳机的电池充满电。同时，准备充足数量的备用电池和充电设施是必不可少的。另外，还要对佩戴这类设备是否会在工作任务中形成任何身体伤害的危险进行风险评估。

（七）电话设备

244 活动组织者应提供外部电话线路，使场地控制处能够与场外紧急服务提供机构的控制室取得直接电话联系，不要将指定用于紧急情况的外部电话线路用于其他通讯联络。

245 场地内的电话网络（如露天体育馆、室内场馆等场地的内部电话网路）提供现场和场地附近的其他关键点之间的重要通信线路。手机的广泛使用为通讯提供了更多选择，但不要依赖手机进行重要的联系，特别是紧急事件的通讯。

（八）闭路电视

246 闭路电视是一个很有价值的安保工具，能够帮助人群管理。对此，在活动规划阶段应考虑以下一些根本性的问题：
　　（1）采用闭路电视是否会让活动更加安全？
　　（2）镜头应该放置在什么位置？
　　（3）灯光是否充足？
　　（4）应该由谁来负责这些工作？
　　（5）谁有权进行检视？

247 通过闭路电视图像，活动组织者可以极大地提高发现人群中问题的可能性，这些问题可能是因大量人潮猛增、流动、过度集聚或者秩序混乱而造成的。

（九）通讯程序

248 活动组织者必须建立一个清晰的机制来展示信息传递程序——人们需要知道在什么时候、用什么方式、由谁、将什么信息、传递给谁。

249 建立此通讯程序需要考虑的问题主要有：
　　（1）有严密的广播条例、恰当的呼叫信号和联系协议。
　　（2）明确信息的目的与功能（明确这一条信息是否是一个问题、警示、行动要求、命令、禁令等）。
　　（3）信息简明精确。

（4）反复核对信息是否被准确地传达与理解。
　　（5）清晰明确地转发信息。
　　（6）保留通讯行动的准确的记录。
　　（7）保留决策和行动的准确的记录。

（十）信息传递与确认

250 工作人员必须意识到如果不能恰当地传达及理解消息可能会造成的后果。活动中和围绕活动的工作人员对于当地情况的知识水平有显著不同，因此，应该引入信息确认或复述程序。

（十一）情况报告

251 活动组织者要建立提供突发事件或紧急事件情形的信息的流程。这个流程至少应包括以下内容：
　　（1）一个可操作的模板，提供包括如何恰当回应与处理的必要的信息细节。
　　（2）一个熟悉的通讯方式，用来帮助人们接收信息，使其预先考虑和识别各种事项。这能帮助信息接受者对信息进行注解，让其准备好信息的后续使用或再传递。

252 一份情况报告的格式必须适用于各类突发事件。在这样的一份报告中涵盖以下信息是至关重要的：
　　（1）鉴定与识别：呼叫信号、呼叫者的名字、被呼叫用户。
　　（2）地点：事件发生的详细地点。
　　（3）事件：与事件相关的准确细节。
　　（4）需求：所需服务、设备及机构的细节。

253 报告人员在进一步提供细节之前，应确认对方已接受这些关键信息且充分理解它们。如果有更多可用的信息，以下信息在二次或其后的传递中相当重要：
　　（1）警示：任何危害的细节（现有的或是潜在的）。
　　（2）通道：任何可能影响进入现场的路径的细节，或最快捷进入通道的建议。
　　（3）伤亡：关于伤病员的详情。
　　（4）控制点：关于和谁进行联系、在什么地方联系的细节，以及更多来自现场的信息。

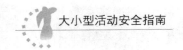

（5）其他信息：任何其他的相关信息。

（十二）预警程序

254 活动组织者对于小到个体重伤重病，大至需要全面紧急疏散的重大事件，有必要设置不同的紧急响应等级。信息准确对于合适的决策至关重要。由于通讯链中的每一环节都可能潜在地引起误解或发生故障，所以信息提供者、决策者和响应提供者之间的预警链应尽可能地短。

255 要基于警报或威胁本身的特点对其进行评估，但在紧急情况下第一反应应该是进一步调查，应对紧急事件的人员应该每人持有一份具体的指导或者带有编码的公告。所有相关人员都应该在指定的紧急位置随时待命，并等待进一步的消息。

（十三）定期更新

256 有效利用可以便捷获得信息的通讯渠道是非常重要的。公告板日志就是这样一个简单的例子。它们是有效的"广播"机制——提供随时获取信息的渠道，减少口头和书面渠道的信息交换。因而，活动组织者需要审慎考虑如何预期他人对信息的要求。

（十四）保存记录

257 在活动全程中保存记录和日志信息是非常关键的。日志应该依次展示关键事件和行动，它也是让工作人员了解任何突发事件过程的有效工具。

（十五）培训、简报和准备活动

258 所有机构都有责任对其员工进行适当的培训，包括从遵照正确的无线电通讯规则到保存决策日志等一切内容。活动组织者必须对所有员工在其活动中的职责进行适当的简报，这包括对需要了解活动特殊安排的场外工作人员（比如突发事件控制室的人员）进行简报。

二、公共信息与沟通

（一）信息的类型

259 观众对信息的需求包括演出详情、票务安排、交通方式、推荐路线、设施位置、场地布局、福利信息、紧急联系信息、紧急事故指导等信息。活动组织者要预见到观众对公共信息的各种需求对其福利和安全的重要性。活动组织者要考虑到，如果取消或者提早结束活动，观众需要知道什么信息，以及应如何提供该信息。清楚地把信息告知人们，可以使他们不容易感到沮丧、偏激或制造阻难。提前告知人们如何到达场地、到达场地后要去哪里，还有什么是允许的、什么是明令禁止的，这些信息会减少他们的沮丧和愤怒。如果需要让人们知道活动的规则和限制，那么让他们了解规则和限制背后的原因和理由，人们就更可能遵从。

（二）通讯沟通渠道

260 通讯沟通渠道包括：
（1）宣传材料和入场票。
（2）媒体（报纸、广播、电视）。
（3）路标。
（4）标识。
（5）通知、信息公示。
（6）屏幕、记分板。
（7）面对面的交流。
（8）紧急公告。
（9）公共广播系统。

（三）警报

261 音响警报装置是很有用的警报装置，但是它传递的信息十分有限。在激活音响警报装置之后，通常需要解释接下来要做的事情，或者简单地告知这个警报是错误警报。

（四）公共广播系统

262 公共广播系统是与观众进行通讯沟通的一个关键渠道。声音输出必须让场内每个角落的每个听力正常的人，包括场地附近的人，都能识别到且清晰明了。应确保广播员对场地有良好的视野，同时与控制点有良好的通讯联系。在重大突发事件中，必须保证公告能够通过广播系统顺利播出，而且不受其他声源的影响。活动组织者应该将这一点纳入重大突发事件规划之中。在活动开始之前，应该全面测试广播系统，还应该有备用电源以保证广播系统在紧急事件发生时可以继续全负荷地运作。

263 当需要与刚到达或要离开场地的人们进行通讯时，能在场地周边利用车载

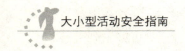

式扩音系统进行通讯也是很重要的。疏散人群时，工作人员需要与场地以外的人进行通讯沟通。对这些系统的电源也需要进行规划。在《运动场地安全指南》和足球体育场咨询设计局（Football Stadia Advisory Design Council, FSADC）发布的《体育场公共广播系统》（Stadium public address systems）中，可以找到更多有用的关于公共广播系统的指导。

（五）电子显示屏、记分板

264 电子显示屏和记分板是发布公告的有效通讯沟通渠道。它们能够在不打断演出的情况下提供信息。就紧急公告而言，它们能强化信息，并把信息传达给听力有困难的人。

（六）扩音器

265 应在场地的关键点提供扩音器，以供现场管理人员和警察作为紧急通讯之用，也可以作为公共广播系统无法使用时的后备设施。应培训工作人员如何使用扩音器，并知道扩音器的具体位置。扩音器电池要保持充满电量。

（七）员工（面对面沟通）

266 员工与公众之间的直接沟通无疑是一个重要的沟通渠道，特别是在安全链中。平易近人和乐于助人的现场工作人员，在创造跟观众之间的良好关系时扮演着尤其重要的角色。紧急情况下，他们给人们提供清晰简明的指示和帮助是至关重要的。

267 任何负有安全责任的工作人员，都应该穿着荧光无袖外罩或者其他高辨识度的衣物，以易于辨认，使公众能够识别他们，寻求帮助，而且在适当的情况下能够识别他们的职权。如果人们接受指引，沿着安全通道行进，那么穿着高辨识度衣服的现场工作人员可以更加清晰地指明路线。

268 在处理问题时，工作人员穿着高辨识度的衣服能够帮助同事、上司或者闭路电视监控人员将他们识别出来，尤其是当他们陷入困境或需要帮助时，可以把他们轻易地识别出来。对于一般情况下不需要引人注目，但在一些特定的意外事件中需要被辨识出来的工作人员来说，可以考虑穿单面辨识度高的双面夹克。

三、紧急情况公告

269 当发现危险时，早期预警是必不可少的。很多时候，工作人员对人群疏散时间的估算只是计算了人群从开始移动到清场之间的时间。但是，在许多情况下，从第一次要求人群疏散直到人群开始移动之间的时间，是整体疏散中一个重要的因素。说服时间必须被计入移动时间内。

270 工作人员通常不明示疏散的缘由，原因之一是害怕引起恐慌。过去的事故的经验教训以及实验研究表明，自满会使紧急情况更加危险。恐慌通常只会在逃生时间太短、人们感到逃生无望的情况下发生。延时通讯往往是一个更加巨大的危险。因此，准确及时地进行信息通知是至关重要的。

271 如果信息来源者被认为是权威的，或者是听众尊重的人，那么人们会对信息做出更好的响应。因此，可以选择权威人物或易让大众认同的人物来传播信息。如果后者似乎是最佳选择，那么就要寻求表演者的协调合作，在活动开始之前就要对他们做好相应的简报。

272 重大突发事件的规划必须要明确谁有权决定紧急公告是否必要、由谁、应该在何种情况下做此公告。活动组织者应尽量预先计划好公告措辞或者文本信息。工作人员应向负有安全职能的机构进行咨询，并在与其协商一致后才能发布消息。

273 活动组织者可能需要使用带编码的告示来警示工作人员，这样他们才能在紧急情况下就位。一旦他们准备就绪，就可以向观众发布信息了。首先，应该用响亮清晰的信号（如两下鸣钟）来吸引观众的注意力。在成功地吸引他们的注意力之后，再发布信息。信息发布要尽可能地保持语言简练、语句简短以及态度积极。

274 公告指南应该与路标、标识和其他视觉提示相匹配。如果可以的话，公告需要给出清楚具体的位置参照（应尽量避免使用会造成不同理解的相关参照，比如"远离前面"或"再往后退"之类的词语）。在严峻的情况下，活动组织者可以把口头公告、文本展示和身着高辨识度衣物的现场工作人员的指示结合起来，以形成一个综合的提示方式。因为不同的人对各种提示的响应会不同，而且这种综合方式也能照顾到有听力或视力障碍的人无法使用某些渠道的情况。为保证人们行进在正确的方向上，需要不断强化和重复公告信息。

275 工作人员需要重复一些重要的事项，包括需要做什么行动、突发事件的性质、去哪里、到达之后要做什么。在人们前行的时候，应该告知他们这些重要事项会被重复告示。因为如果没有告知他们，他们可能会因为害怕错过重要信息而停下来确认或向官方人士询问，或等待进一步公告，这样就会阻碍人群前进。

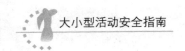

276 活动组织者要让人们掌握最新情况，即使情况并无任何改变。告诉人们情况没有改变，这本身也是一种消息。这不仅消除了个人的疑问，而且也解除了工作人员的压力。比起对个人的回应，广播方式更便捷、更有效。

277 即便人们已经离开场地，他们还需要知道活动是否还会重新举办以及何时举办；他们是否可以取回自己的车以及何时取车；如果活动推迟、改期或者取消，他们要做什么。

278 紧急公告的关键要点总结如下：
（1）早期预警和及时发布信息是至关重要的。
（2）说服时间必须计入移动时间内。
（3）公告的清晰度和质量非常关键。
（4）应该考虑，如果是由某个易让观众认同的人物来发布特定的公告，观众是否会做出更好的响应。
（5）紧急情况的现场直接信息比预先录制的信息更加有效。
（6）有可能的话，应该给出发布消息的原因（即问题的本质）。
（7）应该预先计划好关键的信息点和先后顺序。
（8）有可能的话，应该通过信息展示来强化公告的内容。
（9）对设施进行分区可以使公告更具有针对性。
（10）积极的措辞和说明比消极的更可取。
（11）需要重复重要事项（如问题发生的地点、需要到达的地点、规定的路线等）。

第六章　人群管理

279 人们参加一场音乐活动所获得的安全感和愉悦感很大程度上取决于有效的人群管理。然而，人群管理不能简单地通过试图控制观众而实现，而是应该试图理解他们的行为和可以影响他们行为的各种因素。活动组织者有必要投入实施一个完整的系统，而不是在没有理解潜在问题的前提下只是试图控制明显问题的某些方面，从而达成人群管理。更多关于人群管理的信息可以在英国健康与安全执行委员会发行的《安全管理人群》（*Managing crowds safely*）中找到。

280 除了本章所涵盖的内容外，在活动设计和规划中也会涉及人群管理的因素，这些内容在本书其他部分有讨论，例如：
（1）使进出口和场地内人流通畅的场地设计。
（2）观众容量。
（3）提供足够的设施供应饮食补充、满足卫生要求等。
（4）清晰、有效的与观众沟通的方式。

一、观众构成和人群动态

281 在人群管理中需要考虑的两个重要方面是：
（1）观众构成。
（2）人群动态。

282 许多因素可能会引起人群流动，因此需要在场地设计阶段考虑到这些因素，例如：
（1）多舞台娱乐。
（2）提供附属舞台、平台以及伸展式舞台。
（3）音响和视像架。
（4）视线障碍物或有限制的视野。
（5）多重屏障系统。
（6）设施的位置。

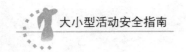

（7）观众的心理状态。

（8）特效。

283 人群的行为和反应方式受物理和其他因素共同影响。人群的动态在很大程度上取决于人群的活动，而这会受到人群和团体或者演出者表演的特点的影响。

284 关于人群动态，需要强调的方面包括：

（1）演出者或团体的表演特点，如倒向观众（"跳水"行为）、向观众投掷物品、在观众区域中表演。

（2）观众构成，如男女比例、观众的年龄、大量饮用酒类、吸食毒品的可能性，或生理行为如"暴力行为"。

（3）可能的人群活动，如人浪、冲撞人群的狂舞者、人群推挤、被托起或举起做"空中飞人"、在舞台前"跳水"。

285 很重要的是，工作人员要懂得识别和理解什么是观众的"正常"行为。

二、观众入口和出口

286 在观众进入场地之前，工作人员应检查活动的所有消防和应急设施，即：

（1）所有出口都没有上锁。

（2）逃生路线通畅无阻。

（3）应急照明正常工作。

（4）消防设备和警报全部能正常使用。

（5）在场地的所有地方都能清楚地听到用于紧急情况下的公共广播。

如果是由现场工作人员施行这些检查，则活动组织者必须给其清晰明确的指示。

（一）入口和出口

287 活动组织者要确保出入口标识清晰并运作有效，要考虑到儿童及行动不便者的需求，还要将行人通道的出入口和用于紧急服务与特许车辆使用的进入路线划分开来，并将活动过程中不作使用的任何限制性出口告知观众（有关更多进出口信息详见本书第二章"场所与场地设计"）。

（二）开场时间

288 如果很多人同时入场，入口处可能会出现问题，如果此情况没有得到妥善管理，将可能会导致人员冲挤受伤。因此，我们建议：

（1）在活动开始前一段适合的时间即开放入口（如提前 1～2 个小时），并通过门票、海报或其他方法告知观众这个入口开放的时间。如果在那个时间前就有可能出现严重拥挤，则需考虑在发布的原定时间前提前开放入口，但在入口开放之前需要确保现场服务已准备就绪。

（2）通过提供较早的辅助表演或其他活动使观众交错入场。

289 重要的是，活动组织者需要认识和理解到，随着入口的提早开放，观众对于垃圾清理、住宿卫生、餐饮等设施的要求将会相应增加。

（三）入口处的人流压力

290 活动组织者可以通过以下措施来减少入口处的人流压力：

（1）所有其他活动，包括机动车放行，不要在入口处进行。

（2）在远离入口处安排充足的排队区域。

（3）在远离入口处设置等候区以缓解入口的人流压力。

（4）确保屏障、围栏、门和十字转门与人流量相匹配，且高效运作。

（5）把门票销售处和取票口的位置设置在远离入口的地方。

（6）提供数量充足的且训练有素的合格的现场工作人员。

（7）配置短程公共广播系统，且在入口处配置喇叭以通知人们任何有关延迟的信息。

（四）开放入口和舞台前区域的布置

291 在不设座位的活动中，首次开放入口的时候，人们倾向于冲到舞台的前面，这可能会引发绊跌事故和受伤。在开放入口的时候，要仔细考虑如何管理舞台前区域以及如何配置现场工作人员。如果在舞台前面提供了站立区域，则要确保入口不能从舞台的左边或右边直接指向这个区域。

292 有一个方法可用来减少最初奔向舞台的人流并防止滑倒或绊倒事故，就是设置一条或多条由现场工作人员组成的线横穿整个场地，这样，观众可以有序地向舞台移动。公共广播系统的广播也可以作为辅助，让观众了解现场发生的情况。

（五）票务

293 票务政策会对观众的安全管理产生直接的影响。应考虑以下方面：

（1）当预计观众数量达到满席或接近满席的容量时，应该只允许提前订

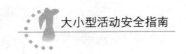

票者入场。

（2）应该对视线受限或者露天的座位门票做出相应的标记，并提前告知买主。

（3）视线严重受阻的座位的门票应不予出售。

（4）通过检票口后由观众所保留的门票的部分，应该能清楚地显示预订的席位所在的位置。

（5）在票的背面配上一张简单易懂的场地平面图。

（6）如果有多个入口，应将门票颜色进行编码来对应不同的入口，并确保观众按比例分布在各个入口。

（7）场地的所有区域、通道、排行和个人座位，都要按照票务信息清楚地标记或编号。

（六）入场（准入）政策

294 如上所述，入场政策一般可以直接影响入场速率以及入口区域和观众席位的管理。需要考虑的具体问题包括以下几点：

● 现金买票入场

295 在使用现金买票入场时，为了确保进入场地的观众流是稳定的，可以设定门票价格为整数，这样就避免了需要处理大量找零的情况。

● 仅限门票入场

296 限制只能用门票进入活动现场的优势在于，这种情况下观众入场的速度比现金买票入场的情况下更快。如果在活动现场进行售票，应尽可能提供不同的销售点，并确保这些销售点标识清晰且位置明确，这样人们就不会排错队，以致产生纠纷。

● 预留（或编号）座位门票的销售

297 销售特殊编号的位置的门票具有以下优势：座位更有可能成块整体售出；系统允许不同类别的观众群体（比如父母和小孩等）购买相邻的座位，并且同时进场。以上方法能够帮助避免在座位之间出现空缺，并且确保在活动开始前的关键时期减少工作人员的负担（例如，引导晚到的观众到达剩余席位，或者让已经坐下的观众进行移位）。

● 非订位的门票销售

298 销售非订位的门票的好处是能够更简单地进行管理，但是人们可能随机选择座位。并且，就像在第297条中所提到的那样，这样很难在活动开始前的重要时期填满无人的座位。出于这个原因，当在销售非订位门票时，减少可供销售的座位数量是非常必要的（根据实际情况约减少总容量的5%～10%）。

● 无现场门票销售

299 如果所有的门票已经提前售罄或不进行现场门票销售，那么必须尽力将这一消息通过媒体公示出去。除此之外，为了避免在场外形成不必要的人群，在每个能到达活动的路线中设置标识，告知观众门票不在现场销售。对于类似的票已售罄的演唱会，这是个适合采用的方式。

● 门票设计

300 门票设计对观众入场的速度有直接的影响。清晰、简单、易读的信息能够让进口处的现场工作人员的验票速度加快。类似的，如果门票包含防伪特征（建议这样做），可以确保提供简单的程序帮助现场工作人员检查每张票的真实性。

● 儿童的进场

301 有些活动可能不合适儿童特别是5岁以下的儿童参加，因为他们可能会被推挤踩踏。如果儿童不被允许参加活动，需要在事前清楚地告知这个信息。如果儿童被允许参加活动，则要考虑安排婴儿车。在大型活动中，设立儿童专属区域可能是非常有用的。活动组织者要考虑制订针对这一类观众的应急规划，例如，重新安置他们到特定区域，并确保设置适当的程序让现场工作人员协助进行这样的重新安置。

● 快速出口

302 快速出口使观众能短暂地离开活动再返回现场。超过4个小时的活动可以考虑采用该设施。

● 嘉宾（贵宾、限制）区域

303 活动组织者可能需要另设独立的进出口给持有特定类别门票的观众，如嘉宾、贵宾、表演者以及他们的随行人员、工作人员、官员和紧急服务机构人员。应考虑这些区域与主场之间各个门口的位置设置，以防止在这些位置形成任何人群。给允许进入这些区域的人员以明确的身份证明，这能帮助现场工作人员控制入场，且尽可能减少入场延误，从而减少排队。这种身份证明可以是特殊的通行证或腕带。

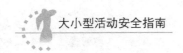

（七）安检

304 有些活动十分有必要在入口处进行安检，因为这能避免观众将违禁物品带入场地。安检只能由经过合适训练的并且接受监督的现场工作人员进行。

（八）晚离开的观众

305 活动结束后，当大多数观众已经离场，现场工作人员可以在舞台前站成一排，然后慢慢走到最远的出口，引导剩下的观众离场。

三、人群涌动或激增

306 在大型活动中，将观众划分进不同的围栏区域里有时候是有效的，这样可以减少人群涌动或激增的影响。如果采用此方法，要确保有一套合适的系统来防止过度拥挤。

307 活动组织者要仔细思考在什么位置上安排现场工作人员以监控观众情况，如发生危难或人群的冲挤、激增、涌动，因为这些都可能会对观众造成风险。使用闭路电视、提供升高的观测台（特别是在舞台的左右两边），这都有助于监测观众，应尽早找出危难发生的迹象。

308 如果有人处在危险之中，活动组织者需要立刻采取行动，如向表演者寻求帮助并且发布公告。如果表演者对潜在的严重的观众问题存在隐忧的话，他们可以通知活动组织者或安全协调员，从而可以立刻调查这个问题。

四、警方的参与

309 如果在活动中需要警方的参与，那么活动组织者需要与警方一起商定警方的职责和职能，且对其进行档案记录，例如：特定的职能是由现场工作人员还是警员来执行？在特定的情况下谁将承担责任？要在意向声明书中记录这些讨论的结果。注意，这份意向声明书只是一个管理上的声明而并非法律文件。

五、人群管理的一些辅助和帮助

▲ 使用公共广播系统和电子屏幕

310 在活动开始之前向观众发布一个安全声明可能会有帮助。这个声明可以提供的信息包括：出口的位置、现场工作人员的识别方式、人群疏散的流程。在活动开始前，使用电子屏幕和节目交接的过程给观众提供消遣娱乐，这也有助于人群管理。电子屏幕可以用来告知观众有关安全的安排、场地的设施和交通安排等。然而，有的时候并不能保证场地的所有地方都能看到屏幕，所以可能有必要规划其他辅助方法来提供信息。

六、现场工作人员安排

311 现场工作人员的最主要责任是人群管理。如果有必要的话，他们也需要为警方和其他应急救护机构提供协助。除了一些为表演者提供保护的特殊工作人员外，为安保专门设置的独立团队及他们的现场工作安排必须和所有相关各方进行磋商。这两个团队的职能有着非常紧密的联系，缺乏沟通会造成无效的人群管理。

（一）现场工作人员的部署与数量

312 风险评估能够帮助你确定所需现场工作人员的数量，以便管理观众的安全。当你准备为人群管理进行风险评估时，要进行一个全面的调查，评估场地的各个部分以及考虑观众的规模和构成。

313 现场工作人员的数量要以风险评估作为依据，而不是根据精确的数学公式来确定。这样的话，可以考虑到所有相关的情况，包括过去的经验。要管理好观众，必须将现场工作人员定位在关键位置。这些关键位置包括屏障、凹陷区域、座位间过道、进出口、混音台和远舞台区音响架。

314 风险评估中，需要考虑以下问题：
（1）与表演者相关的某些特别行为的以往经验。
（2）在场地内或场地周围的影响观众流动的不平地面、障碍等。
（3）边界围墙的长度。
（4）舞台屏障的种类及任何二级屏障。
（5）座位的提供。

更多涉及人群管理的风险评估的信息可以在《建立一个针对公共场所中群众安全的风险评估的方法》（Research to develop a methodology for the assessment of risks to crowd safety in public venues）中找到。

（二）现场工作人员的组织

315 活动必须有一个完善的指挥系统。活动组织者应考虑任命一位首席管理员负责对所有现场工作的承包商进行有效管理（这可以是一个安全协调员的角色）。该安排要依据活动和场地的性质与规模进行考虑，可能包括：

（1）一位首席管理员。

（2）一定数量的高级主管，他们对特定任务负责，并直接向首席管理员报告。

（3）一定数量的普通管理者，他们直接向高级主管报告。每位普通管理者通常管理 6～10 位现场工作人员。

316 活动组织者要确保现场工作人员收到有关他们职责的书面陈述，一份职责清单（如果适合的话）和一个显示活动重要事项的计划案。在活动开始之前，要对现场工作人员进行简报，尤其是关于在发生重大意外事件时如何与管理者和其他人员进行通讯沟通。

（三）现场工作人员的行为

317 所有的现场工作人员都需要：能够合格胜任其被分配的工作，年龄在18岁或以上，且在其当值时只专注于自己的工作而不是将注意力放在表演节目上。确保现场工作人员明白他们应尽的责任：

（1）不能在未经允许下离开他们的岗位。

（2）不能使用或不受酒精或其他药物、毒品的影响。

（3）保持冷静并对所有观众有礼貌。

318 所有的现场工作人员都要穿上容易辨识的衣服，如短袖荧光制服和因印有清晰数字而能被单独认出的服装。

（四）现场工作人员的能力

319 现场工作人员应该具备的职责和能力包括以下 12 点：

（1）明白自己对于所有类型的观众（包括那些有特殊需求的观众和孩童）、其他现场工作人员、活动工作人员和他们自己的健康与安全都负有责任。

（2）进行活动前安全检查。

（3）熟悉场地的布局，能够向观众提供帮助，能够提供关于可用设施的信息，包括急救设备、厕所、饮水处、为有特殊需求的人们提供的福利和设施等。

（4）在进出口和其他关键点配备现场工作人员，如不会在活动进行中一直保持开启的出口或大门。

（5）控制或引导进入或离开活动的观众，协助确保人流在进出于场地各部分是均匀的。

（6）识别人流的状况，以确保观众能够安全疏散，并防止人群过度拥挤。

（7）保持过道和出口全天候通畅，并防止观众站在座椅或家具上，以此协助活动安全地运作。

（8）调查任何干扰或意外事件。

（9）保证可燃垃圾不会堆积。

（10）应对紧急情况（如在火警的初期），拉响警报并采取必要的即时行动。

（11）要熟悉疏散观众的安排，包括使用编码的信息，以及在紧急情况下承担的特殊职责。

（12）在紧急情况下与突发事件控制中心进行沟通。

（五）现场工作人员的培训

320 要确保所有的现场工作人员都受过培训，使他们能有效地执行自己的工作。培训的程度取决于其所执行的工作类型。给现场工作人员提供的培训和指导都要保留记录，包括以下5项内容：

（1）指导和训练的日期。

（2）持续时间。

（3）给予指导的人的名字。

（4）收到指导的人的名字。

（5）指导或培训的性质。

321 所有现场工作人员都需要受过消防安全、紧急疏散和处理（如爆炸等突发事件）的培训。对于在有坑地区工作的人员，要确保他们受过培训，从而使得他们能够将掉入坑中的观众安全地拉起来并且不让自身安全受到威胁。（《运动场地安全指南》提供了更多关于培训足球场上的现场工作人员的信息。）

（六）现场工作人员的福利

322 应确保现场工作人员不长期暴露在扬声器附近，并保证他们配有符合《工作噪音法规》（2005）的护耳用具（详情见本书第十六章"声音：噪音与震动"）。现场工作人员需要有足够的休息时间，所以要确保进行良好的安排，使他们的休息时间在合理的时间间隔之内。

第七章 交通、运输管理

323 交通管理提案的作用旨在保证相关人员达到场地的安全性以及便利性,并减少场地外的交通中断。活动组织者需要在交通运输管理计划中制订活动的交通管理提案,同时与警方和地方公路管理局进行商榷。

一、交通标识及公路管理局的道路封闭

324 活动组织者要在活动前就确认临时交通标识的需求。若需要临时交通标识,则应在活动前对此进行筹备,并与警方和当地公路主管部门商定详细的交通标识规划及日程表。一旦确定协议,则可能需要咨询区域内居民对改变路线的意见,并告知居民这些改变所带来的影响。在大多数人驾车或乘坐客运汽车到达场地的情况下,则应考虑为活动招募交通标识承包商。

325 活动组织者应考虑是否需要使用临时交通规则,以实行道路封闭、禁止转弯、车道禁行、停车限令、暂时限速以及路侧停车带封闭。而对于大型活动而言,特别是那些需要实施特别交通管制安排及临时交通规则的,则必须与当地公路主管部门进行商议。公路主管部门包括负责管理所有主干道和机动车道的公路机构,以及管理其他各道路的相关部门。

326 向当地公路主管部门咨询关于执行交通秩序的最佳方式,并预留足够的时间来处理任何临时交通规则。

二、交通调度

327 仅有警方或其指导下的其他人可以合法地在公共道路上指挥交通规则。因此,为了保证资源的合理部署,相关的咨询尤其重要。现场工作人员在现场指挥交通时应该有合适的个人保护设备,如高辨识度的服装和应对天气变化的保护用具。现场工作人员应接受有关交通调度的培训,如安全配置调度员以及了解司机倒车的视线问题。

328 确保场内场外的交通调度人员在关于临时单向通行系统等方面有合适和足够的通讯和沟通。同时,提供足够的现场工作人员数量以管理车流的行进及处理车辆停放事宜。

三、公共交通

▲ 火车及地铁

329 在适宜的情况下,活动组织者可与铁路主管部门商议增加额外的列车班次或提升现有服务以满足活动的需求,并限制活动场内外的停车需求。

330 活动组织者可以研究一下是否使用将活动与铁路通行组合在一起的套票。但是,这应该考虑到站台与活动场地间的距离、两地间往返接送的公共汽车及巴士服务的可用性。活动举办前,在列车及站台上可放出广告,告知公众任何额外提供的(或缺失的)交通服务。

331 同样非常重要的是,活动组织者要向铁路主管部门咨询在任一特定时间内一个站台可容纳的最大客流量。大部分铁路站台有其自身的应急规划,以确定在任意时间内月台上可安全容纳的客流量。可在相关铁路主管部门、警方、英国交通警察及地方政府相关部门之间召开的活动规划会议中使用这些应急规划。

332 英国交通警察有责任在铁路所属资产上实行人群管制。铁路运营公司和铁路集团负责管控其站台上的大量客流的排队情况。活动组织者需要计划在发生重大意外事件的情况下,如何与铁路运营公司及警方进行通讯和沟通,以确保万一活动比预定时间提早结束或必须实行紧急疏散措施时,站台可预先获知信息。

四、公共交通管理

(一)给铁路运营公司的建议

333 铁路运营公司需要考虑其自身的规划程序,以确保他们可以安全地管理由于活动的举办而可能增加的乘客量。例如,确保适合的出入口,控制月台、人行桥及隧道的乘客数量,制订客流计划以及临时排队系统,通过公共广播系统沟通出行信息。

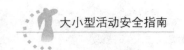

334 同样非常重要的是，交通供应商应制定自身的应急规划来应对列车晚点或轨道突发事故的情况。同时，他们也应考虑铁道车辆的适合度、急救点和急救人员的配备、临时厕所、临时工作人员等事宜。

（二）长途客运汽车、公交车

335 合理规划客运汽车的抵达及离开时间，可以极大地减少在大型音乐活动开始及结束时产生的拥堵。活动组织者必须认真仔细地考虑这类交通工具的行进路线，并为其提供停车区域及进出道路。应尽量减少客运汽车、公交车的倒车需要，如建立单向行驶系统。

336 客运汽车需要宽敞且易进出的出入口以及大面积的转向空间，以进入所配给的停车区域。活动组织者应考虑咨询警方，设置特别的安排，以保证客运汽车在路径内可通畅行驶，并确保这个规划写入交通管理规划中。长途客运车的停车区域也应设有厕所。

337 私人营运的公交车或客运车通常被用于为乘客提供往返于当地铁路线与（或）汽车站之间的特殊穿梭服务（摆渡车服务）。但是，穿梭服务系统可能不适用于所有活动。活动结束后，因自然的大规模离场而造成的拥堵很有可能会妨碍交通道路的自由通行，致使无法有效运营穿梭大巴（摆渡车）。要考虑给穿梭大巴（摆渡车）设置专用路线，或咨询当地公交营运商，建议他们加强或扩展现有的服务，为任何计划中的活动提供服务。

（三）车辆停泊与管理

338 在交通管理规划中应涵盖车辆停泊管理的提案，以识别其中可能需要的资源（如所需空间、交通调度和设备）及确定管理车辆停泊的方法。

339 要确保活动组织者和警方都可以与车辆停泊管理团队进行通讯和沟通，这样才能快速调配物资，以处理任何在停车场或各种场地通道发生的突发事件。

340 对于大型活动，活动组织者要考虑指定一位交通管理协调员，负责与警方、停车场管理方、交通标识承包商、当地公路管理局以及地方政府进行沟通。

（四）车辆通道

341 活动组织者要确保：道路标识是合适的且易见的，停车区域的容量是足够的且路面能承载预期的行车量。要考虑使用硬地层、轨道或其他合适的材料来铺设临时路面，以防止对地面的损坏及应对潮湿的地面情况。

342 活动组织者可能需要进行具体的交通容量评估，以确保道路入口的承载力是足够的。如果在进入场地的入口前排队，这会堵塞交通流，从而可能导致严重的拥堵。关于出口的承载力问题相对较少，因为如果拥堵发生在出口处，受堵的人群一般会在场地内且不会影响场外的情况。但是，也不可轻视由薄弱的车辆出口管理所引起的风险，这同样需要周详的规划，以确保车辆从场内安全离开。活动组织者可考虑规划多条可选择的路径与通道，如果主要进出点或道路被堵塞，则可以使用这些路径和通道。

343 在活动前、活动期间以及活动后，都应该考虑为服务车辆如垃圾收集车辆、清洁服务车辆设置机动车通道。

(五) 停车场

344 活动组织者应考虑为普通观众车辆、有特殊需求的人群的车辆（需靠近活动场地）、长途客运车、穿梭大巴（摆渡车）、贵宾（VIP）客户、演出者（艺人）、应急服务人员以及活动工作人员设置独立的分区停车区域。为应对可能的额外游客，也需要对在场内或场外方便的地点设置额外的停车区域进行规划。设置车流循环通道或车辆等候区也可以作为一个临时的处理办法。

345 小轿车以及客运汽车的停车场需要有足够的灯光、标识，并用反光的数字或字母进行标签，使得人们能在活动结束或其他任何紧急事故时容易找到车辆停放的地点。最理想的做法是，区分长途客运汽车停靠处和停车场。对于大型的户外活动来说，应在出口大门处设置引导从停车场到活动场地的标识，以帮助人们识别他们的车辆停在哪里，同时考虑给正在离开的车辆设置清晰的提示道路方向的标识。

(六) 应急通道

346 活动组织者要为应急服务的车辆的出入做出相应的安排。理想的情况是，这些路线应该被独立开来并设有安保。所选择的路线或通道必须能够让消防队到达任何建筑物包括燃料贮存设施的 50 米范围之内。这些出入通道需要设有指示标识，能够承受消防设备的重量并避免设有沙井盖。

347 活动组织者应从消防部门处获取关于出入通道的规格要求的建议，并把这些建议收编在交通管理规划中。就这一点来说，提早申请道路封闭并制定临时交通规则是必需的。同时，在交通管理规划中设定应急车辆的集合点也是至关重要的。

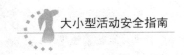

五、行人

348 活动组织还要为行人设置安全的进出方式，理想的情况是，行人通道与行车通道是分隔开来的。若行人进出有困难，则要考虑为行人提供其他的进出方式，如配置穿梭大巴（摆渡车）在其路线上接载行人；还要考虑为身体残疾或不能长距离行走的活动参与者提供特殊安排。进行活动规划时，应注意避免行人的进出道路与小轿车或客运车的停车场以及交通道交错；当行人进出道路和交通道不可避免地出现交错时，要制定充分的交通管制方案。

六、场内车辆管理以及临时车道

349 很重要的是，要把场内的交通流动以及车辆与行人的冲突降低至最小。活动组织者要考虑尽可能有效、快速地将车辆安排进停车场内，并设置一个免检票进入的通向停车场的专用通道。在某些情况下，可以在从停车场到活动场内的行人出口处进行检票工作，但这或许并不适用于露营活动。

350 除了应急服务车辆以及其他核心服务车辆以外，应限制在活动场内的其他车辆的流动。应考虑在场内实施限速，并为活动制作的车辆设置独立的通道。

351 临时通道有利于为行人及服务车辆提供合适的硬面通道。活动组织者要对铺设临时通道进行规划，理想的情况是提供双向通行的紧急通道，或提供同时设有适当的让车道及工作空间的单向通道。所有场内车辆在夜间都必须开启足量照明，并谨记将车辆与行人的冲突交错点降到最少。活动组织者还要对输送设备及物资的车辆在活动搭建（和拆卸）期间如何安全地出入场地进行规划。

352 若因为遇到强降雨或其他一些不可预测的情况而改变在规划阶段设置好的车道，则要确保用于加固替代道路的安排可以随时就绪。活动组织者也应该针对如何从软土地面安全救援车辆进行规划。

七、起重车与其他车辆

（一）起重车、装卸车

353 任何未经筛选、培训以及授权的人都不允许操作起重车。由健康与安全执行委员会出版的《人工操作起重车：驾驶员培训——认可的行业准则和指南》

(*Rider-operated lift trucks*: *Operator training. Approved Code of Practice and Guidance*) 就必须的培训提供了实操指导。

354 经过培训的驾驶员将获得由认可组织颁发的证书,指明其已接受了何种类型起重车的培训。可以操作一种起重车车型的证书不代表驾驶员有资格驾驶其他车型的起重车。当未核实驾驶员是否获得全面的训练去使用相应类型的起重车时,不能允许他们操控该起重车。

355 如果租用起重车,则要检查设备是否是在安全的工作环境下运作的。起重车应该标记其所能承载的安全重量,以符合《起重作业和起重设备条例》(1998)(Lifting Operations and Lifting Equipment Regulations 1998,LOLER)[请参阅《安全使用起重设备》(*Safe use of lifting equipment*)以及本书第 382 条]。这些条例也要求在使用起重车时遵从安全工作条例。应确保起重车附有最新的全面检查报告,且其充分地涵盖它们在场地内使用的时间段。

356《工作设备的配备和使用条例》(1998)(Provision and Use of Work Equipment Regulations 1998,PUWER)包含了关于起重车的使用及维护内容[请参阅《安全使用工作设备》(*Safe use of work equipment*)]。LOLER 和 PUWER 条例均要求要定期检测起重机车及其起重设备。

(二)在场内使用的其他车辆

357 与起重车一样,也可能会需要用到其他类型的车辆在活动场地内作业,比如:
（1）其他特殊的起重机车,如剪刀式升降机。
（2）用于在场地内或会场周边运送设备的车辆,如高尔夫球车和电动推车。
（3）其他车辆,如牵引车、拖车、垃圾收集车。

358 若这些车辆是用于工作作业,则 PUWER 条例以及在一些情况下 LOLER 条例也适用。因此,在场地内使用所有车辆都应该经过谨慎的规划和管理,以确保不会出现由不正当使用车辆而导致的事故,并确保行人不会因为车辆的使用而受伤。

第八章 建筑结构

359 许多活动需要配有临时性可拆卸建筑结构，如看台、舞台、大帐篷。管理和这些建筑结构相关的危险就如同管理其他危险因素一样重要，这需要负责管理这些建筑结构的人尽其职责才能做到。

360 在人群密集的情况下以及有限的空间内，任何临时性可拆卸建筑结构的故障，不管其有多微小，都可能会产生灾难性的影响。因此，设计并建起能满足特定预期目的的建筑结构是基础，在这个过程中需要认识到影响这些建筑的安全的关键因素在于以下 4 点：

(1) 选择合适的设计与建筑材料。
(2) 正确的选址及定位。
(3) 适当的规划与施工监管。
(4) 谨慎地检验成品。

361 本章就如何搭建安全的临时性可拆卸建筑结构给予指引。这从制定一个初步决策开始，接下来是选址和选择供应商，并进而对以下方面给予大致的指导：

(1) 临时性可拆卸结构的安全必需品。
(2) 能确保提供核心的安全必需品的文件。
(3) 关于临时性可拆卸建筑结构安装后的管理的建议。

362 本章旨在补充英国结构工程师学会的文件《临时可拆卸构建物：设计、采购及使用指导》，但这不代表本章内容能代替这个文件和其他相关的设计标准，反之亦然。

一、结构使用范围

363 可以经常在音乐活动中看到的这类建筑结构包括：舞台、布景板、屏障、围栏、帐篷和天幕、座椅、灯光及特效架、平台和桅杆、电子显示屏、电视平台和吊臂、跳舞平台、扬声器架、标识以及广告牌。本章内容适用于包括室内及户外的临时性可拆卸结构。在户外搭建的临时性可拆卸结构需要满足室内建筑结构的所有要求，以及其他由天气影响所致的额外要求。

二、法律如何应用

364 一般来说，搭建和拆卸临时舞台、看台以及其他在娱乐业中使用的临时性平台设备并不属于建筑工程。英国的《劳动健康与安全法》（1974）所制定的各种条例中的特定要求，特别是针对建造工程的，并不适用于搭建和拆卸此类临时结构。类似的，《建造（设计及管理）规定》（2007）［Construction (Design and Management) Regulations 2007］也并不适用于此类建筑结构。

365 但是，其他法律则适用。《高空工作法规》（2005）（Work at Height Regulations 2005）适用于所有有坠落导致人员受伤的风险的高空作业。《劳动健康与安全法》（1974）以及《劳动健康与安全管理法》（1999）［Management of Health and Safety at Work Regulations 1999 (Management Regulations)］也适用于此。因此，健康与安全实施部门对整个活动的责任就是确保活动符合《劳动健康与安全法》（1974）和相关法规。在大多数情况下，是由地方政府的健康与安全检查员来承担这个责任。但是，如果是由地方政府自行组织的活动，则会是由英国健康与安全执行委员会（HSE）来承担这个责任。

366 活动组织者需要评估风险、消除或减少危害以及建立工作安全系统。各类有关建筑施工工作的规章制度将会帮助管理者识别预防措施的类别，这些措施需要用于控制与此类施工相关的风险。在苏格兰，《市政府（苏格兰）条例》（1982）［Civic Government (Scotland) Act 1982］对临时建筑的使用有详细规定，任何临时建筑的使用必须经过地方政府相关部门的审批。

三、准备工作

（一）选址

367 以下因素或许会影响临时建筑的选址：
（1）所选地点是否足够干燥？如果场地容易淹水，这可能会造成地面负荷能力下降或支撑物下的地面发生水土流失，活动组织者需要使用一定的方法以控制这个影响。
（2）所选地点是否平坦或可以使之平坦？当地面有梯度或是凹凸不平时，

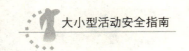

必须改良建筑结构，使它们可以应对这些地面情况。

（3）所选地点是否有架空的电缆？如果有，它们是否完全架于建筑顶端以上（或者在用于安装临时性可拆卸建筑结构的吊机以上）？

（4）周边的建筑物、建筑结构和植被是否会对火灾蔓延的可能性制造风险？

368 活动组织者应获取所选地点的地面或是楼层的承重量的信息。对于户外活动，则应确保地面的承重量能承载在所有天气条件下的载荷。应考虑到在室内场地的楼面下可能会设有间隔层或地下室。使用吊机或起重机来安装建筑结构或设备的一些部分，可能会形成高处负载点，此时必须要获取专家建议。

（二）供应商的选择

369 活动组织者要给所有在场内建设及使用的临时性可拆卸建筑选择一个合格的供应商。一个合格的供应商至少要具备以下要素：

（1）对要参与的工程有一定的认识及知识背景。

（2）能控制和消除在此类建筑工程中的风险。

（3）雇用受过合适培训的员工。

370 需要知道的是，临时性可拆卸建筑结构的设计与主流的土木结构工程是不同的。因此，只能由合格的人员来设计临时性结构。一个合适的设计师必须具备以下要素：

（1）对这些类型的建筑结构所能承受的重量有全面的认识。

（2）对常用于这些建筑结构的材料的特性有全面的认识。

（3）对通常受聘于建造这些建筑结构的人员所具有的技能有所认识。

（4）对在这些建筑结构中使用的专属的结构要素有全面的认识。

四、核心要求

（一）设计

371 在建设与参与服务期间，所有临时性结构必须具备足够的支撑力以及稳定性。要达到这些标准的方法及其细节，可以在各类英国标准和其他指南中找到。更多信息可以在《临时可拆卸构建物：设计、采购及使用指导》中找到。

372 临时性结构的设计应该为以下人群提供保护，保护他们免受高空坠物的伤害：

（1）表演者——考虑给所有的舞台区域、平台及通道安装适当高度的栏杆。

（2）工作人员。

（3）观众。

373 另外，任何斜坡或是阶梯的表面，特别是那些有可能变得潮湿的表面，都应该用防滑的材料覆盖。

（二）建造

374 为防止不正确的建造，且考虑到临时性结构的后续使用，应该对以下方面给予重视：

（1）临时性结构的组装应该按照计算进行，并按照由一个合格的设计师制订的规划以及详细规格进行。

（2）用于临时性结构的各专用系统之间存在明显的相似之处，但这些相似之处可能只是表面化的。因此，除非已经充分考虑到不同生产商的产品所带来的潜在影响，否则区分不同生产商的产品是非常重要的。

（3）应该确保始终在稳定的情况下进行建造。

（4）在可行的情况下，临时性结构应该建造于地面或合适的稳定平台上。

（5）由于临时性可拆卸建筑是组装的，除非爬上建筑框架去进行建造工作，不然有许多临时性可拆卸建筑结构是无法被建造的，风险评估以及安全方法声明中应该强调这一方面。

（6）建造设备都应该要通过检测，以确保它们适用于建造目的并完全达到任何已设定的建造规格要求，如应拒绝有破裂焊接点、弯曲的部件、已有大量锈蚀的钢铁产品。

（7）在组装（和拆卸）期间，所有组件都应该经过检测，以查看磨损、变形或其他损坏的迹象，并在必要时进行更换。

（8）正确校直组件是非常重要的——它们不能是弯曲的、变形的或是为组装而被强制更改的。

（9）必须特别注意紧固零件以及结构连接处。必须为装设在观众区域或其连接处的螺栓及配件铺上合适的覆盖物。

（10）接地系统。

（11）当使用拉线装配时，必须小心进行以确保拉索与锚不会成为障碍物。所有桩或锚都应该被固定或掩盖好，以防它们造成绊跌危险。

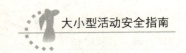

（三）保护建造人员以免其发生高空坠落的危险

375 事实上，每一个临时性可拆卸建筑结构都是独立于已有或类似建筑的，且并不受这些建筑结构支撑。因此，为进行组装或拆卸顶部组件的工作人员提供有效的防坠系统是非常困难的。与建筑支架行业相似，应从挑选合格的工作人员这个途径来寻求最大的保护，他们应能展示其应对工作的才能，并且应能服从持续的评估及合适的培训。

376 当最有效的控制受伤风险的措施是个人保护设备时，雇用方必须把个人保护设备发给工作人员，提供关于如何使用这些个人保护设备的建议，并确保这些保护设备符合《工作中个人保护设备条例》（1992）的要求。[参阅英国健康与安全执行委员会出版的《传播及娱乐业高处施工》（Working at heights in the broadcasting and entertainment industries）中的"娱乐信息列表"第六卷。]

（四）防止高空坠物

377 当正在对建筑进行施工时，不要在工作中或者路过的工作人员的头顶上方运送物料。在施工区域下方要设立"禁行"区域以禁止其他工作人员进入。

（五）限定人力载重量

378《人手操作条例》（1992）（The Manual Handling Operations Regulations 1992）对各种起重以及载重有所规定。这些规定针对存在受伤风险的安全载重操作设定了要求，并涵盖所有有危险的人手操作事项。

379 雇主的主要职责是：
（1）如果合理且可行，要尽量避免涉及受伤风险的人力载重操作行为。
（2）评估在这类不可避免的操作的受伤风险。
（3）将受伤风险降低到最低的程度，要合理、可行地运用风险评估作为行动的基础。

380 风险评估必须考虑以下几项因素：载重量、工作任务、工作环境、个人能力。

（六）起重设备以及索具的使用

381《起重作业和起重设备条例》（1998）（LOLER）适用于那些遵从《劳动健康与安全法》（1974）和基于《工作设备的配备和使用条例》（1998）（PUWER）的要求之上的所有处所和工作场合。

382 任何使用起重设备的组织都有义务在 LOLER 条例的规定下向健康及安全检查员提供实物证据（如一份最新的全面检查报告），以证明起重设备已经完成最近的检查。租用起重设备的人员应该确保他们在租用设备时已获取必要的文件。在配置了索具或类似设备之后，应该在设备投入使用前由合格的人员对其进行检测，以确保其能安全运作。此后，使用者有义务安全操作后续的起重工作。

383 工作人员要为特别的工作任务及进程选择合适的工作设备，这样有可能减少或消除在施工场所工作人员的许多健康及安全风险。这也适用于设备的正常使用及其他操作，如维护工作。风险评估能够帮助工作设备的选择，并评估设备在特殊任务中的适用性。

384 涉及组装和拆卸临时性可拆卸建筑结构的每一位工作人员都必须接受适当的培训。现在，在市场上有针对高处装配工作的安全技巧的培训，在高处作业的工作人员必须经过训练以及评估。

（七）拆卸

385 临时性可拆卸建筑结构的拆卸工作与其组装工作面临着同样的风险。因此，应该由受过一定训练的人员进行此项工作，并严格遵守工程设计的文件要求。关于子部件或是零件，在拆卸过程中应该以手传递放下或吊下，一定不能被抛下或"投掷"。

五、必要文件

（一）设计概念及声明

386 所有合适的设计都将通过测算来确定建筑负重量与施加在建筑结构上的力的大小平衡关系。因此，设计师应该提供以下文件：

（1）一份声明，以说明建筑结构是设计来做什么的。

（2）一份清单，列明在每次建筑结构组建时都需要特别检测的子部件或连接点。

（3）一份详细方案，包含专门针对户外建筑结构的、关于转移所有横向力（如风力）转向地面的方法（没有这些的话，建筑结构则无法牢固）。

387 若已把设计师的声明递交给地方政府相关部门，则临时建筑结构的物理检测会变得更加有效和简单。

（二）建设施工图纸

388 除了最为简易的临时性结构外，通常来说，所有临时性建筑都需要建设施工图纸。建设施工图纸将涵盖所有的测算、设计荷载及任何相关的测试结果，活动组织者至少要在活动开始 14 天前把这些文件送至地方政府相关部门。值得注意的是，有的时候只能在活动临近前才可得知额外的详细说明，如灯光及声响的重量。

（三）风险评估

389 承包商应该出示一份涵盖临时性可拆卸建筑结构的设计及组建的风险评估。需要谨记的是，根据任务的风险以及控制风险的难易度的不同，应该按比例提供应用于健康及安全问题的措施及资源。有时还有必要进行其他风险评估，以衡量因为临时性可拆卸建筑结构存在于场地内而造成的危害。

（四）安全方法声明

390 关于任何建筑结构的组装和拆卸，活动组织者都应该拟定一份安全方法声明。这应该随着初始策划及测算文件一同递交给地方政府相关部门。这份方法声明应该是专门关于建筑结构的。

（五）竣工证书

391 活动组织者要监控现场的所有与临时性可拆卸建筑结构的建设及施工有关的活动和行为，以确保相关人员根据详细规定来建造这些建筑结构，并且遵循安全方法声明和安全操作的要求。

392 在所有建筑结构完成组建但未投入使用时，都应确保由合格的人士检测过，以保证它们符合图纸及详细规定。如果这项检测是由建筑施工的承包商所雇用的人员进行，则应该核实检测被有效地进行且其结果被切实记录下来。竣工后，施工方应给出一份竣工证明，以声明施工已经依照设计师的详细规定完成。

393 在自行认证的情况下，地方政府则不太可能进行任何对于临时性可拆卸建筑结构的检测。因此，非常关键的是，活动组织者要确保每个承包商可以证明他们的建筑结构已竣工，且要把这份证明文件递交给地方政府相关部门。

注：必须由合格的人员证明临时性可拆卸建筑结构的竣工。

六、管理已竣工的建筑结构

（一）接待观众前

394 在接待观众前，临时性可拆卸建筑结构必须完全符合设计文件的要求。如果需要更改建筑结构，则应该与地方政府相关部门及设计师进行充分的沟通。

（二）建成后的监控

395 一个合格的人士应该随时监控易受天气影响的建筑结构，且随时监控被误用的建筑结构（如使顶层结构超负荷）。实际上，这意味着在临时性可拆卸建筑结构投入使用后，无论是在建筑结构正被工作人员使用期间或在表演期间，供应商的代表或者其他合格人士都应该全程在场。建筑结构建成之后，需要定期检查地面，以确保建筑结构的承重力没有退化，比如是否出现过度沉降。

（三）防止高空坠落：人员或物品

● 工作中的人员

396 如果是在一个已完成建筑结构的高空部分开展工作，则需要一个安全通道系统以确保可以进行维护以及调整工作。当坠落高度超过 2 米时，通常需要在平台上安装防护轨。如果建设平台接入通道并不切实可行，另一种方法则是设置安全网或安全吊带，以防止工作人员从工作区域坠落。

● 物品

397 若平台高于 1.8 米，则应该在其周边设有一个无障碍空间，或制定一个防止物品高空坠落误伤人员的方案。例如，当物件要通过绳索或起重机被传送上一个建筑结构时，应该禁止工作人员进入载重的正下方或旁边的区域。

● 观众

398 在任何情况下，都不允许移除、更换或以任何方式篡改为观众设置的防高空下坠的设施。

（四）提供充足照明

399 活动组织者应提供充足照明以便人员能在临时性可拆卸建筑结构中安全地走动。同时，要避免设置炫目的灯光及干扰性眩光。阶梯应该要有充足的照明

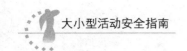

以确保影子不会投射在梯面主体。有必要的话，应设置局部照明，以补充现有的照明水平。例如，在高风险的地方可能存在不可避免的高度上的变化，因此局部照明会很有帮助。

工作人员应该注意，当一个表演者离开光照明亮的表演区域时，特别是这些地方的照明度远低于舞台时，他（她）很可能无法看见或辨认出口路径。

400 应该固定好灯光以及其装置设备，以保证它们自身不会成为安全隐患。灯光亮度不能过于阴暗。应该设置足够的应急照明以应对正常灯光完全或部分失效的情况。

（五）标记障碍物、边缘等

401 通常来说，面向观众的表演区边缘不会设置防坠保护，但其边缘区域应该被清晰标记出来。其他物理障碍物、不设保护的边缘、间隙的边缘、梯级凸缘都应该以白色带或是发光带标记。为保证能见度，任何这类标记的宽度最少应有 25 毫米，但以 50 毫米为最佳。

（六）保护临时性建筑结构

402 应设置配有现场工作人员的栅栏，或至少 2.4 米高的木板、包层，以防止人群进入限制区域内。为防止被恶意破坏，建议在建造这些建筑结构时设立一些若不使用特殊工具就无法移走的部分。

（七）更改建筑结构

403 在咨询设计师之前，不可擅自移除临时性建筑中的组件。如果在建筑结构外加设了覆层，那么这些建筑结构可能更易受到风的影响，也可能会受到其他外力的影响。因此，在咨询设计师前，不可在临时性建筑结构上外加任何横幅或其他类型的临时围墙。

（八）在临时性建筑结构附近施工

404 任何靠近临时性建筑结构的辅助施工都不应该影响到建筑结构的稳固性。任何要挖渠的地点，都应该与临时性建筑结构保持足够距离，以免破坏或对建筑结构的稳固性有不利影响。

（九）负重管理

405 临时性可拆卸建筑结构的负重可以很多种，关键是要确保它们不超出设计的负载量。因此，工作人员需要采用足够的方法来防止由以下因素造成的超负荷：

（1）人——在临时性可拆卸建筑结构中的任何一部分引起过度拥挤。

（2）未经允许的附加物——如横幅、临时围墙、投影屏、背景幕布、人造景观等。在未经设计师同意前，它们不能附加于临时性可拆卸建筑结构上。

（3）设备负荷——如灯光、特效、音响系统、视频及电视屏幕。这些设备的重量可能是非常大的，因此，最终安装这些设备时要注意不可超过设计文件中所规定的负重标准。

第九章 护 栏

406 在音乐活动中，护栏有几种不同的用途。它们可以提供人身安全保护，例如，设置在户外演唱会的边界高围栏；或可以用以防止观众攀爬到混音台的顶端，等等。它们也可用于缓解或防止逐渐加大的观众压力，例如，一个建造适当的舞台前围栏可以使得遭受身体伤痛的人更容易获得帮助。

407 护栏总会受到重量压力，因此，应该把它们设计成能承受正确角度及并联负载，以应对可能受到的压力。同时，也应该考虑被承重物的特性，如人潮冲击。在本章中涉及的各类屏障、护栏的详细技术要求应参照《临时可拆卸构建物：设计、采购及使用指导》。

一、舞台前的护栏

408 活动组织者应该对是否需要此类护栏以及它应设置为何种形式进行评估。如果预期会产生观众压力，则需要设置舞台前的护栏。这里需要考虑的因素有观众密度、观众行为倾向、观众量以及场地的特性。对于大多数演唱会来说，一定形式的舞台前护栏是必须设置的。

409 通常来说，在舞台前护栏的观众压力是最大的。如果观众发生人浪拥挤行为，则可能需要考虑人群对护栏产生的动态负荷，但这种压力是瞬间的，并且据目前所知，这一般不是造成人群严重受伤的原因。由观众压力导致所需的急救措施通常是针对观众晕厥及劳累症状，这些症状也通常是由其他因素（如高温、酒精、狂躁等）引起的。但是，活动现场也存在由观众间相互推拥或是在舞台前拥挤所引起的观众崩溃的风险，这会导致人们坠地、被踩踏或窒息。一个设计及建造合理的护栏设置可以帮助降低观众崩溃的风险。

▲ 间隔区

410 应该把在舞台与舞台前护栏间的区域（间隔区）设计成能协助现场工作人员、救急人员以及医护人员的工作区域。现场工作人员的重要职责之一，是把人群中感觉不适的观众带出来。因此，此间隔区应该是设在护栏后方的、防滑无阻的工作区，间隔区的空间要足够大，以便在间隔区内的工作人员能抬起身体不适的观众进入此区域内。一些护栏内的升降平台能帮助工作人员抬起身体不适的观众、监察观众以及辨别出现身体不适的观众。间隔区的出入口应该是无阻的，以为抬担架者提供一条畅通无阻的通道通往间隔区以外的医疗点或急救点。而且，间隔区的出口应设置为至少 1.1 米宽。

411 除了现场工作人员及急救人员外，任何人不得进入间隔区域内。活动组织者应该认真规划在间隔区内的电视拍摄人员或摄影师的工作安排，以确保他们的活动不会干扰到现场工作人员或是急救人员的工作。

412 设有环形观众站立区的演唱会需要对其间隔区域进行特殊安排。提供一个无阻的安全逃生通道可以使得占据护栏的观众可以被带离间隔区。但是，仍需避免在逃生通道及护栏间制造出拥挤点使得人员被困。活动组织者要设计一个方案，使观众在被拉进入间隔区后也能返回活动场地。

二、舞台前护栏的建造

413 现代的护栏系统呈"A"字框架建立，并依赖于前部的踏板来维持其稳固性。护栏通常都是自行站立的。但如果用于户外活动，那么它们可能会通过连接器固定在舞台建筑上。只有当舞台被设计成防外部横向冲力时，才适合使用连接器把护栏固定在舞台建筑上。

414 所有护栏设计都必须符合《临时可拆卸构建物：设计、采购及使用指导》中关于负重的规定，并由合格的专业人士进行检测，以保证组建之后的护栏符合设计标准。

415 为避免屏障或护栏所引起的伤害，应考虑以下方面：
　　（1）护栏是否表面光滑且无粗糙边缘或锋利点？尤其要留意当人压在护栏时手脚会接触到的部分。
　　（2）它们是否需要安上衬垫？
　　（3）当重量施加在其上时，屏障或护栏是否有可能发生偏移或下沉？这些偏移是否会引起伤害，尤其是对手脚的伤害？
　　（4）为方便现场工作人员举起观众，这些护栏是否有平滑、弧形的木制或钢制的顶部？
　　（5）是否能采取办法，以确保护栏没有锋利或凸出物？例如螺栓。
　　（6）带有踏板或地板镶板的护栏是否有斜面或任何类似的设置，以降低绊跌的风险？

416 在舞台边缘与舞台前的护栏间应该设置合理的距离。在任何情况下此距离都应大于1米，在户外活动中，这个距离应该更远。

▲ 舞台前护栏的外形

417 如果一个场地的空间有限，那么直线型的护栏是合适的。但是，对于大型演唱会来说，特别是户外演唱会，延伸至观众区的凸形围栏最佳。在这种情况下，护栏应该包括短和直的部分，这些部分相互之间以形成角度的方式镶嵌，以形成一个穿过主表演区的弧形，由此延伸至侧面舞台的边缘。护栏应该与逃生通道结合，延伸至舞台的左右两侧。不应该使用凹形舞台护栏，因为人群可能会被困于弧形护栏及直线型护栏中间，且无法离开。但是，在某类活动中，"手指型"护栏或会适用（参阅本书第423条）。

418 一个弧形的护栏可以在安全方面提供以下额外的益处：
　（1）防止观众潮涌向舞台中心。
　（2）协助逃生。
　（3）提供更宽敞的前排视线。
　（4）通过在舞台与护栏间设置更大的距离，使观众难以攀爬舞台，以此来提高表演者的安全。
　（5）能为现场工作人员及急救人员提供更宽敞的区域，以便他们在间隔区内工作。

三、伸展台周边的护栏

419 伸展台是舞台的一部分，从舞台主体延伸至观众区域。当伸展台延伸至观众区时，应该设置护栏，且其需要符合设计标准以及舞台前护栏的负重规定。建议在不破坏视线效果的情况下搭建伸展式舞台。同时，也应该确保这样的舞台设计不会导致观众困于死角区。

420 如果使用有环形舞台、B型舞台及其他附属卫星表演区这种较不传统的场地布置，在这些情况下，应该设计屏障护栏系统以防止形成受困点以困住观众。

▲ 舞台侧护栏或围栏

421 活动组织者应建立一个高的舞台侧围栏以形成视线障碍，这样可以确保通向舞台左右两侧的重要出口保持畅通并能随时用于应急情况。在有站立观众的情况下，应一直提供这类围栏，其设计及负重标准可以在《临时可拆卸构建物：设计、采购及使用指导》中查阅。

四、额外的护栏设置

422 在大型的户外活动中，可以使用额外的护栏设置，以减少人群崩溃的可能性。在这种情况下，可以使用指型护栏，将其延伸至观众区域，或是使用多重护栏设置。

五、指型护栏

423 在使用指型护栏的情况下，需要谨慎地进行设计，以防止产生受困点。此护栏应该能承受与舞台前护栏所承受的一样的人群压力，并设置一个能满足第416条中给出的建议的区域，此区域使现场工作人员及急救人员能沿着护栏到达观众群。

六、多重护栏设置

424 对于大型活动来说，可以使用多重护栏系统（即在舞台前设置两重或三重护栏）。如果活动组织者计划使用这类系统，那么逃生设置则必须与地方政府及消防部门进行商榷且达成一致的共识。多重护栏系统并非适用于所有场地。例如，在某些场地之中就难以设置受控制的侧面逃生通道。除了以下段落介绍的设置方法以外，用其他方法将观众包围在平坦开阔的区域，或许也会给人群疏散造成困难，因此是不安全的。

425 在使用双重或三重护栏设置的地点时，护栏应该形成伸向观众区域的凸面弧形，并在两端设置逃生通道。要在每一个弧形护栏的后方设置一个过道或者区域，这样可以为现场工作人员及救急人员提供足够的通道，以便他们沿着护栏到达观众区域。用作此目的的护栏都应该符合最小负重量的规定。

426 在有非常狂热的观众的情况下，通常在舞台前护栏遇到的许多问题有可能也会发生在离舞台最远的护栏上。因此，必须安排足够数量的现场工作人员及急救人员。但是，远离舞台的观众由于更宽的视线（在某些情况下会达到75%）以及离舞台的距离逐渐增加，观众潮涌和推挤的发生概率或会降低。

第十章 电气装置与照明设备

427 如果电气装置错误或管理不当，电流可导致表演者、工作人员或公众严重受伤，甚至导致死亡。本章仅针对低电压装置提出一些常规性指导。由于高负荷、高电压系统涉及专业事项，因此本章不将其囊括在内。在很多情况下，电气供应可能是临时性的，但这并不意味着相对于永久性装置而言，短期装置就可以是低于标准的或者是次等质量的。只有合格的电工才能被允许执行电气工作。

428 所有的电气装置和设备须符合《工作中电力规定》（1989）（Electricity at Work Regulations 1989）的总体要求。更多具体指导由以下文件提供：

（1）BS 7909：1998《为照明、技术服务以及其他娱乐相关活动提供交流电流供应的临时配电系统的设计与安装的操作手册》（Code of practice for design and installation of temporary distribution systems delivering ac electrical supplies for lighting, technical services, and other entertainment related purposes）。

（2）BS 7430：1998《地线操作手册》（Code of practice for earthing）。

（3）BS 7671：2001《电气装置要求》（Requirements for electrical installations）（也称作 IEE 布线规则）。这是最为广泛运用的固定电气装置的英国标准。具体可参考 BS 7909。

（4）英国健康与安全执行委员会的指南说明 GS 50《娱乐场所的电气安全》（Electrical safety at places of entertainment）——针对较小型场馆。

（5）英国健康与安全执行委员会手册 HSR 25《关于〈工作中电力规定〉（1989）的指导备忘录》（Memorandum of guidance on the Electricity at Work Regulations 1989）。

（6）英国健康与安全执行委员会手册 INDG 247《演艺人员的用电安全》（Electrical safety for entertainers）。

429 下一则 430 条将针对一些注意事项进行总体概述，这些事项是活动组织方在整体场地设计中规划电气安装时应该考虑的注意事项。然而，在现场施工的电气承包商不应只依赖本章所给出的总体概述，而应该参考前面提到的具体

第十章 电气装置与照明设备

指南。

一、规划

430 对电气安装进行规划时应该考虑的因素如下：
（1）任何现存的架空电力线或埋地电缆的位置。
（2）场地的整体电力要求。
（3）供电网络的接入渠道。
（4）发电机的使用。
（5）接地线。
（6）临时架空或者地下电缆的位置。
（7）舞台的位置。
（8）控制提供给舞台灯光、音响、特效、应急照明和起重设备的电力供应的主要隔离器。
（9）混音设备的位置。
（10）某些设备的特殊电力供应，如来自美国的设备常常需要在 110V、60Hz 的条件下工作。
（11）起重机、便携式设备等的电力供应。
（12）应急照明和出口标识的电力需求。
（13）提供给餐饮设备、急救点、事故控制室、闭路电视摄像头等的电力供应。
（14）供暖或空调设备的电力供应。

二、装置

431 应尽可能将主电源插口和发电机安置在正常运营或应急设施可达的地方，但是要和场地的公共区域隔离开来，并在围绕插口处或发电机外壳处放置危险警告标识。这些标识应该符合《健康与安全（安全标识及信号）法规》（1996），见"安全标识与信号"。

432 所有可能露天的电力设备如供电箱、配电箱等，应该用适当的和足够的封盖、外壳或遮盖物对其进行保护。如果切实可行，所有的电力设备应安置在公众或者未经授权的工作人员无法接触到的地方。

433 电力设备安装完成时，应该根据 BS 7909：1998 规定的程序对其进行检查

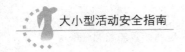

和测试。

三、布线

434 不管临时架空电线是否输送电源电压、通讯或电视信号，都应该用吊索（承力索）安全牢固地固定住或者支撑住。吊索和电缆应该架设在公众不能接触的地方。吊索应该结合由电缆支撑的地线系统进行布置。电缆应该从吊索上悬吊下来，在这种情况下需要用合适的吊架，吊架之间要按一定的距离隔开，以充分支撑电缆的悬挂。架空电缆的位置和所能承载的电压大小应该清晰地显示在公告贴示的警告中。

435 如果有可能的话，应隔开交通路线与电缆路线。否则，建议电缆高度应不低于5.8米，以确保大型车辆能够在架空电缆下方通过。为了避免意外的碰触，应该用围栏将道路及与之平行的架空电缆隔开。

436 如果需要把电缆埋在地下，应参考 BS 7671：1992，其提供了大量的细节，甚至考虑了空间因素。电缆应该安置在足够深的地下，以防止以下情况：
（1）被车辆压坏。
（2）被机械、设备或者工具破坏。
（3）其他机械性损坏（如公众人员等）。

437 如果电缆必须铺设在地表，应提供保护措施以避免其受到锐边或重压而损坏，如可以在其上铺置坡道或者橡胶垫。坡道应有明显标识，避免有人被绊倒的危险。

▲ 电力通用电缆

438 属于某一电力供应公司的供电架空电缆或者地下电缆可能穿过场地或者其入场通道。如果是这样的话，必须采取防范措施避免这些电缆引起的危险。

439 英国健康与安全执行委员会出版了2份与电力供应行业联合开发的文件，这些文件提供了关于处理架空电线和地下电缆的危险的指导，其指导内容包括：
（1）避免架空电力线路引发的危险。
（2）避免地下设施引发的危险。

四、电气设备的使用

440 活动需要一个通畅的工作空间以使用以下设备:
(1) 控制开关与设备。
(2) 扩音设备。
(3) 特效设备。
(4) 追光灯。
(5) 调光器。
(6) 高压放电照明设施,如霓虹灯。

441 应能清晰识别主控设备和上述指定物品,并且在存放于事故控制室的图表中标注它们的位置。

442 应保护开关设备以防止未经许可人员使用。开关设备应安装在上锁的封闭场所内,专门的钥匙持有者应有责任运行设备,以安全地执行应急服务提供机构提出的任何要求。

五、发电机

443 如果要使用发电机,就要考虑好它们的位置以及续加燃料的可能性。要为燃料提供储存空间,以及确保后续燃料供应给发电机的可达性。应防止公众人员或其他未经许可人员接近发电机及其燃料,或许需要使用围栏将其隔开。如果活动场地靠近居民区,需要考虑噪音扰民的因素。如果噪音过大,使用静音发电机或许是减少噪音的合适方法。

444 BS 7430:1998 文件中提供了关于户外活动中移动发电机的接地方面的指导。

六、舞台区和效果灯的用电

445 舞台的电力供应应该由一个或多个开关控制,且安装在一个舞台区域内、授权人员任何时候都可以进入到的地方。

446 如有可能,应在舞台区域内提供足够多的固定的电源插座,以避免使用非固定的接线板和多孔插口电源插座。固定的电源插座可以是永久性的或妥善安装在暂时配电板上的。同时,亦建议将设备安装于距离固定电源插座 2 米的范

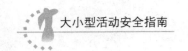

围内，以避免需要使用长引线。

447 任何提灯或其他悬吊的照明设备应用适当的安全链或者安全金属绳固定住。任何移动照明设备的重量不应超过固定点的安全工作负荷。非移动或非悬吊式的设备，包括照明棒和扩音设备，应匹配单独的悬吊缆线、夹钳或螺栓。每一种悬吊方式都应固定在移动设备以及建筑结构的独立固定点上。

448 如果照明设备和其他容易达到高温的设备设置在接近舞台布景和其他易燃材料的地方，则要进行评估，决定是否需要采取预防火灾的措施。特效灯的滤色片等，应该符合 BS 3944－1：1992 文件中对易燃性的要求。

七、正常照明电路

449 户外场地的各个部分，除非不计划在缺少充足日光下使用，否则应提供合适程度的人工照明。应考虑为急救站、信息区（大天幕）、通向停车场的行人道、停车场区域、洗手间、通往公路的通道提供灯光照明。

八、应急照明电路

450 除了设置正常照明，根据风险评估和火灾风险评估，也应设置应急照明。这些评估应该囊括与场地相关的所有可能的危险，如坑、洞、沟、渠等。同时，应考虑在发电机机罩内、主要电力接入点内、主要的绝缘区内提供应急照明。

451 应急照明的电力来源应该独立于正常照明的电力来源。应急照明应保持持续性状态（即持续照明），包括位于场地周围作方向指引功能的出口标识，以及位于最终出口大门上方的出口标识。应急照明的设置要符合英国标准 BS 52661：2005 及其第二部（1998）和第三部（1981）的规定。场地所有出口标识要符合英国标准 BS 5499－1：2002 及其第二部（1986）（amd1995）的规定。可以在英国健康与安全执行委员会文件《安全标识与信号》（*Safety signs and signals*）中找到更多关于出口标识的信息。

452 正如事先为活动准备的活动风险评估和重大事故规划所规定的那样，任何用于应急照明的供应电源都应该能够保持满负荷状态，以应对电源故障。非常重要的是，每当场地在使用时，任何用于应急照明的电池都要保持处于满电状态。

九、照明电路的管理

453 应该同时安装正常照明系统和应急照明系统,以预防因为某一方系统的出错或事故而危及另一方。如果这些照明系统的某部分出错,应提供适当的措施以保证坏件得到维修。应保护正常照明电路和应急照明电路,包括发电机,以免遭到故意破坏。

454 调光设备应设在指定位置,且当场地向公众开放时,应由合格的专业人员对其进行持续的监管。

十、逃生所需的照明度

455 应为人们能到达的任何场地的区域提供正常照明和应急照明,并能够提供充足的照明以让人们安全地离开(这是由风险评估所决定的)。应考虑为临时座位结构间的过道提供在稳定模式下运行的额外应急照明。对于楼梯、过道(走廊)、出口门道、门等,平均照明度应为 20 勒克斯(20 lux),且最低应为 5 勒克斯(5lux)。

十一、便携式电气用具

456 便携式电气设备不是固定装置的一部分,而是用可移动电缆以及插头、插座、分线盒或其他类似措施连接到固定装置或者发电机的设备。与电气设备的使用与维护相关的具体法定要求可参考《工作中的电气规则》(1989)(Electricity at Work Regulations 1989)。活动组织者应确保任何可能携带便携式电气设备进入现场的人员可以证明其电气设备有正确的维护以及接受过例行检查与测试。可在 HSG 107《便携式电气设备的维护》(*Maintaining portable and transportable electrical equipment*)中找到更多相关信息。

第十一章　食品、饮料及水

一、餐饮运营

457 活动组织者应确保食物的运输、贮藏、准备和销售符合相关的食物安全法规，并且在适当的情况下，考虑相关行业指南和操作手册中的建议。这些餐饮安排将包括移动的餐饮单位、饮食摊点及帐篷、员工餐饮区、高级或特殊服务餐饮（多是为嘉宾、艺人等设置）、酒吧和冰淇淋摊位等。

458 活动组织者应确保餐饮商以安全、卫生的方式进行餐饮工作。检查每个餐饮商的证明文件，包括以下内容：

（1）所有餐饮运作中潜在食物危害的识别与控制。
（2）所有餐饮运作中潜在健康与安全危害的识别与控制。
（3）提供合适的灭火器。
（4）对所有食品处理人员进行适当培训。
（5）用于食品生产或销售的所有场所的适用性。
（6）所使用设备的适用性。
（7）安全地运输食物并与任何潜在污染源相隔离。
（8）恰当地存放和处理厨余（固体及流体）。
（9）确保食物处理人员的个人卫生维持在高标准。
（10）恰当地存放、处理和准备食物。
（11）提供饮用水的供应（见本书第472条）。
（12）所有餐饮商的保险，包括公众、产品和雇主责任。
（13）所有餐饮商都要有电气、煤气设备安装合格证明书。
（14）每一个经营单位都要配备适当的急救箱。

459 活动组织者应联系当地有关部门的环境卫生官员，征求关于食物安全与卫生的建议。环境卫生官员可能会要求对活动中的餐饮设施进行检查，他们也可能要求活动组织者提供参加活动的餐饮商的名单。

460 对特定的餐饮运营类型可能会有额外的要求，如烧烤和土焙烧。这样的餐饮运营可能会增加火灾风险、污染风险或者食物中毒风险。应对其进行适当的风险评估，考虑运营中的特殊因素。

二、定位

461 活动场地规划需要包括所有餐饮运营商的具体定点布局（见本书第二章"场所与场地设计"），要记住以下要点：

（1）预防任何可能影响参加活动的观众或者工作人员的健康与安全的障碍。

（2）尽可能地防止观众进入餐饮运营商的后台。

（3）允许应急车辆的进出。

（4）考虑在每个运营商之间设置适当的空间距离。

（5）为存放及处理固体和流体废弃物提供准备好的、易使用的以及可上锁的设施。

（6）有效清除废弃物（参阅本书第十五章"废弃物管理"）。

（7）将餐饮运营点放置在饮用水、污水渠道附近，并与任何可能的污染源，即燃料、废弃物或垃圾堆放点，至少要保持最小的安全距离。

（8）考虑水处理、物资运送等方面的人工操作问题。

（9）为食物处理人员提供专门使用的、独立的厕所设施，并配置冷热水洗手设施。

（10）为后勤车辆的停放和进入提供合适的设施。

（11）将移动住宿设施设置在远离餐饮运营点的地方。

三、液化石油气

462 液化石油气是户外餐饮运营的主要燃料。它确实存在较大的火灾和爆炸风险，因此需要确保以下方面：

（1）使用液化石油气的所有餐饮运营商能够展示其对液化石油气的安全使用、性质特征以及应急程序的基础认识。

（2）每个餐饮运营商储存的液化石油气不能超过所要求的 24 小时用量或者最多 200 千克，选择此两者中更小的方案。

（3）所有液化石油气的处理和存储均需按照现行规章和守则。

（4）不管是在后勤区域还是餐饮运营点内，所有液化石油气的供应均需

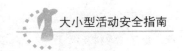

设置保护，保证其安全，并免受观众的干扰。

四、电气装置

463 如果可能，应该由现场电力供应来提供餐饮运营点的电力（参阅本书第十章"电气装置与照明设备"）。如果使用便携式发电机，应优先考虑以液化石油气或柴油为燃料的类型。

464 电气装置要确保以下方面：
（1）它们拥有符合预计使用所需的、适当的额定输出功率。
（2）它们已经通过合格的专业人员的测试和认证。
（3）它们位于通风良好的地方，并远离液化石油气罐和易燃物料。
（4）它们受到足够的防护，以避免人们或者易燃物料和其意外接触。
（5）电线和插座要符合预期使用需求。
（6）电气装置受漏电断路器（RCD）保护。
（7）电线不会造成绊倒危险。
（8）要以安全的方式进行添加燃料与补充燃料。
（9）燃料要以安全的方式存储在合适的容器中。

五、消防设备

465 依据运营类型，应在餐饮运营点中提供合适的消防设备。此设备必须符合相关的英国标准（参阅本书第三章"消防安全"）。任何餐饮经营点旁边都不得堆积易燃物料。

466 合适的设备标准如下：
（1）无烹饪的情况：一罐规格为 2 千克的干粉灭火器。
（2）有烹饪的情况：一罐规格为 2 千克的干粉灭火器和一块 1 平方米的轻型灭火毯（BS 7944：1999），如会使用热油进行油炸，则需有一罐 9 公升的泡沫型灭火器和一块 1 平方米的轻型灭火毯。

六、酒水与酒吧区

467 酒水被定义为食物的一种，应符合相关的食物安全法规的要求、相关行业指导和行为规范。要确保以下方面：

（1）用以销售酒水的建筑结构如常见的大帐篷或帐篷，须符合建筑结构的要求（参阅本书第八章"建筑结构"）。

（2）酒吧的运营操作要设计成能让人群自由流动，能够自由地前往和离开酒吧服务区域，以避免拥挤和冲撞的危险（这包括可以使用适合的护栏，前提是要考虑到护栏自身也可能成为危险）。

（3）电气装置要符合本书第十章"电气装置与照明设备"所列的具体要求。

（4）提供适合的、足够的照明。

（5）酒水储存罐要放在平稳和平坦的地面上，以方便运输车辆进入，特别是在恶劣的天气下。

（6）已经对食物以及健康与安全进行风险评估。

（7）要合理地保护二氧化碳气罐以及把其牢固上锁。

（8）妥善处理与存放用以清洁管道的化学剂。

（9）用以提供饮品的容器的类型要符合任何现场及活动的要求，如采取零玻璃策略。

（10）要有恰当的方式处理用于盛装销售前饮料的玻璃容器。

（11）酒吧区不能有垃圾，并且不能有液体溅到地板上。

（12）如果使用"代金券系统"而非现金销售，那么要隔开代金券兑换区与酒吧服务区。

七、饮用水

468 由于人的数量、有限的条件以及天气，提供免费的饮用水在所有活动中都是重要的，尤其是在露天演唱会和舞会中。

469 一般而言，应由一个总管道提供所有的水，但如果这不可能实现的话，也允许使用供水车，前提是其适合于所需的目的。所有分配水的装置应是洁净的、受到良好维护的以及合适的。出于细菌风险的考虑，对临时供水点进行采样和测试被认为是好的操作和办法，特别是针对户外活动的水源提供。

（一）间隔区

470 在舞台与观众区之间的间隔区需提供充足的饮用水供应点，并提供充足的纸杯或者塑料杯。饮用水供应点的数量应依风险评估而定。

471 如果使用储存器来供水，则需有足够大的容量和数量，以满足间隔区界线

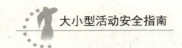

前 5 米范围内观众的预期需求。间隔区的供水点应位于观众接触不到的地方。

(二) 普通区域

472 必须在观众容易接触到的地方内和所有餐饮经营点内提供饮用水。在户外场所（一日制活动），一般建议每 3000 人一个供水点，以及每 10 个餐饮经营商一个供水点，前提是它们都在同一个区域内。

473 所有的供水点应满足以下条件：
（1）无障碍且畅通可达。
（2）有清晰标识。
（3）如果活动持续到天黑，则需要在夜间有清晰的照明。
（4）水龙头能自动关闭。

474 所有供水点附近的地面应排水良好，或采取措施使人们可以安全地通过任何积水区域。

第十二章　商品经营及特殊许可

475 需要规划和管理的商品经营包括以下 4 个方面：
（1）商品经营设施，包括摊位或展台的建筑结构。
（2）空间需求。
（3）摊位或展台的搭建、拆除和运营。
（4）商品经营所销售的物品。

一、设施

476 很重要的是，音乐活动的规划与管理中的各方面都要考虑到商品经营的摊位与展台。

477 在规划场地或进行场地设计时要考虑以下事项：
（1）考虑活动区域或场地内商品经营的摊位与展台的位置、规格和空间要求，以确保进出口人流不拥堵，或观众不在任何关键地点聚集。
（2）摊位与展台是固定的还是临时性的？
（3）检查是否妥当地建立所有建筑结构，并满足任何针对结构完整性的要求（参阅本书第八章"建筑结构"）以及消防安全的要求（见本书第三章"消防安全"）。
（4）如需电力供应，须把商品经营作为活动的整体电力供应中的一部分进行考虑（见本书第十章"电气装置与照明设备"）。
（5）任何与摊位或展台相关的车辆或车辆移动。
（6）为在摊位或展台工作的人员分配停车空间与露营住宿。
（7）废弃物堆积与收集。
（8）保安安排。

478 活动组织者应确保商品经营摊位与展台的工作人员均清楚场地安全法则，特别是关于设备是否可带进现场、活动区域或场地内的要求；并且使工作人员了解分配给他们的现场空间，他们必须坚守所分配到的场地空间。

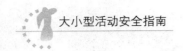

二、搭建、运作和拆卸

479 大部分受雇于商品经营摊位与展台的工作人员都是临时工。为确保所有工作人员都清楚所有相关的安全信息，活动组织者要对运营摊位和展台的人员进行简报，使其了解场地安全事宜；要明确健康与安全的责任，并与商品经营商就通讯与沟通方法达成一致；当商品经营商抵达现场时，为他们提供一份场地安全法则，并确保他们以及所有分包商都清楚场地安全法则。

480 活动组织者要检查商品经营商所有有关公众及产品责任保险的证明文件；与经营商就商品经营摊位的经营时间达成一致，并使其了解活动中重大事故或紧急事件发生时需执行的程序。任何由商品经营商带入现场的煤气或者电力设备都需要配备相关的检验报告，并已通过认可的测试。活动组织者应确保其他设备得到检验，以确保火灾发生时有相关的消防设备就绪。

481 在使用永久性场地的情况下，要获取场地内的健康与安全政策的信息。因此，在任何时间相关人员都应该遵守这些规程。

482 为商品经营商工作的现场工作人员，虽然他们不是整个活动现场工作团队中的一部分，但也应获得批准参与活动简报会、通讯链以及协调所商榷的活动。活动组织者要针对其使用无线电通讯进行商议，以避免频率相冲。

483 关于商品经营的产品库存的存放，特别是如果出售的是易燃商品的话，应该与消防部门和地方政府进行商讨，以确保摊位或展台有适合的灭火器。现场存货的控制和移动应遵守各方达成一致的既定程序。

三、商品经营的物品

484 作为经营销售的商品，不能违反任何许可要求、贸易标准、版权或者商标法规。

485 商品经营商要确保在商品销售时告知消费者关于商品可能引发受伤或不适的信息（如荧光棒），并用突出的方式显示商品正确使用的程序。

486 在英国的一些特定地区，文身、身体穿孔和按摩的操作和业务需要有地方政府相关部门给出的特殊治疗许可证。在允许进行文身或身体穿孔的活动前，活动组织者要检查地方政府相关部门是否已经或将会对其发行必需的许可证。

第十二章 商品经营及特殊许可

487 冒犯性材料应根据观众构成来进行查看，并且不要主动展示。

488 关于黄牛票贩及惹人厌的街头商贩，活动组织者要联络地方政府相关部门商拟能够阻止此类行为的办法。

第十三章 娱乐项目、景点及促销展示

489 关于游乐场和游乐园中的景点、供骑乘的机动游乐设施、娱乐装置和摊点,已经有相关的指导〔参阅英国健康与安全执行委员会的出版物 HSG 175《游乐场与游乐园:安全操作指南》(Fairgrounds and amusement parks: Guidance on safe practice)〕。本章内容无法替代该指南来满足活动组织者的需求。本章旨在强调,当娱乐项目、景点和展示融合进一场音乐活动而不是在一个游乐场或者游乐园时,活动组织者需要注意的事项。

一、娱乐项目和景点

490 如果活动组织者希望在活动中包含娱乐性项目,从这些项目的运营商处获取关于娱乐项目所需的安全信息是十分重要的。这是为了保证娱乐项目的选址和运营不会出现以下问题:

(1)危害到整体活动的安全。
(2)阻碍紧急进出通道。
(3)引发观众拥堵问题。

491 当采用任何娱乐项目作为整个娱乐活动的一部分时,活动组织者应考虑以下要点:

(1)从这些项目的运营商处了解和娱乐项目或景点相关的特定危险的相关建议,并向他们索要其风险评估和安全信息文件,并把这些信息纳入到活动组织者对活动的整体风险评估中。

(2)从有关的执法机关(地方政府相关部门、英国健康与安全执行委员会)处获取关于特定娱乐项目的相关建议。地方政府相关部门官员和英国健康与安全执行委员会的检察员应该获知最新实时的信息,包括被报道的与特定娱乐项目相关的危险。

(3)检验运营商的能力。根据已有信息去检验这些项目的运营商的能力,这应该是相对而言最直接的检验方式。运营商是否有能力证明他们遵守法律法规或者执业守则?他们是协会中的一员吗?他们目前有买保险吗?每个娱乐项目是否有最新的由检测机构彻底检查的证书？他们有什么运营该娱乐项目的经验？他们可以提供关于该娱乐项目的哪些安全信息？

（4）也应该把与娱乐项目的安全操作相关的信息提供给在活动中工作的可能受其影响的其他合约商。

（5）拟定恰当的搭建时间、运营时间和拆卸时间。需在观众进场或者前来参加活动前搭建完成娱乐项目。确保所有观众已经离开现场或者在安全的距离之外才能够拆卸娱乐项目。活动期间车辆的移动通常是被禁止的，娱乐项目的运营商需要清楚此政策规定。

（6）确保已有合适的空间分配给娱乐项目。空间是任何娱乐项目考虑事项中最重要的因素之一。这不仅仅包括地面空间，还常常包括地面以上的空间。例如，大树、架空电缆和电源线这样的障碍可以导致安全运营中的重大危险。娱乐项目设施的侧面和后方可能需要屏障护栏，以防止观众接触到设备的危险部件。因此，必须把空间分配考虑在场馆和场地规划中。可以在《游乐场与游乐园：安全操作指南》中找到娱乐项目最小的空间要求。

（7）在规划娱乐项目的位置时，要考虑紧急进出通道，且为排队参加娱乐项目的观众成员预留空间。空间应能够满足家庭、朋友和其他观众舒适地观看娱乐项目的需求。

（8）要确保娱乐项目的运营与音乐活动相协调。一方面，如果在音乐活动结束后，娱乐项目运营商仍然提供娱乐项目的体验，又或者观众在离开前还想最后一次体验娱乐项目的话，可能会出现人群管理的问题。但另一方面，在音乐活动结束后仍保持娱乐项目的运营可能是适合的，因为这样能够错开观众离开的时间，避免拥挤。无论活动组织者决策如何，必须事先仔细规划好各活动项目之间的协调，并与运营商和现场工作人员沟通好。

（9）在某些娱乐项目的运作中，是否可用自然光也是一个重要的安全因素，特别是在使用依赖色彩辨识的安全设备的地方。

二、蹦极跳

492 英国弹力绳运动协会（BERSA）的安全操作规则是由该协会和英国健康与安全执行委员会、原子能源管理局的安全与可靠性理事会以及独立运营商一起协商而定的。《劳动健康与安全法》（1974）（HSW Act）、《劳动健康与安全管理条例》（1999）以及《工作设备的配备和使用条例》（1998）（PUWER）等也同样适用于蹦极跳。活动组织者应确保蹦极跳项目运营商归属于一个享有盛誉的协会，且该协会符合 BERSA 安全操作规则的要求。

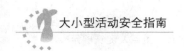

493 应该建议想参加蹦极项目的人提前预订,并与蹦极跳项目运营商进行商讨。尤其是,可能需要在活动前对此项目进行广告。

三、充气弹跳装置

494 英国健康与安全执行委员会的《载客游乐设备的安全操作:充气弹跳装置》(*Safe operation of passenger carrying amusement devices*:*Inflatable bouncing devices*)PM 76 描述了各种可能导致充气弹跳者事故发生的因素,以及应该用来避免此类事故的防范措施。

495 可以用于弹跳项目的充气装置有多种类型,包括以下种类:
(1) 侧面敞开式的或者平坦床底式的充气装置。
(2) 前侧敞开式的充气装置,如堡垒型充气装置。
(3) 全封闭式的充气装置。

496 充气弹跳装置的危险包括:被风吹走或吹翻、织物裂开、使用者的意外跌落、使用者自己或因他人造成的伤害、过度拥挤、因鼓风机断线造成的漏气、供电故障以及在火灾中逃生措施不足。每个充气设备均应该由专业的人员或者公司就设备退化进行彻底的年检。为了确保此类弹跳装置的安全操作,通常必须对参与者的身高和年龄有所限制,并且参加该活动的观众应该能够清晰见到这些限制。

四、飞行模拟器和电脑游戏

497 飞行模拟器和相关机动游乐设施通常是很重的设备,需要特定的地面条件来进行安全运行,也需要满足设备进场的要求,且在设备四周要提供充足的空间。它们也被定义为游乐场设备,因此须符合《游乐场和游乐园:安全操作指南》的相关要求。

五、游乐场和游乐设施

498 游乐场或者单个游乐设施可能被设置在户外活动和一些大型室内活动中。《游乐场和游乐园:安全操作指南》对这些设施提供了指导,活动组织者应该参考这些指导。英国健康与安全执行委员会负有对游乐场进行强制执法的责任。

499 还有一系列关于设备和机械的指导说明,列出了对单个载客装置的详细安全要求。英国健康与安全执行委员会关于此类设施的出版物包括：《载客游乐设备的安全操作》（*Safe operation of passenger carrying amusement devices*）、《飞椅》（*The octopus*）、《摩天轮》（*The big wheel*）、《降落伞机》（*The paratrooper*）、《空中转椅》（*The chair - o - plane*）、《旋转方舟/车》（*The ark/speedways*）、《水滑道》（*The water chute*）和《特拉比车》（*The trabant*）。活动组织者要与这些设备的运营商保持全面联络，以确保设备完全满足指导手册上列明的要求。

六、马戏团

500 在音乐活动中设置一个完整的马戏团是相对比较罕见的。更加常见的情况是，马戏团表演者在活动场地或场馆里面和周围表演一些才艺，这些表演项目可能是吞火、走高跷、杂耍等。活动组织者要针对与观众安全相关的安全事项对表演者进行简报，并对于他们在何时与何地开始其表演给出建议。应在任何时候保持紧急出口畅通。地方政府负有对马戏团进行强制执法的责任，只有少数在游乐场内经营的马戏团表演归英国健康与安全执行委员会负责管理。

七、促销展示

501 为活动提供赞助的公司可能希望通过促销展示的方式来对他们的产品进行广告宣传。这些展示方式可以包括：广告气球和充气装置、特制的建筑结构、视频和虚拟电子游戏以及小型商品销售摊位。

502 人们很容易忽略这些展示对活动的安全可能造成的影响。活动组织者要了解这些展示的相关信息，包括带到现场的展示设备的类型、安装方法以及设备可能造成的特定危险。活动组织者应该拿到、掌握任何特殊的建筑结构的图纸，以及其搭建和拆卸的方法。

503 活动组织者要在场地设计阶段考虑促销展示的位置，以确保它们不会阻碍紧急出口通道或妨碍现场观众在场地的通行；必须为充气气球和展示分配适当的空间，并且要恰当地固定它们。

504 活动组织者必须对那些将设备带入现场的人员就场地安全守则进行指导。对任何广告台（架）的安置、处理方式应与商品台（架）的处理方式一样。电气装置必须配备相关的电气测试证书，并由合格的专业电工进行安装（参阅本书第十章"电气装置与照明设备"）。

第十四章 卫生设施

505 活动组织者应根据预期的活动参与人数来确定卫生设施的设置，确保供应充足，并且考虑卫生设施的地理位置、进出通道、建筑结构、临时性设施的类型、灯光和指示标识。

506 活动组织者要搭建并定位厕所的位置，让人们免受恶劣天气和绊倒危险的影响。厕所的地板、斜坡和台阶应该是牢固的，并且其表面是采用防滑结构的。要保护厕所的连接管道，避免其损坏。

507 厕所应该是清晰可见的、容易辨识的、有照明的，并要在场地内所有区间都设有指示厕所所在地的明显标识。应该为厕所的区域以及每个厕格在夜间提供充足照明，白天如果有需要也应该提供照明。英国建筑服务特许协会建议一般厕所区域的最低照明度为 100 勒克斯（轮椅使用者厕所或残疾人士厕所的则为 200 勒克斯）。

一、维护

508 活动组织者应使用合适的、有经验的合格人员在活动全程对厕所进行定期的维护、修理和服务，确保它们保持安全、干净和卫生。厕所在任何时间都需要提供厕纸，厕纸可以放在支架或者自动售卖机上。如厕所发生任何堵塞，应安排对其进行迅速清理。

二、位置

509 如果可能，应在场地周围不同的地点设置厕所，而不是集中在同一个小区域内，这样能减少拥挤和排队问题。可以考虑在场地外围围栏以外的区域（如停车场、售票排队区、活动露营区等）设置厕所。要留意、注意到为厕所进行服务、清洁和清空所需要的进出要求，基于场地布局，这可能会包括对临时道路和专用进出通道的使用。

三、类型

510 在需要临时厕所的地方，应基于活动举办的性质和持续时间，评估每种可选的临时厕所类型的适合性，要考虑任何一种厕所单元或厕格的预知最高使用度和冲厕水箱注满所需的时间。对任何厕格的高强度和连续使用都可能导致厕坐不卫生，并引起厕所堵塞。

511 如果下水道、排水系统、化粪池或者粪坑是可用的，且有充足的水源，并能提供足够的水压，则可设置临时的大厕所单元。自循环的或有自给系统的厕所单元不依赖下水道或供水服务。活动组织者必须考虑对这些厕所单元提供服务车辆和安全通道。

512 单个有自给系统的厕所单元适用范围广，且能够在活动中简单地进行移动，但在厕所需要被打扫或排空前，其受到最大使用数量的限制。壕沟和茅坑厕可能适合某些活动，但应从环境局或苏格兰环境保护局和地方政府寻求建议，了解它们在每场活动的适用性，也可查阅任何地方指南，以确保安全和卫生地使用这类厕所。

513 在使用非大厕所单元的地方，如有需要，必须提供安全卫生的、带有收集设施的废物清理方式。这可从环境局或者苏格兰环境保护局得到具体建议。

四、数量

514 针对公共娱乐建筑应提供厕格的最小数量，BS 6465 – 1：2006 提供了建议。对于有公共娱乐牌照的活动，活动组织者应该与地方政府相关部门进行协商，确定其厕所的数量和位置。

515 在任何情况下，卫生设施的数量取决于活动的性质、观众的概况以及场地的类型。要计算卫生设施的供应情况，需要先了解观众的规模，然后再预估男女比例。当没有足够的信息可以评估这个比例时，应该预估男女比例为1:1。

516 在决定卫生设施的最小供应数量时，要考虑以下7个方面：
（1）活动的持续时间。
（2）观众对食物和饮料的预期消费量。
（3）表演间隔或中场休息时，卫生设施的供应是否充足。
（4）与活动相关的临时露营地对卫生设施的要求。

（5）为可能需要更长时间使用某些设施的孩子、老人或者体弱多病的人提供适当的卫生设施。

（6）在一个围起来的场地内举办的、不能多次进出的活动的卫生设施。

（7）天气条件和温度。

517 活动组织者在确定卫生设施的数量时，一位合格的专业顾问或者负责任的承包商所提供的经验将是非常宝贵的。

518 下列表格提供了在音乐活动中卫生设施数量的一般指南，然而，这些数目对于时间较短或者无高峰期的活动（如集市会和花园派对）来说可能偏高，而对饮料消费多的活动或者有露营的活动而言则可能会偏低。

举办时间等于或者超过6小时的活动		举办时间少于6小时的活动	
女性	男性	女性	男性
每100位女性1个厕格	每500位男性1个厕格，并且每150位一个小便器	每120位女性1个厕格	每600位男性1个厕格，并且每175位一个小便器

五、洗手设施

519 如果空间允许的话，按照每5个厕格1个洗手设施或者不低于每10个厕格1个洗手设施的比例来提供洗手设施。活动组织者还要考虑提供合适的烘干设施；如果提供擦手纸巾，则需安排定期的清理和补货。

520 在提供温水洗手设施的地方，要提供足够的合适的肥皂；在无温水洗手设施的地方，应提供抗菌擦拭湿巾或者杀菌肥皂。

521 若在露天的场地设置洗手设施，则要考虑对设施的管理，确保周围的地面不会积水且导致局部淹水。

522 《关于对有害健康的物质的控制的规定》（2002）（Control of Substances Hazardous to Health Regulations 2002，COSHH）的评估应该适用于所有使用的清洁和除臭产品。对一些患有皮肤疾病的用户，如果产品存在已知的危险，则应该用适当的警示提示显著地标识出来。

六、持续时间较长的活动

523 对于超过一天或者有过夜露营的活动而言,仅提供洗手设施可能是不够的。在这些情况下,基于充足水源和水压等情况,可考虑是否适合在场地内提供洗浴设施。

七、为有特殊需求人士提供的卫生设施

524 为轮椅使用者和其他出席活动的有特殊需求的人士提供适当的卫生设施。《残疾歧视法》(2005)(Disability Discrimination Act 2005)将运用于针对有特殊需求的人士提供的卫生设施。

525 此外,活动组织者应考虑有特殊需求的人士所使用的厕所通道,如果可以,应为此类厕所提供固定和稳固的坡道。应把此类卫生设施设置在靠近专门预留给有特殊需求人士的任何地方,如观看平台,并确保它们的设计符合 BS 8300:2001 的规定。

526 活动组织者应根据预估的有特殊需求人士的数量来提供相关设施。一般来说,需为每 75 位有特殊需求人士配备一个有洗手设施的厕所。

八、卫生巾和尿布的处理

527 如果卫生巾或者尿布可能会堵塞卫生设施,则要提供合适的、可清晰辨识的、指定的容器给人们弃置这些物品,并进行适当的安排以定期排空这些容器。

528 如果预料会有婴儿参与活动,则应提供合适的婴儿更衣设施,包括处理尿布的卫生容器。应在婴儿更衣室内使用明显标识,以确保家长使用所提供的卫生容器。

九、污水处理

529 不同的水务管理局有不同的污水处理政策,而且很多污水处理厂在夜间和周末是关闭的。如果污水需要先储存在活动场地内直到场外的处理设施开门,则在现场安全可靠的地方提供足够的蓄水箱是很重要的。活动组织者应向水务

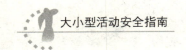
大小型活动安全指南

管理局和地方政府相关部门寻求污水安全处理的建议，确保聘请有牌照的承包商来清除和处理污水。在活动开始前，活动组织者需与承包商协商确定污水处理方式并记录存档。

十、为员工和活动工作人员提供的卫生设施

530《工作环境（健康、安全和福利）法规》（1992）［Workplace（Health, Safety, and Welfare）Regulations 1992］规定，工作场所必须提供合适的和充足数量的厕格和洗手设施。在操作法则《工作环境健康、安全和福利》（*Workplace health, safety and welfare*）中可找到关于应提供的设施的指导。

531 供活动工作人员使用的卫生设施，应位于工作区域附近，如舞台后面、调音台附近、餐饮区和停车场旁边、急救区、福利和儿童区。应为食物处理者提供配备冷热洗手设施的特备厕所。

十一、提供卫生设施或对卫生设施进行服务的承包商

532 活动之前，对于卫生设施的类型、数量、位置、服务和维护的要求，活动组织者要与承包商进行协商。建议给承包商提供一份标示设施的计划位置的场地规划图、一份场地安全法则以及在整个活动风险评估中显示标注任何重大风险信息的复印文本。活动组织者需要确保装载卫生巾和尿布的容器有单独的废弃物转移记录。

533 活动组织者要检查承包商的安全政策和风险评估。承包商应该确保其工作人员配备有个人防护装备并能够正确使用。工作人员需要防护服、靴子或鞋子、手套和眼罩，以确保他们受到保护，免受消毒和除臭化学剂意外溅出的危险，以及污水的意外感染。

534 在 COSHH 法规的要求下，承包商需要就卫生设施的提供、服务或排空提交评估方案。基于 COSHH 的评估，需要考虑暴露于在自循环的独立单元中使用的化学剂的危险，以及意外接触污水的危险。

第十五章 废弃物管理

535 在多数音乐活动中，特许经销商和观众会产生大量的废弃物。要小心地管理废弃物，以减少其积累、聚集以及最终的处理带来的风险。

一、废弃物的类型

536 所产生的废弃物包含如下类型：
（1）纸张和硬纸板包装。
（2）食物和饮料容器。
（3）残留食物废渣。
（4）来自食品经销商的废弃食品。
（5）玻璃。
（6）塑料。
（7）金属罐。
（8）其他金属垃圾，比如建筑材料。
（9）布料。
（10）人体废弃物（经常被放置在混杂容器的呕吐物、尿液和粪便、卫生巾和卫生棉条）。
（11）医疗废弃物，比如针头和绷带。
（12）露营营地篝火的余烬。
（13）烟花和焰火。
（14）厕所、淋浴和洗手池的废水。
（15）来自食品提供商（供应商）的废水。
（16）静脉注射吸毒者使用的针头。

二、废弃物造成的危害

537 废弃物可以造成以下危害：

（1）导致工作人员在收集和清除场地废弃物时受伤，如割伤、擦伤、针头刺伤、由于人工操作困难导致的背脊拉伤及潜在的感染。
（2）废弃物的堆积阻塞了紧急进出通道或妨碍人们在场地四周的移动，同时产生绊倒观众的危害。
（3）意外或人为点燃废弃物造成的火灾隐患。
（4）观众错误地使用废弃物，如扔瓶子、罐子等。
（5）与废弃物收集相关的车辆移动。
（6）废弃物会引来昆虫及害虫。

三、废弃物产生的地点及其类型

538 废弃物或某种类型的废弃物品将不会平均地在场馆或场地内产生。一定时间内，废弃物的堆积程度在不同的区域是不同的。因此，一个合格的废弃物承包商需要管理好他们的工作人员和设备，以保证将合适的和足够的资源在最合适的时间提供给最合适的地方。这可能需要对场馆或场地的每个区域进行差异化管理。

539 下列区域需要特别注意：
（1）通往音乐活动的通道，如周围的街道或土地。
（2）入口和出口。
（3）演出场所和舞台。
（4）卫生设施区域。
（5）急救区和医疗卫生废弃物区域。
（6）餐饮区。
（7）露营区。

四、与废弃物承包商交流的信息

540 活动组织者要确保将关于观众规模、演出场所大小、场地边界、露营者数量、餐饮提供商及其他相关要素的详细信息传达给废弃物承包商。倘若没有这些信息，废弃物承包商就不能准确地规划工作方法或者雇用正确的员工数量。不充足的信息可能会在观众和员工的健康、安全及福利方面引发严重的后果。

五、收集废弃物的方法

541 收集活动场地或演出场所的废弃物,通常以下列方式结合使用:
（1）承包商的员工接受特别培训以收拾垃圾（捡垃圾人员），并且清空放置在活动场地或场馆各处的垃圾箱。
（2）使用清扫车和真空吸车。
（3）使用真空罐车收集暂时储存在较小的水罐中的废水。
（4）使用其他车辆：拖车、牵引车辆。

542 在活动前,活动组织者要与废弃物承包商协商有关安排,这样在整个活动规划中就可以规划任何关于通道或高度限制、车辆停放空间或捡垃圾人员的住宿等方面的特殊要求。

（一）容器

543 工作人员可以把废弃物容器放置在场馆或场地边界周围,还可以把它们放置在场馆、场地或其他合适的区域内。工作人员要非常仔细地考虑废弃物容器的选择、尺寸和摆放地点。就目前而言,滑轮容器或类似容器的运用最广,因为它们有多种多样的尺寸并且装配有盖子,可以被轻易地按要求放置和移动。活动组织者要考虑提供有硬度保证的容器来收集尖、刺物品（如针头、碎烂玻璃——译者注）。

544 大钢筒在装满的时候比较难以移动和清空,因此,需要对其的使用进行评估。现场也可以使用（建筑工地常使用的）料车,但是同样需要仔细地规划它们的位置安排,以保证有合适的通道用于运输和收集这些料车,尤其是在潮湿天气的情况下。一般来说,要把它们放置在远离观众的区域。废弃物容器是可以被点燃着火的,因此需要定期地对其进行监控。

545 大型的现场垃圾粉碎机也可以用来减少大量堆积的废物。它们需要连接电源,并且随时都需要有一个训练有素的操作员。前悬式装载容器也可能需要远离观众,以保证安全、畅通地进出倒卸废物,以及防止观众把不兼容和具有危害性的或者其他不适合的废弃物扔进这些容器内。

546 废物收集公司必须是一个已注册的废物承运法人或者是有免除注册资格的公司。用于收集废弃物的交通工具必须能顺利运作,并且伴有相关的测试证书,如果合适的话,最好要提供车检证书。

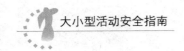

（二）收集次数

547 活动组织者要与废弃物承包商协商在整个音乐活动期间的废弃物收集策略，包括在活动前和活动后的收集，可能需要就上述每个时期规划不同的收集方法。

六、清除的方法

548 活动组织者要与废弃物承包商协商把废弃物从场馆或场地清除的方法。为保护观众，有些区域可能会受制于活动期间禁止车辆行驶的禁令。所选择的作为集体收集废弃物的地点一定要有一个合适的通行通道，并可以承受通常是非常大型的收集车辆的重量，这些车辆有时甚至可以重达38吨。

549 就像在第557—559条中讨论的一样，活动组织者负有一种"注意义务"。清除废弃物的责任不是随着废弃物离开场地或场馆就结束了，而是要持续到其到达最终目的地为止。

七、雇员和活动工作人员的健康、安全和福利

550 废弃物承包商有法律责任保证其员工的健康、安全和福利在现场得到保护。《个人防护装备规章》（1992）（The Personal Protective Equipment Regulations 1992）要求雇主保证其雇员有合适与充足的保护性衣服和装备来执行他们的任务。

551 合适的衣服举例如下：
(1) 金属鞋头的保护性靴子或鞋子。
(2) 长裤和短外套。
(3) 防水套装。
(4) 荧光背心。
(5) 安全帽。
(6) 护目镜。
(7) 用于不同任务的不同类型的手套。

552 在整个废弃物收集过程中，活动组织者要保证有可用的厕所。如果被弄脏了，处理废弃物的人员需要使用冷热水、肥皂和指甲刷来清洗其手和身体。因此，必须提供厕所和洗涤设施，尤其是在废弃物收集的最终阶段，并且在某些

情况下还需要提供淋浴设施。

553 在开始工作之前，活动组织者要向工作人员进行简报，向其解释场地的危险处和风险、工作时数、餐饮休息以及预期完成工作的时间。

八、回收利用

554 在现场进行回收利用的方法包括在场地各处设置指定的回收容器。这些收容器不仅可以是小轮容器（它们会被收集起来以作进一步的材料分类），还可以是大型容器，如那些由专业承包商提供的大型容器。用于回收的分离系统的效率将会依赖于活动参与者的品德、回收容器的充足供应、容器上合适清晰的标识以及容器的放置位置。

九、法律规定

555 废弃物持有者（包括废弃物生产者、运输者和处理者），有责任在《劳动健康与安全法》（1974）规定下，以及在合理的、可实行的情况下，确保其工作人员以及其他可能受废弃物使用、处理、存储和运输的行为影响的人的健康与安全。废弃物生产者还必须确保为承包商提供一个安全进入和离开废弃物存放区域的方式（要做一个负责任的垃圾生产者，不要让垃圾堆放对收拾或处理垃圾的承包商造成危险，尤其需要考虑到这些承包商是否能够安全地进入和离开垃圾堆放地点进行他们的工作——译者注）。活动组织者被定义为废弃物生产者。

556 涉及废弃物管理的法规如下：
（1）《环境保护法》（1990）（The Environmental Protection Act 1990）。
（2）《环境法》（1995）（The Environment Act 1995）。
（3）《受管制废弃物条例》（1992）（The Controlled Waste Regulations 1992）。
（4）《废弃物管理许可规章条例》（1994）（Waste Management Licensing Regulations 1994）。
（5）《特殊废弃物条例》（1996）（Special Waste Regulations 1996）。

▲ 注意义务

557 《环境保护法1990》的第 34 节介绍了一个关于废弃物管理的责任，这应用于任何生产、运输、处理或解决受管制废弃物的人员。受管制废弃物被定义为任何商业的、工业的或者家庭的废弃物。

558 废弃物生产者有法律义务确保废弃物只被已注册的废弃物运输者收集，或有免注册资格的单位比如地方政府收集。只有得到合适的废弃物管理许可，废弃物运输者才能把废弃物转移到一个地方。废弃物必须附有对废弃物的准确描述，并且必须附有一个完整地填写运输注意事项以及注上签名的单据。这种给人们强加了一种义务，以对现场的废弃物进行管制。

559 如果没有依据废弃物管理许可在土地上放置受管制的废弃物，这是违法的；而且，如果使用可能会导致环境污染或人类健康受损的方式存放、处理或解决受管制废弃物，也是违法的。因此，废弃物生产者，也就是活动组织者，在这种情况下一定要确保选择合格的和负责任的废弃物运输方式以及废弃物处理承包商。废弃物生产者必须保证，无论是谁所有或者控制废弃物，都能合法地处理与最终清理废弃物。请从《环境保护法》（1990）第34节："注意义务：操作守则"处获取更多的信息。

第十六章　声音：噪音与震动

560 对于活动的工作人员和观众来说，高噪音值存在损伤听力的风险。高频率的震动可以对临时的或者永久性建筑结构的完整性造成严重的后果。声音和震动都可能引发场地外的噪音危害。因此，在彩排和活动期间都需要对声音和震动水平进行合理的控制和管理。

561 任何声音，包括音乐，如果足够大声，而人们听到的时间又足够长的话，都会损害其听力。大声量对听力带来的风险与一个人所承受的音能大小直接相关。随着声音的分贝越大和一个人听到声音的时间越长，伤害听力的风险就越大。相比较低水平的音量，在高水平的音量中，对听力造成伤害的风险会发生在更短的暴露时间中；在极端高或突然飙高的音量水平下，对耳朵造成伤害的危险几乎是立刻发生的。

562 大多数观众都不会因为过于频繁地参加音乐活动而导致仅仅由于参加音乐活动而受到严重的听力损害。但是，高分贝的音乐活动可能极大地构成了观众在其全部人生当中接受的整体声音暴露量（这些整体声音暴露量包括来自其他休闲活动的噪音、工作中的和在家中的噪音），因此，高分贝的音乐活动增加了他们听力受到伤害的风险。

563《劳动健康与安全法》（1974）和《工作噪音规章》（2005）（The Noise at Work Regulations 2005）要求活动组织者保护工作者和观众免受噪音伤害。《劳动健康与安全管理法》（1999）也适用于涉及噪音和震动的注意事项。

564 针对活动噪音对社区的影响，很多地方政府已经有环境音乐噪音控制规定，并用于其管辖地区的场馆中。噪音委员会已经推出《演唱会中环境噪音控制的操作守则》（*Code of practice on environmental noise control at concerts*），对噪音控制步骤提供了建议，以在周边环境把噪音的影响降至最低。活动组织者需要就环境音乐噪音的控制，以及控制环境音乐噪音对户外音乐活动周边社区的影响，参考这个指导资料。

565 就震动产生的影响来说，对场地外的影响总体上会比对场地内的影响要小

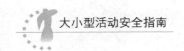

很多，但震动所产生的危害是最显著的。关于处理震动产生的潜在危害，可在 BS 6472：1992 中找到指导。

一、工作人员

566 《工作噪音规章》（2005）要求雇用者承担保护工作人员免受工作中过度噪音对听力产生伤害的法律责任。这些条例阐述了当达到噪音暴露的规定水平时必须采取的措施。

567 如果噪音暴露有可能达到第一个干预水平，即每日个人噪音承受水平85分贝［dB（A）］，或者达到最高干预水平140分贝，雇用者必须采取以下措施：

（1）保证噪音评估由一个合格人士完成。

（2）给工作人员提供信息与培训。

（3）为所有有需要的工作人员提供护耳用具。

568 如果噪音暴露可能达到第二个干预水平，即每日个人噪音承受水平90分贝，或者达到最高干预水平140分贝，雇用者必须采取以下措施：

（1）保证噪音评估由一个合格人士完成。

（2）给工作人员提供信息与培训。

（3）在合理的、可实行的情况下，通过降低音量水平或者减少暴露在噪音下的时间，或同时采取这两种措施，以减少噪音暴露（在没有护耳用具的情况下）。

（4）对所有工作人员提供护耳用具，并保证他们能够正确地使用这些用具。《工作噪音规章》（2005）要求工作人员就噪音暴露服从雇用者的指导，包括穿戴护耳用具或在必须时进行休息。

（5）标记出需要穿戴护耳用具的区域，并且确保每个进入这些区域的人员穿戴护耳用具。这些区域可能包括舞台的入口、显示器控制区域、前置屏障区域、前台混音台和灯光塔，以及伸延（分布）扬声塔。

569 以上措施的一个核心要素是，对噪音暴露的评估须由一个合格的人来完成。关于如何挑选出一个合格的人以及如何执行噪音评估，有关指导可以在健康与安全执行委员会的出版物《控制工作噪音》（*Controlling noise at work*）里找到。

570 在活动前，活动组织者要考虑委托专业人士进行一个噪音暴露风险评估，并针对如何限制对工作人员和观众的噪音暴露提供建议。这些对噪音暴露风险的评估可以帮助满足有关《劳动健康与安全管理条例》(1999) 的要求，可以在活动前展示给地方政府，并帮助减少发生在活动当天的难题。

571 针对那些经常性地在高分贝噪音环境中工作的人群，英国听力学协会推荐使用常规听力测试，这个测试也是《劳动健康与安全管理条例》(1999) 的要求之一。常规听力测试能够检测出听力损害或者听力受损的敏感性（不同个体对于噪音导致的听力损失的敏感性差异很大）。关于此，请阅读健康与安全执行委员会的宣传手册《工作噪音》(*Noise at work*)。

二、观众

572 没有特定的英国法律就观众暴露噪音给出噪音限制的规定。然而，《劳动健康与安全法》(1974) 的一般要求以及与疏忽过失相关的国民法律责任都显示，观众需要受到保护，以避免听力受损的风险。观众需要被告知此种风险。

573 在观众区域的任何一个部分，活动的均能声压（简称 Event Leq，在一个时间段内的平均声压）都不应该超过 107 分贝，并且最高声压水平不应该超过 140 分贝。

574 以上的噪音承受值是针对整个观众区域的。然而，在实际操作中，监控观众噪音暴露水平通常是在靠近舞台前的混音台的位置进行的。而在最大的室外或室内场所中，距离舞台前护栏位置 75 米处的观众噪音暴露值，有可能远远高于前台混音区域的观众噪音暴露值。

575 在调音期间，工作人员要保证设置好前台混音区域和舞台前护栏、使用伸延（分布）堆栈的地方、每个伸延（分布）堆栈的护栏之间的声级差异。这将决定前台混音区域的基准声压值，确保将整体观众噪音值限制在低于活动每日个人音量承受水平 107 分贝的范围，并且最高声压值低于 140 分贝。

576 如果可能的话，不应允许观众处在任何一个扬声器的 3 米范围之内。这可以通过使用经认可的安全屏障、专门的现场工作人员以及佩戴恰当的护耳用具来实现。否则，整个音乐音量水平必须进行修改，以保证与扬声器处于 3 米以内距离的人群，不会暴露于高于一个活动每日个人音量承受水平 107 分贝的音量，或者最高声压值高于 140 分贝的音量。在任何情况下，观众与扬声器间的距离都不能少于 1 米。

577 在活动每日个人音量承受水平可能超过 96 分贝的情况下，要通过各种方式，如在门票上、广告中或者入口处的公告处，提前告知观众其听力可能会

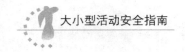

因此受损的风险。

578 除了音乐以外，其他的噪声源也需要得到合理的控制。尤其应该限制来自烟花的噪音，保证在观众区域的头部高度处，烟花的噪音不会超过最高声压值140分贝。在活动前，活动组织者要与专业烟花技术员商量这个要求，因为如要达到这个要求，可能需要调整装药密度和所部署的高度。

579 其他噪声源也会增加整个活动制造的整体噪音水平，如游乐场的音乐和特许经销商带到现场的声音系统。因此，还要考虑对这些噪声源进行评估和控制。

三、噪音评估

580 为了保证能有效管理声音与震动水平，很有必要考虑到其对场馆外临近社区的妨害、活动前对预期音量水平的评估、活动期间对声级的控制以及护耳用具的使用。根据《工作噪音规章》（2005）的要求，对观众噪音暴露水平和场外噪音妨碍水平的评估最好结合针对工作人员的噪音评估。

581 这个评估应该包括以下内容：
（1）观众区域内可能的声级。
（2）为保证观众区域内可能的声级符合上述第573条中的要求所采取的必要措施。
（3）如果观众区域内可能的声级有可能超过第577条中的要求，那么，对观众提供事前提醒尤为必要。
（4）任何一个工作人员所接受的噪音暴露水平是否达到或是超过《工作噪音规章》（2005）中规定的任何干预水平。
（5）要确认需要标识出"需采取护耳措施"区域的准确位置。
（6）就活动期间监控和管理声级做出的安排。
（7）场馆外可能的声级。
（8）组成音响系统的扬声器的方位、排列、类型和规格。所使用的音响系统的设计、构成、陈列和位置，能在很大程度上帮助控制和管理噪音水平。这包括管理场馆内和场馆外附近社区的音乐噪音和震动水平。
（9）声音特别是低音、超低音和震动能量，它们通过演出舞台、地面和建筑物进行传播的可能性。

582 处于低频和超低频的声音和震动能量有可能会损害建筑结构的完整性，特别是相对较轻的临时性建筑结构，如舞台、照明装置、棚架平台、大型影像屏幕和临时观众席。对此的评估应该包括针对与低频和超低频的声音和震动相关的风险进行的分析，并且针对测量震动、评估其对建筑物产生的影响以及地面传播的振动，要参考英国标准 BS7385-1：1990 以及 BS7385 的第二部分（1993）。

583 当评估识别出低频和超低频的声音和震动可能造成的潜在危害时，应该提出建议去降低这些危害，以达到可接受的水平；并在活动的彩排、调音及表演阶段，监控低频及超低频的声音和震动。

四、控制声音和震动水平

584 控制工作人员暴露于噪音和震动的措施包括以下各方面：
　　（1）限制工作人员处于噪音环境下的时间长度。
　　（2）限制彩排和调音期间的音乐噪音水平。
　　（3）对一些工作人员不需要完全听清音乐就能恰当执行任务的工作区域进行屏蔽保护，这些区域包括后台、舞台下方、舞台侧翼、艺人和嘉宾接待区域、急救区，以及用于组织活动、安保、控制和行政管理的区域，等等。
　　（4）在有可能超过每日个人音量承受水平 85 分贝的第一干预水平的区域，以及没有其他可行办法使噪音水平降低到该水平以下的区域使用护耳用具。

585 要确保在正确佩戴护耳用具时，人暴露于的音量在《工作噪音规章》（2005）规定的第二干预水平或者最高干预水平以下。该规章要求，在提供护耳用具的地方，工作人员必须在听觉保护区域正确地佩戴护耳用具。

586 工作人员的护耳用具应由雇用者提供。应该把护耳用具分配给活动风险评估中识别出来的处在风险的工作人员。此外，也应该在护耳区域附近的区域（活动风险评估中识别的区域）提供护耳用具作为备用用具。如果使用公共商店或者自动售卖机来售卖护耳用具，必要时应该要检查这些护耳用具的损耗情况，并且在每个活动开始前及活动过程中补充护耳用具。

587 如果在场地内的个体经营户可能暴露于超过《工作噪音规章》（2005）中第一干预水平（每日个人音量承受水平 85 分贝）的噪音水平，则要以书面形式告知他们，让他们遵从活动的噪音暴露控制管理体制，并强调他们必须自行准备护耳用具。

588 针对一些特定的工作人员，如音响师和表演人员，通常有讨论指出，他们

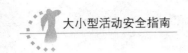

需要能够听到至少与观众听到的水平一样的音乐。这通常导致他们经常性地和重复性地暴露于超过《工作噪音规章》（2005）中第一干预水平的噪音水平（均能声压水平 85 分贝），并伴有听力损害的严重风险。

589 现在，被动或主动地使用一些护耳用具可以同等地减少各种频率范围的声音。这已经被音响师和音乐家等成功地运用以减少他们在高音乐噪音环境中的暴露，同时不会在不可接受的范围内降低他们听到的音乐的质量。活动组织者应鼓励相关的工作人员使用这种专业的护耳用具。

590 为了保持效果或者强调那些压轴的主要表演者，声级通常会在活动中升高。当这种情况很可能发生时，较早登台的表演者的声级应该设置在一个较低的水平，以留有空间提高声级，从而使得整体声级不会超出限制。

591 在整个活动中，如果音响系统的控制工作会从一个音控师手中交到另一个音控师手中，则要将整个声级监控和控制系统告知所有参与到其中的音控师。

五、监控声音和震动水平

592 在活动的彩排、调音及表演环节中，有必要对声音和震动水平进行监控，以对声音和震动水平进行很好的控制。

593 持续地或者在一连串的短时间段内（如最多 15 分钟）进行监控，可以明确活动的整体噪音水平。针对观众的噪音水平，应该在演出场地中声音最大的地方的头部高度的位置进行检测，通常是在舞台前的护栏处。正如之前所说的那样，如果在其他地方如在前台混音台位置测量声级，就需要在最初评估时预估一个修正值，以显示测量地点和声音最大的位置之间的声级差异。

594 在活动期间，参与监管与控制声音和震动水平的工作人员需要保持顺畅的沟通。如果监控显示出声音和震动水平有超过相关限制的倾向，则需要立即建议音响师调整音响系统。所有音响师均需听从负责声音和震动水平的整体控制的指定人员的指示。

第十七章　特效、烟火与爆竹

一、雾和水汽特效

595 描述特效时,"烟"这个字常常通俗地用于指代雾。严格意义上来说,烟包含了燃烧过程产生的悬浮在空气中的固体颗粒,而雾是由悬浮在空气中的液体水滴组成。雾可以由各种各样的过程产生,但不能通过燃烧产生。本章只将造雾过程考虑在内,三个主要的造雾方法是加热雾、低温雾、机械雾。

(一) 加热雾

596 当使用加热造雾器时,要始终参照制造商的说明书,以保证在机器中使用正确的雾液。雾液构成成分、温度控制和制雾机器的设计之间的关系非常重要。使用不恰当的雾液可能会导致加热不足,因而造成残渣遗留;或者变得过热,导致雾液分解并产生有害的副产品。绝对不能在泵推进式的乙二醇制雾器里使用矿物油,因为这会造成火灾隐患。

597 关于加热造雾器的维护和清洁,要小心地遵循制造商的说明书。不要修改或忽视造雾机器的自动调温器,并且不要使用受污染的雾液。不应该因为要更改雾的颜色而在雾液添加颜料或染料,从而导致更改雾液的组成成分。加热的时候,添加其他的物质可能会使雾不安全或不适宜呼吸,阻塞或损坏机器。在灯光处使用滤色片来照明雾即可产生彩色雾。在没有制造商的批准之下,不应该把香料和气味添加到雾液当中。

(二) 低温雾

598 由于制冷剂温度极低,须小心处理并遵照制造商的安全建议。只有在穿戴设计合格、不可渗透、绝缘良好的手套时才能处理干冰(固体二氧化碳),因为仅仅是短暂的皮肤接触都会导致严重的冻伤和水疱。在具有很好隔热性的容器中存放干冰是可行的,但这些容器需要带有排放口,并放置在通风良好的区域。因为小块干冰易迅速汽化,所以建议直到要立刻使用之前都不要打碎大干

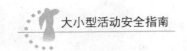

冰块。

599 当处理液氮时要特别小心，因为它温度极低，与皮肤接触时会引起严重的冻伤。在处理液氮时，要穿戴设计合格的长绝缘手套和面罩。这能保证没有皮肤暴露在外，可避免被液氮泼溅的危险。应将液氮存储在其本身提供的容器中。和所有制冷剂一样，液氮的储存应该要有排气口，否则会导致容器破裂。使用者应向液氮供应商获取更多关于制冷剂存储、处理和使用的信息和建议。

600 因为温度低，所有制冷生成的雾会倾向于停留在较低的位置水平。此外，雾中由干冰造成的二氧化碳比空气更重，所以它们会很快移动到可到达的最低位置水平。但是，低温爆发技术可以用来在高空制造雾化效果。

601 二氧化碳和氮气可导致窒息，它们的浓度过高会对观众、表演者和舞台工作人员造成危险。因此，保持良好的通风十分必要。尤其需要注意室内场馆的乐团席，以及任何其他密闭空间，如舞台下方的地下工作室和储物区，因为气体可能会通过入口和裂缝流入这些区域，并对人们产生危险。此外，任何人都不允许在制冷而成的雾气中躺下。

602 在最初生成了雾之后，水汽逐渐变得不可视，可能很难确定气体的浓度。在真正使用于表演前应对此进行测试，如果在测试中对气体的浓度有任何质疑，应咨询专家意见以监控氧气和二氧化碳的含量水平。

（三）机械雾

603 用于生产机械雾的方法有三种：加压水、裂化器和超声波。所有这些方法都是使用一个机械过程去操控流体在不需要加热或制冷的条件下制造雾。

（四）一般要求

604 英国健康与安全执行委员会的《娱乐时使用的烟和雾特效》（*Smoke and vapour effects used in entertainment*）提供了娱乐时使用烟和雾特效的指导。在可能出现不利健康的特效时，使用与管理烟和雾特效要遵循《管制对健康有危害性的物质规章》（2002）（Control of Substances Hazardous to Health Regulations 2002，COSHH）。应对用于制造雾的物质以及雾的构成成分进行风险评估。只要是合理可行的，则必须要消除或控制任何被识别出的风险。供应商和制造商应该要提供所需的信息，以使风险评估顺利开展。

605 根据英国健康与安全执行委员会的指导笔记 EH40 或《工作场所暴露限制》（2005）（*Workplace exposure limits* 2005），一些用于制造雾特效的物质具有工作场所暴露限制（WELS）。这些限制应该在制造商所提供的信息中被提及。在这些水平以下的暴露，尽管对幼儿、老人和气喘病患者可能产生危险，但应该对大多数人不会产生不良作用。

606 除了《管制对健康有危害性的物质规章》（2002）（COSHH）中针对化学危害物的风险评估外，还要按照《工作健康与安全管理条例》（1999）进行总体的风险评估。这些评估应考虑所有可能受影响的人群，包括制雾器的操作者、表演者、观众成员和其他工作者。对那些更可能受到影响的人群要予以特别注意，如幼童、老年人、气喘病患者和其他呼吸道敏感的人群。如果对某个雾特效可能会造成的暴露水平有任何疑问，应持续进行现场监控。

607 如果在表演中会使用到雾，则要展示提醒、提示或者在门票上打印警示。有必要的话，在使用雾之前可用语音警示的方式加强这些警告。

608 将制雾器设置在一个固定的位置，确保其得到足够的、切实的保护，且不会受到未经授权人员的干涉影响。任何时候都应由一个合格、称职的操作员来操作制雾器。制雾机器的出口（排放口）应该始终在操作者的直接视野范围内。

609 制雾机器里的一些组件可能会变得非常热，所以要遵守常规的火灾安全预防措施。工作人员应该给予该机器充足的通风，并且在紧急情况下可以接近与到达该机器。使用制雾器时，在计划喷雾的区域应该有充足的、良好的通风。在允许观众进入的区域，雾的量应该限制在能达到所需效果情况下的最小值。

610 必要时，可使用风扇去引导雾气流向预期区域，以防止雾团在释放的位置形成混乱，或飘向场地的其他地方。不要释放或允许雾气进入出口、出口通道、楼道、逃生路径等，也不能允许其遮挡出口标识或防火设备。

611 在允许使用烟或雾特效前，地方政府和消防部门要考虑任何安装在场馆内的自动火灾报警器或火灾感应系统的位置，因为烟或雾可能会不小心触发该系统。

612 使用制雾器可导致逐渐积累油滑的残留物，这通常可以在金属表面或密封混凝土底板上看到。然而，工作人员还应特别注意保证残留物不在桁架、伸展台、楼道和类似的地方积累，以避免产生滑倒的危险。残留物还可能被卷入或吸入电子设备的空气过滤器中，并引起堵塞。

613 除非所用设备的类型为通用型，否则健康与安全检查员会要求活动组织者提供关于雾的无毒性和不燃性的记录证据或文件证据。

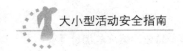

二、闪光灯

614 活动组织者应慎重考虑闪光灯的使用，因为在某些条件下它们可能会引发对闪光敏感的人的癫痫症。使用闪光灯的任何时候，都要在活动入口处或者节目表中设置一个预先警告。

615 如果使用闪光灯，则要保持闪烁频率在每秒 4 次或以下。低于这个频率的话，预计只有 5% 的对闪光敏感的人群会处于疾病发作的危险。这个闪烁频率只应用于在直接视野里任何一组灯光的整个投放上，但如果使用多于一个闪光灯时，闪光应该是同步的。

616 为了进一步减少风险，应将闪光灯安装在头顶高度以上且尽可能高的地方。可能的话，灯光应通过在墙面和天花板上反弹或者通过其他途径漫射开来以减少刺眼的影响。不应在过道或楼梯上使用闪光灯。工作人员应避免长时间连续地操作闪光灯。可以在英国健康与安全执行委员会健康与安全地方局（HELA）的指导笔记《迪斯科灯光和闪光敏感性癫痫》（*Disco lights and flicker sensitive epilepsy*）内找到更多信息。

三、激光

617 在娱乐应用中使用激光的情况近年已经增加，常见于演唱会、夜店、展览和户外活动中，大多数这样的活动会涉及使用可以引起眼睛受伤和在使用不当的情况下造成皮肤灼伤的激光产品。因此，对于制造商、供应商、安装者和使用者而言，针对使用这些设备可能引起的暴露风险，正确评估是十分重要的。

618 英国健康与安全执行委员会已经发布了关于在这些活动中使用激光的详尽指导——《用于显示目的的激光的放射安全》（*Radiation safety of lasers used for display purposes*，HSG95）和说明性小册子《控制显示激光器安装的放射安全》（*Controlling the radiation safety of display laser installations*，INDG 224）。此指导描述了使用激光的法定责任，并针对显示激光的安全评估给予了实际的建议。活动组织者应该保证生产、供应或安装显示激光装置的公司及其使用者如场地运营者，熟悉这个文件的内容。如果活动组织者计划在活动中使用激光，要确保通知地方机构及健康与安全检测人员，并且需要任命一个激光安全官。

619 保证显示激光的安全主要涉及两方面：①识别出具有危害性的光线；②个人接近或使用激光的限制。《用于显示目的的激光的放射安全》在如何做到安全这一点上给予了实际的建议。在不太可能限制接近或使用激光的情况下，比如在特意的观众扫描过程当中（观众扫描是指激光直接射向观众如扫描状——译者注），保证显示激光的安全更多集中在控制光线危害上，以至于激光不超过合适的暴露限制。扫描光线的高度尤其重要，比如要设在高于舞池观众以上的高度，建议设在离最高舞池最少 3 米以上的高度。

620 激光器操作员无论是通过测量还是计算，都需要有能力评估显示模式，使光的放射水平能够保持在合适的限制之内。激光的最大可允许暴露水平（MPEs）被公布在 BS EN 60825－1：1994（amd 2 1997）中。那些与评估显示激光的安全相关的光放射水平信息都包括在《用于显示目的的激光的放射安全》内。

621 最大可允许暴露水平（MPEs）不是法定限制，但它们都是建立于针对组织损伤临界值的良好的国际共识之上，并出于安全保证和强制的目的，被英国健康与安全执行委员会采纳，具有权威性。

四、高功率（布景）投影仪

（一）氙气和 HMI 灯光系统

622 操作者应该能够胜任针对氙气和 HMI（Hydrargyrum medium-arc iodide）灯光的特殊处理程序。低温时，氙气灯可能会发生爆炸，因此在处理灯光时应该佩戴覆盖手腕动脉的长手套或铁手套、胸部保护以及覆盖脖颈动脉的全脸保护面罩。通电时，氙气和 HMI 灯会达到高压，如 30 巴尔（bar，压强单位）。通电时，这两种灯会达到高温如 95 摄氏度。通电时，任一种类型的灯都可能发生爆炸，并伴随来自飞溅玻璃、燃烧物和火苗的危险。当安装氙气灯时，应提醒其他工作人员相关的危险，并告知他们在安装灯所需的几分钟中腾出附近的位置。商用的高功率投影仪的灯罩都被设计成能经受灯管爆炸并且能够把玻璃控制在灯罩里面，即便灯管爆炸是发生在通电的情况下，如果正确安装和使用的话，它们应该不会对观众造成危险。

623 氙气灯和 HMI 灯会产生大量的紫外线（UV）辐射。商用高功率投影系统被设计为能够把这些紫外线辐射控制在投影仪内，因此，其在正确使用的情况下应该不会对观众造成风险。

624 氙气和 HMI 灯的光弧是十分明亮的，其灯罩一般都会经过设计以使操作者不会直接看到这些光弧。应注意确保人们不会陷入灯光对其造成"眼盲"

的风险中，特别是如果他们在黑暗环境中四处移动时（如当进入或离开场馆时）。

（二）一般要求

625 所有类型的高功率投影系统都需要非常大量的电源提供。其中典型的有，用于单个投影仪的氙气灯的 32 A 三相电源和用于单个投影仪的 HMI 灯的 32－63 A 单相电源。为高功率投影仪安装的电力系统应该把这些电源需求考虑在内，并且应根据这些需求来设定电缆布线（参阅本书第十章"电气装置与照明设备"）。活动组织者应提供充足的干粉灭火剂或干冰灭火器，以保证覆盖布置了布景投影仪的所有区域。

626 投影架应该符合安全工作的条件，工作人员要仔细查核已选定投影系统的重量和尺寸。安置投影器时，还要考虑在投影系统周围留出足够的工作空间（参阅本书第八章"建筑结构"）。在室外使用的投影设备应该设置在一个不受天气影响的投影建筑结构上。在运作时，水一定不能进入投影设备。应保护投影设备免受未经许可的干扰，并在使用时总是配备一个合格的技术人员，或者在使用时有一个合格的技术人员可以随时接触和使用该设备。

五、紫外线

627 工作人员应保证正确地使用灯，以限制紫外线暴露，特别是中波紫外线（UVB）的暴露。为了消除中波紫外线，一些灯会有一个双外层，也有一些制造商提供具有单独过滤器的灯罩。当灯的外层破裂时，或罩着灯的过滤器不到位时，不应使用灯。

628 紫外线灯的操作人员需要认识灯光的发散特点，并根据其特点确保不会超过紫外线的暴露限制水平。如果替换灯或者其他部件可能影响到光的放射输出，则遵循制造商的意见是十分重要的。除非了解制造商提供的关于灯的说明书，不然有可能会安装了错误的置换灯。例如，可能会错误地把杀菌灯用在一个娱乐应用中。

629 应该针对在活动中使用紫外线进行风险评估，这个风险评估应该考虑观众、表演者和工作人员在灯光中的暴露程度，特别要考虑与光敏反应相关的方面。

六、烟火

630 户外烟火表演和舞台烟火表演之间的差异，简单来说就是：户外烟火表演通常自成一种娱乐；而舞台烟火表演通常用于加强一个特定场景或一首歌，或者吸引观众的注意力到舞台布景的某处，或从舞台布景的某处吸引到其他地方。

（一）规章和控制

631《烟火（安全）规章》（1997）［Fireworks（Safety）Regulations 1997］是首要的控制烟火供给和烟火持有的规章。此规章中规定，只有英国标准分类里的1、2、3类型中的某些烟火可以供应给公众。类型4和更大的类型2和3烟火不能供应给公众，可能只能供应给指定的群体，此指定的群体包括一些专业的烟火表演组织或运营者。允许持有烟火的最小年龄要求是18周岁。

（二）授权许可和产品安全

632 经《爆炸品在市场上销售与爆炸品的运输监督规章》（1993）（Placing on the Market and Supervision of Transfers of Explosives Regulations 1993）修正的《爆炸品法案》（1875）（Explosives Act 1875，EA 75）要求，使用烟火需要获取授权许可。议会文件中的规则6、6A和16严禁持牌商店或已注册的处所持有未被授权许可的爆炸品。英国健康与安全执行委员会可以给予相关组织授权许可，同时根据《爆炸品分类和标签规章》（1983）（Classification and Labelling of Explosives Regulations 1983）的要求发出等级分类和一份合格授权文件（CAD）。分类要求和授权要求的作用是，确定只有这份文件中列出的爆炸品才可以被生产制造、存储、运输或者供应。英国健康与安全执行委员会已经出版了《在英国授权许可爆炸品的条件》（Conditions for the authorization of explosives in Great Britain，HSG 114）。

633 烟火的参考标准是BS 7114（1988）：第1～3部分。至于在英国国家标准里面没有特别要求的类型4烟火，应该要满足授权许可的条件中所提出的要求。

634 活动组织者应从可以证明其产品已被授权和分类的供应商处获取烟火。供应商应该提供烟火的详细说明书和指南，并在产生问题时能够提供建议和支持。

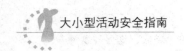

（三）烟火的保管

635 经《爆炸品控制规章》（1991）（Control of Explosives Regulations 1991）修订后的 EA 75 要求，爆炸品要存放在合法储存地。若需要更多信息，建议联系地方政府相关部门或者英国健康与安全执行委员会。

（四）运输到场地

636 烟火和其他爆炸品的路面运输要遵从《危险物品运输和使用可运输压力设备规章》（2004）（Carriage of Dangerous Goods and Use of Transportable Pressure Equipment Regulations 2004）和《危险物品的路面运输（驾驶员培训）规章》（1996）［Carriage of Dangerous Goods by Road（Driver Training）Regulations 1996］［后被《危险物品运输规章（修订）》（1999）（Carriage of Dangerous Goods（Amendment）Regulations 1999）修正］。这些规章指出许多各种不同的操作问题处理方法，包括车辆的选择、危险告示、最大可运载总量、运输信息和驾驶员的培训。

637 任何烟火必须以合适的包装和经英国健康与安全执行委员会归类的形式来进行运输和运送到场地。关于这方面的具体要求可以在合格授权文件（CAD）中找到。《爆炸品分类和标签规章》（1983）和《危险物品运输和使用可运输压力设备规章》（2004）管控爆炸品的分类和包装。

（五）风险评估

638 无疑，在确保活动顺利和安全运营中，烟火表演的规划和布置是重要的因素。

639 执行烟火风险评估时需考虑以下因素：
- 表演场地的位置和布局

（1）应考虑到一个烟火的燃烧碎屑意外点燃另一个烟火的风险。若要点火者能够安全撤离该区域，燃烧区域的布局和大小是否足够？

（2）考虑到那些烟火的故障所带来的风险以及其他可能性。烟火点燃和燃烧所需的安全距离是否足够？

- 设置烟火

（1）考虑到对做这项工作的人和其他包括公众在内的人员造成的风险，在设置烟火时是否已采取足够的预防措施？

（2）是否已经充分考虑了那些可能会猛烈爆炸或者投射碎片的炮弹和其

他烟火所带来的风险,并且已经有足够的预防措施?

(3) 是否已经考虑到烟火带来的噪音水平?(关于音级的指导可在本书第十六章"声音:噪音与震动"中找到)。

● **燃放与清理**

(1) 是否已经充分考虑到与表演操作相关的风险,以及采取足够的预警措施?

(2) 根据《劳动健康与安全法》(1974)的第 4 部分,在活动中涉及工作的任何地方,为活动提供场地的人可能要承担相关责任。很可能在一个音乐活动中会有几个雇主。《劳动健康与安全管理条例》(1999)要求不同雇主之间进行合作,以保证所有的风险评估彼此协调。

目前已经有大量可用的关于设置和燃放烟火的指导。关于这方面可参考英国健康与安全执行委员会的出版物《共同工作于烟火表演》(*Working together on firework displays*),以获得相关信息。

七、戏剧和舞台烟火的使用

640 从小型戏剧表演到大型摇滚演唱会,舞台烟火被使用在许多活动制作当中。由于舞台烟火属于爆炸品,应了解用于娱乐产业的烟火类型所带来的危险。

641 所有舞台烟火特效会产生光、色、热、声和烟,或者是其中两种或以上的元素的结合。除了一种或两种特例情况,烟火依赖于化学物质的引燃以制造燃烧反应;这可以是自然发生的或者经过一个更长时期酝酿的。一旦被点燃,烟火设备几乎是无法熄灭的,因此,必须小心选择烟火。

642 为保证安全,要考虑以下方面:

(1) 应从经认可的制造商处获得烟火。自制烟火是非法的,并且可能在表演中是不可靠的。

(2) 应该只能通过一个控制系统点燃烟火,这个系统无论是机械的还是电力的,都必须是经过设计的,并具有足够的安全特征。

(3) 使用者,即操作者,应该具备足够的经验和知识,以保证不仅能正确和安全地使用特效,还能处理任何不可预见的情况。

643 使用烟火的其中一个最常见问题是缺乏预先规划。活动通常都是需要烟火的,但是有时是到了很晚才做决定,导致活动组织者在所有其他事情都设置好之后才尝试把烟火合并在演出当中,如很晚才在舞台顶棚设置烟火。如果进行

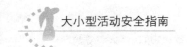

预先规划的话，可以克服许多问题，并减少不必要的风险。

（一）规章

644 戏剧和舞台烟火所受的立法管理的约束和户外烟火一样（参阅本书第631～637条）。

（二）通知和检查

645 活动组织者应提前告知地方政府活动使用舞台烟火的计划。书面通知里应该包括以下细节：数量、类型以及一个对烟火类型的简单描述。通知文件里通常包括图纸或者布置安排，以展示每个舞台烟火的位置。如果在沿海水域附近使用户外烟花，则需要通知海岸警卫。

646 应由合格的人员进行包括针对在活动中使用的舞台烟火的风险评估。活动组织者还应核查烟火公司或者每个烟火技师的保险保障、保险范围、金额。

647 活动组织者要安排检查计划好的烟火和它们的操作位置。在剧院里，这常常可以在表演或开幕夜之前完成。而对某些活动而言，这通常是不可能的，检查通常会在活动当天进行。任何活动的烟火部分通常和活动的其他部分一起考虑，比如绳索、挂帘等。烟火部分通常是最后安装设置的，电缆经常是最先安装设置的，也就是说，直到整个布置就位之前，没有办法准备好烟火装置。

648 对于任何不熟悉的烟火，或者担心在某个特定位置是否适合燃放烟火，活动组织者可以要求供应商进行演示。这个演示应该在活动期间放置和燃放烟火的位置进行，除非有非常好的理由不在此地做这个演示。

（三）安全考虑

649 活动组织者应该在检查期间解决任何关于烟火、燃放系统、烟火操作员、公司等的问题。

650 活动组织者应考虑如下一些方面：

（1）烟火在所选定的位置安全吗？烟火离布景、观众、其他设备和舞台上任一工作人员之间是否有足够的安全距离？

（2）如果有的话，哪种类型的烟火是高空的，例如，空中爆炸类型或飞流直下类型？哪种类型是接近或远离舞台边缘的？例如，要考虑放置在靠近显示器或监控器的烟火可能会产生风险，因为许多显示器或监控器尽管被制造成可以经得起大量的巡回演出，但其泡沫里料相当容易燃烧。

（3）其中可能发生的最危险的烟火是花炮烟火或震荡烟火。活动是否采

第十七章　特效、烟火与爆竹

用了这样的烟火？它们设置在什么地方？花炮或震荡烟火必须放置在远离所有人群的地方，并且花炮烟火只能在一个具有规定警告标识的特定建造的弹舱内点燃。一个警示灯系统也是一个有价值的、额外的安全预防措施。

（4）是否有任何烟火会产生特别大的噪音？本书已在第十六章"声音：噪音与震动"中给出了关于音级的指导。

（5）检查每一张挂帘的证书，特别是在户外举办活动时，因为挂帘可能会被弄湿。

（6）地板的状态是怎样的？它应该是牢固的，且没有地板裂缝可以让火花点燃地板下面的存储物。

（7）烟火设备是否会产生任何辐射尘？如若有，产生的范围边界在哪里？这些辐射尘是否是高温的？

（8）应保证没有烟火设备设置在场地的紧急出口的上方或穿过紧急出口。

（9）在表演期间，不使用的剩余材料存放在哪里？尽管情况较罕见，但表演期间也可能会进行一些重新装填烟火的工作，或者在同一个场馆设施里可能会有几个带有烟火表演的演出。剩余材料应该储放在一个安全的和合适的箱子里，并且不能放在舞台的边侧。

（10）检查是否有已经可用的、足够的和合适的灭火设备（包括水和二氧化碳类型的），并且确保工作人员知道如何使用它们。

（四）点燃和控制系统

651 点燃和控制系统应该作为检查的一个核心部分。控制器必须是为了烟火而特别设计和制造的，而不能是从一些其他地方改装过来的。控制器最重要的特性是，它通过一个可取出的钥匙来操作，这个钥匙由操作员时刻保管着，并且只有在测试或点燃烟火的时候才插进控制器中。在任何情况下，不可以在任何其他时间内把控制器钥匙插进控制器中。

652 在任何时候，烟火技术人员必须对要点燃的装置有清晰的视线，以保证没有人靠近装置，或者没有东西遗漏在装置上。在较大型的活动中，这并不总是可行的，所以通常在较大型的活动中会有2个或更多的烟火技术人员，他们用无线电或闭路电视保持联络。

653 应该用电力点燃所有烟火，但有一个或两个特例情况，比如用闪光纸。在室内的情况下，用手点燃烟火是不必要且不安全的。电力点燃的意思是，用电缆连接安装在烟火装置里面的电力点火器，烟火可以通过它被立刻点燃，这已经被证明是极度可靠的。无法点燃或不发弹是非常罕见的情况，而且如果一个

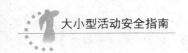

烟火装置不马上启动，则再晚点也是几乎不可能启动的。并且，要断开任何连接着无法启动的烟火装置的电路，这在物理上是非常简单的，因此，可以把这烟火装置和控制器上任何接下来的烟火点燃分离出来。现在也有人使用发送器和接收器来点燃烟火，或使用电脑系统来点燃烟火。

（五）操作

654 需要有一个人负责烟火所有方面工作，包括点燃。烟火技术人员对其他工作人员、表演人员和观众负责，包括为他们提供合适的个人防护装备［《个人防护装备规章》（1992）］。比如，在产生噪音影响的地方应该提供护耳设备。他们也应该保证有急救箱、洗眼箱和灭火设备可供使用。

八、烟火的种类

655 需要特别小心那些会产生以下特定种类的烟火：
　　（1）甚至在回落到地面之后还可能在一定时间内保持高温的火花或辐射尘（比如星辰状烟火、喷泉状烟火、舞台喷泉状烟火、撒克逊式烟火、空中爆炸式烟火）。
　　（2）在大片区域散落的辐射尘（比如瀑布式烟火、撒克逊式烟火、空中爆炸式烟火）。
　　（3）一个相当大的响声（比如星辰状烟火、空中爆炸式烟火、花炮烟火）。
　　（4）相当高温（比如带色彩的烟火）。
　　（5）相当大数量的烟（比如烟雾弹、有色烟、喷泉式烟火、瀑布式烟火）。
　　（6）会污染最临近的区域中任何东西的有色燃料（比如有色烟）。
　　（7）明火（比如火焰式烟火）。
　　（8）可以被点燃或指向观众的烟火（比如彩带、闪光粉、五彩带装置）。

（一）大炮

656 因大炮威力巨大，必须要小心使用和放置这些设备。必须禁止它们指向人群。因为在点燃时会有很强的反冲，所以应把它们牢牢地固定住。炮弹里面的东西被用高速及很大推力向外推出，其在减速前可飞射远达 10 米。

（二）花炮、震荡炮

657 尽管它们是最流行和广泛使用的烟火之一，但可能也是最容易被误用和最易发生危险的。花炮以很大的力量爆炸和裂开，并产生巨响。比起花炮，震荡炮产生更多的轰隆噪音。震荡炮的装置是一个大容量的小钢制研钵，它的使用需要有和花炮一样的安全程序。

658 花炮必须只能在正确地建造的弹舱内使用，而不能用垃圾箱、废纸篓、旧水槽等替代。弹舱应该设置在舞台区域以外的地方，并且与所有人和易燃物隔离。谨慎放置弹舱是很关键的，并且必须小心对待打火装置或者紧邻弹舱的其他物体。设置弹舱的最好位置是子舞台。在弹舱使用时，应该把写着"危险，请勿靠近爆炸物品，弹舱正在使用"的警告提示放置在各个进入点。每个人都必须远离弹舱区域。建议建立警报灯系统，并且应提供相关的护耳用具设备给所有工作人员使用。

第十八章 露　　营

659 在许多活动中，露营已经不再是偶然性事件或是其他住宿的替代品，而是活动中不可分割的部分。露营区应该设在指定的活动场地当中，并被纳入活动规划的一部分。应该强调合理的规划，以确保不仅是在娱乐活动的许可期内，而且在露营活动的整个期间都能提供足够的服务与设施。

660 在偏远区域或音乐开始较早或结束较晚的地方，即使人们没有露营的打算，也可能需要为露营做应急准备。也要考虑到工作人员露营以及摊贩露营事宜。

661 为人们露营提供的服务包括火、现场工作人员、医疗设施、供应水等，这些在露营者被允许在现场停留的时间内都应该被提供。应确保活动的广告和公示注明了露营区的开放和关闭时间。如果很可能有大量的露营者在活动结束后留下来，则要考虑在不对他们构成风险的情况下逐渐关闭场地，以鼓励他们离开。

一、场地设计

662 露营区需要有合理的、良好的排水，需要地势平坦，并且要剪短草以把火势蔓延的风险降低到最小。不允许在残株上露营。把露营区分为各自较小的区域，以达到以下目的：
（1）给露营者提供一个可辨认的区域。
（2）顾及每个区域的管理。
（3）控制每个区域的密集度。
（4）提供信息和沟通。

663 包含露营的音乐活动很可能吸引各种各样的人群，专门为家庭露营创造一个独立的区域会比较令人满意。活动组织者可以用简单的措施来划分不同的区域，如使用标杆和边带。在较大型的活动中，可能有必要使用一些物理屏障来阻止露营，比如用金属板铺设出来的临时轨道、碎石路等。有可能的话，在进行场地布局时，应该在场地中间提供一个娱乐区域，然后在其周边设置露营区，露营区之外设停车场。这样，人群可以分散移动，远离活动的中心。非常重要的是，针对露营区布局的规划应该在各个相关机构之间实现整合，以使场地特征和地点描述对所有机构来说都是一致的。

664 场地安排和边界设置需要考虑到自然危险物，如池塘、沟渠、河流等。也可能需要评估其他危险物，如输电塔，以防止人们接近，或防止因放风筝和使用拴住的商业气球等活动引起的电击的风险。

二、场地密度

665 经验表明，对摇滚或流行音乐活动来说，每公顷430顶帐篷的密度是比较符合实际标准的。在以家庭为主的活动中，也就意味着有更大的帐篷和每个帐篷有更多的居住者。这种情况下，露营区密度需要减少，大概帐篷数要减少将近50%。

666 最好在每个帐篷之间腾出间隔距离，使场地免于火灾、绊倒等危险。向进入场地的人们提供标示露营区的信息和地图，并在露营区满人的时候确保有足够的工作人员指引人们到合适的区域。

三、隔离车辆、居住车辆

667 最好把露营区域和停车区域分离开来。这是为了消除以下方面的风险：
（1）驾车兜风。
（2）汽车火灾。
（3）汽车失控。

668 应尽量缩短停车场和露营区之间的距离，并考虑为露营者提供来往露营区与停车场之间的内部交通。对于需要携带大量装备的有孩子的家庭来说，这点尤其重要。

669 在特定情况下，在一个平坦的场地并且观众顺从（比如家庭观众）的情况下，允许停车和露营在同一个区域可能是合理的。如果计划允许露营区和停车场相邻，则需要大量减少密度，为增加的道路和间隔提供空间。特别需要注意的是，活动组织者要提前设计露营区，这样的话就不会发生帐篷和车辆阻塞的情况。在专门提供给有特殊需求的露营者的区域，可能可以允许车辆和帐篷混合在同一个区域。

670 如果允许可居住车辆（如行卧两用车、露营车、旅行居住车或改装车辆）停在场地，则要为此另设一个特殊区域。这些车辆不能在停车区域用作露营。

四、信息、组织和监督

671 在门票上应写明关于场地限制的信息，如不准携带不经许可的播音系统、营火等。要在场地的重要地点（包括露营区）提供信息，这些信息要包括一个标有"你在这里"的地图，以及引导人们通往重要设施的关键信息，这些重要设施包括厕所、水、医疗设备、消防点等。活动组织者应确保包含场地安全和限制的信息简单可得（在一个大型活动中，可以由一天开放 24 小时的、分散在区域内的看守服务做到）。应确保看守服务有广播通讯，并且能够对观众询问的关于个人健康、火灾等紧急情况的信息做出反应。

672 通过将露营区域划分为不同的较小的独立区域，可以给人们一个可辨认的露营区域，以使他们可以更加轻易地返回露营区。在包含许多露营区域和大型娱乐区域的复杂场地中，要在入口给所有露营者提供地图，并且最好提供包含安全建议的信息包。

673 在露营者到达之前，活动组织者要在露营区内安排现场工作人员，以协助露营区的建立，以及监督关键设施如厕所、供火、供应水等。现场工作人员还要负责保证帐篷以最好的方式分布在指定露营区域内。

五、应急规划

674 在有现场露营的场地中，其应急规划要特别注意以下方面：
（1）恶劣天气。
（2）水供应故障。
（3）清理场地的其他需要。

675 在吸引年轻人的特定类型的活动中，对这些年轻群体来说，不带帐篷参加活动并非不正常。同样，带上帐篷参加活动的人也可能会发现帐篷不可用，导致他们没有住处。此外，露营者的帐篷也可能被偷。因此，在观众无法自己解决住宿时，必须提供应急计划为观众提供住处。

676 如果需要提供临时住所，现存的大天幕和帐篷可能是合适的选择。但在天气条件恶劣的情况下，尤其是湿雨加大风的天气，这种大天幕的结构可能不能保证其稳定，因此，可用较小的帐篷作为紧急住所。

677 在大量人群使用公共交通一起来到大型活动现场,在紧急情况中可能无法关闭活动和清除露营区。活动组织者必须将应急设施带到露营区域,而不是将人群转移至其他安全地方。

六、公共健康

678 在基本个人卫生和人们应该或不应该携带哪些食物等问题方面,活动组织者可以给个人提供建议。考虑到露营区的特性是绿地、涉及众多人群、卫生设施较简单且远离护理设施,确保食物销售点和个人卫生符合要求是非常关键的。考虑到涉及人群的数量以及可能要提供的护理数量,爆发传染性疾病的后果将会很严重。要提供足够的饮食设施,如一些通宵营业的食物销售点,为露营者提供基本食物,如面包、蔬菜、牛奶等。

679 用于放牧的场地自然会受到动物排泄物污染,且可能会使露营者受到健康风险,比如感染抗原型大肠杆菌。所以,在公众进入场地之前,除了停车场之外,应尽可能长时间地把动物驱散在活动的所有区域之外。抗原型大肠杆菌可以在环境中存活很长时间。

680 不应允许狗出现在场地中,且应该提前把此信息告知公众。由狗带来的不必要的健康风险包括污染、被狗咬伤以及狗的丢失,这些风险会带来麻烦。尽管提前告知,人们还是有可能携带狗前来,在这种情况下,应该提供相关措施进行处理。

七、犯罪

681 露营者们留在帐篷内的财物很容易被偷走,但露营者可能无法时时把所有财物带在身边。因此,活动组织者应考虑在露营地提供安全的住宿,让人们可以将大件的或值钱的东西留在露营区。

682 露营区需要有充足的照明,且现场工作人员应该在现场巡逻,以阻止单独的或有组织的犯罪行为。巡逻还可以帮助发现其他问题,比如火灾(起火)、营火失控等。

八、消防安全

683 营火会有烧伤露营者、导致帐篷起火等风险,并会产生烟雾污染。营火是

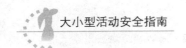

不适宜的，在任何有可能的情况下，都应被劝阻。但是，在某些类型的活动中，事实上不太可能禁止生营火，并且对特定的观众群体来说，更规范的（公共的）营火可能不是一个具有吸引力的选择。在允许营火的地方，要考虑露营者用于燃烧的物料。要考虑提供砍好的木材，以防止露营者破坏树木和树篱，也要考虑露营者使用经燃烧可能会产生有害气体的塑料和其他物料的可能性。

684 在活动风险评估中，要考虑营火的危害和风险，包括以下方面：
（1）经过适当培训的现场工作人员或消防人员。
（2）消防点。至少应该包括发警报的方式，比如一个警钟或三角铃，提供水和水桶，尽管这些在帐篷着火时可能用处有限。
（3）瞭望塔。包括升降平台的瞭望塔，是一种观察失控火势和可疑行为的更有效的方法，此升降平台应有具备无线电话的现场工作人员在岗。这些瞭望塔应该配备灭火器，并且根据活动的规模大小，应具备能使用专业车辆处理火灾现场的能力。
（4）由于垃圾堆积等原因，消防点本身也会变成一个危害物。

九、场地服务

685 保证整个场地的设施一天24小时维持正常运作，并且为人们在场地期间提供服务。所有设施在晚上都必须有照明。

十、急救服务

686 参阅本书第二十章"医药、救护车与急救管理"。在持续好几天的露营活动中，只提供一个急救设备是不够的。活动组织者要预计在活动期间所需医疗、急救服务的人数，这个数目可能会达到一个同等人口数量的社区去一个社区医院求诊的人数（仅限英国的情况——译者注），所以可能需要提供日常的医疗供应、药品等，包括药房设施、牙医和精神病治疗设施。

十一、福利保障与援助

687 参阅本书第二十一章"信息、福利保障与援助"。此外，场地中可能会有很多孩童，必须提供相关设施，包括可能需要有孩童过夜的住宿设施。必须建立关于走失儿童、走散朋友等的沟通渠道和信息发布渠道（参阅本书第二十二章"孩童")。

十二、电话

688 要提供数量适合的电话,并确保这些电话容易被找到、有良好的标识并且每天 24 小时可用,以满足个人联系父母、朋友等的需要。

十三、卫生设施

689 参阅本书第十四章"卫生设施"。在有大面积露营区域的活动中,仅仅通过数字计算来提供和分配设施是不足够的,还需要评估哪些地方、什么时候这些设施会承受更多压力,如不可避免地会在早晨有一个需求高峰。

690 建议制定一个规划,将卫生间、饮用水供应、洗涤设施和淋浴集中在一起,为所有设施创造一个易于辨识、易于找到的地点。要监测卫生间的条件,以保证按要求进行定期清空和清理卫生间,并且要有一个常规的程序化服务。

十四、废弃物

691 应在人行通道和车辆进出通道沿线,且在显眼的地点如卫生设施内,提供废弃物收集容器。要保证对垃圾桶进行定期清空,以妥善处理并且避免造成火灾隐患。有些绿地场地的地势有潜在的危险,在这些场地中可以用牵引车和拖车来运送废弃物。利用回收点回收分类垃圾,可以减少废弃物的数量。

十五、场地照明

692 要提供充足的照明,以便人们在夜间能够找到方向或定位,并要在厕所区域、防火点、咨询处和看守处等提供更亮的照明。要谨慎选择照明的种类,因为发动机噪音以及太亮的灯光、照明塔架可能并不适用于露营区域,但是,它们可能适用于交叉路口、十字路口、设施点等。彩灯可以被胡乱摆弄,因此不会起作用,甚至形成安全隐患。尽可能为露营区提供一些"借来"的照明,这些照明是从旁边有监控的、更高照明度的其他区域"借来"的。

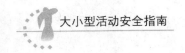 大小型活动安全指南

十六、进出通道

693 应为进出和贯穿露营区域提供车道和人行道，以保证紧急车辆随时通行，并且同时为行人提供安全路线，这些安全路线必须没有绊倒的危险，比如没有扎帐篷所使用的拉绳，等等。

十七、噪音

694 为了防止或降低露营区内潜在的嘈杂行为所产生的影响，活动组织者要进行有针对性的规划，或者针对怎样处理任何造成问题的过夜行为进行规划。根据居住区的性质和其与活动现场的距离，为避免噪音干扰，可能需要对商户的背景音乐进行限制。

第十九章　为有特殊需求的群体所备的设施

695 应尽可能考虑合适的安排，以保证所有有特殊需求的人士能够参加活动，也建议活动组织者准备一个完整的活动参与策略。此策略不仅包含技术问题，而且考虑到各种鼓励和吸引有特殊需求的人士来参加活动的因素。在本书最后的"实用地址"中，提供了一些可供参考的英国组织的详细资料。

696 应考虑为有以下问题的人士提供帮助或所需：
（1）有行动问题（包括轮椅使用者）。
（2）步行困难。
（3）视力和（或）听力受损。

697 活动的宣传或广告应该为有特殊需求的人士提供可以获取场地安排信息的联系方式。

698 当设计活动场地或场馆时，要考虑如何能够最好地安置有特殊需求的人士。这包括提供简易的进出通道，以及在紧急情况中有足够的逃生路径。根据一系列的考虑因素，包括场地的结构布局和内部布置，来决定可允许进入场地的轮椅使用者的数量。

699 作为座位区域的一部分，轮椅区域应该要留有允许轮椅移动的足够空间。一般来说，一个手动轮椅需要大概0.9米宽和1.4米长的空间，电动轮椅则需要更多的空间。

一、进出通道

700 应把提供给有特殊需求的人士的停车设施，设置在最直接通向专门为轮椅使用者独立留出的区域的位置。为了有足够的移动空间，所配置的空间应该要比正常的空间（大约3.6米）宽。在户外活动中，应该把提供给有特殊需求的人士的停车位置设置在最直接通向专门配置的座位区域的地方，以及最直接通向指定的和可达的露营区的地方。活动组织者要考虑在指定的停车位置、露营区和座位区之间安排直接的和安全的进出通道连接方式，并使用平坦的路面

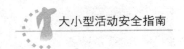

或坡道，以便为从停车区域或下客区前往指定区域的路径设置进出通道。

二、坡道

701 为轮椅提供的坡道要符合英国标准 BS 8300：2001。坡道应要有一个平缓的坡度，且建议陡峭度不应该超过 1：12。坡道每 10 米处应有一个水平的休息区间。坡道还要有升高的安全边缘和扶手。

三、观赏区

702 由于站立的观众能导致移动浪潮，所有参加活动的有任何行动障碍的人士应该被安置在不受影响的区域。当为有特殊需求人士留出观赏区时，该区域应该对舞台有一个清晰的视线，通常把该区域设在混音台架旁边。该区域应用防滑材料建造，且设有通向出口的直接通道。

703 在户外演唱会中，可以安置轮椅使用者于一个开放区域或平台上，且能直接通向厕所设施和小卖部。经估量，轮椅使用者的视平线大约在 1.1～1.25 米之间。

704 许多轮椅使用者会有身体健全的同伴陪伴。确保轮椅使用者所在的区域的空间能够容纳这些同伴，最好能为他们提供椅子，这样就不会阻挡区域里其他轮椅使用者的视线。

四、设施

705 也应该鼓励商户摊位设置不同高度的服务柜台，或者在服务柜台前设置一个通向柜台的进出坡道。厕所（参阅本书第十四章"卫生设施"）应该配置不分男女的、带有轮椅进出通道的厕格，且建议为每 75 个轮椅使用者提供一间不分男女的厕格，同时为看护者等也额外提供厕所。

五、支持、援助

706 现场工作人员或特殊需求协助人员应该值班，以确保为有特殊需求的人士提供的设施可用且达到预期效果。

707 活动组织者应考虑提供特定的"地面支持"工作者，他们是能为有特殊需求的人士提供现场支持的有特殊技能的人士（如手语译者、医护人员等）。可以通过使用易读的徽章或标识（logo）来简易地辨识这些工作人员，如在外衣上标识字母"A"表示"协助（assist）"的意思。在预留给有特殊需求的人士的区域内工作或在其附近工作的现场工作人员，需要接受关于疏散和撤离程序的培训。同时，在疏散的情况中，要考虑为有特殊需求的人士安排安全地点。

六、有视力障碍的人士

708 有视力或色彩辨认障碍的人士可能在辨认信息标识方面会有困难，包括用于消防安全的信息标识。因此，需要对标识进行设计和定位，以便其看见和辨认标识。良好的照明和普通使用的对比颜色也会帮助视觉障碍的人士找到他们周围的路和方向。在可行的地方，可以考虑允许使用导盲犬。关于任何这些方面的建议，可以从皇家盲人研究所（Royal National Institute for the Blind）或英国盲人全国联合会（National Federation of the Blind of the United Kingdom）得到。

七、疏散

709 观众可能会被一系列身体障碍所影响，包括行动限制、癫痫、听力障碍、心理健康问题等，所以，应该在重大突发事故和应急计划中考虑到他们的需要和要求。他们所在的地方，电子显示屏系统应该用来发布信息，包括疏散信息，特别是针对有听力障碍的人士。

八、宣传、广告

710 公布可用的设施，对潜在的游客是有帮助的。这可以通过联系当地残疾人协会、访问组和当地残疾人士俱乐部或组织来实现。

九、更多的信息

711 可以在本书的"实用地址"中找到为有特殊需求的人士提供帮助和建议的组织。

第二十章 医疗、救护车与急救管理

712 本章的目的是阐述活动组织者的责任,以确保在情况合适时,所有涉及在活动当中的人都能得到医疗、救护车和急救援助的服务。活动组织者需要把活动对原本提供给当地人口的医疗保健的影响降到最低,并尽可能减少活动对(英国)当地全民医疗服务的设施和救护车服务的影响。

713 因为小病痛的种类不同,在任何音乐活动中需要医疗救治的人数也会有所不同。这些会因环境条件的不同而各有差异,可能会包含由拥挤、摔倒、打架引起的外伤,或呼吸亢进、疲劳、脱水、中暑、体温过高或体温过低、情绪异常或焦虑发作、食物中毒、酒精或药物(毒品)的严重作用。还需要为医疗紧急情况提供救治,比如心脏病发或中风。

714 在持续好几天的活动比如节庆活动中,在普通全科医疗中比较普遍的症状有可能占主要。除此之外,已有各种身体障碍和医疗状况的人士,比如有哮喘、糖尿病、心脏或精神问题的人士,也可能会来参加活动,在活动中他们的身体状况可能会变差。

715 根据以往的经验,大约1%~2%的观众在活动的一天当中会寻求医疗帮助。在这些人当中,有大约10%的人会需要在现场进行进一步的治疗。在需要初步医疗帮助的人士当中,大概1%会需要转诊去医院。活动组织者应该意识到,其他原因或因素可能会增加需要医疗帮助的人士的数量,比如:无效的福利保障与援助设施、恶劣的天气状况、免费饮用水的缺乏或者其他在现场的危害隐患。

716 非常关键的是,所有大型的音乐活动都要进行适当的安排,为伤病人士鉴别分类(分诊)、治疗以及办理转移。活动组织者应确保这些安排得到地方政府相关部门的审批通过,地方政府通常会通过英国全民医疗服务(NHS)急救服务或地方卫生委员会(在苏格兰地区)来考虑NHS的建议。

第二十章 医疗、救护车与急救管理

一、规划

717 医疗、救护车和急救服务的提供要连同法定服务的提供一起进行规划，且要指定一个合格的组织来提供医疗管理。这个组织不必是活动的唯一资源提供方，但必须有运作医疗安排的能力和资格。除此之外，指定的这个组织应该有在类似活动中进行医疗管理的经验，而且必须负责提供合理管理、操作控制的基础设施，以及必须协调其他医疗提供者的操作。确保指定的医疗提供者能够与其他在现场的法定服务和急救服务提供者进行联络和协调沟通。需要在医疗、救护车和急救计划中清晰地陈述各个相关工作的职务和责任。

718 关于活动可能会对所在区域的院前事故和紧急服务造成影响，根据所在的区域，咨询当地的 NHS 健康机构救护车服务或地方卫生委员会（在苏格兰地区）是很好的做法，他们可以给活动组织者和地方政府提出相关建议。

（一）指定的管理人员

719 应该从医疗提供方指定一个管理人员，以全面控制和协调急救服务。这个管理人员应该在活动期间随时待命。活动组织者和指定的医疗提供方应该与所有利益相关者保持联络和协调沟通，这些利益相关者可能包括当地的 NHS 健康机构、健康委员会、救护车服务或合格的急救服务提供方。

（二）确认

720 建议活动的最终细节要在最快的时间内以书面形式与指定的医疗提供者进行确认。

（三）特殊考虑

- **搭建和拆卸**

721 在活动的搭建和拆卸期间，须考虑医疗、救护车和急救服务的可得性（参阅本书第757~758条关于"雇员和活动工作人员的急救"的内容）。

- **排队**

722 应考虑为在大门开放之前排队和在活动结束离开场地时排队的任何观众安排医疗、救护车和急救服务。

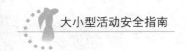

● 信息

723 所有参加活动的人都必须能够得到关于急救设施设备的位置的信息。活动组织者要提供足够的引导标识，并且考虑把急救设施设备的位置打印在活动的门票上。此外，现场工作人员应该熟知最接近的急救设施位置。

● 露营区

724 在包含过夜露营区的活动中，应该提供合适的安排，使露营区开放期间有医疗、救护车和急救服务。由于有可能发生一系列需要医疗建议的状况，在露营区运营期间也需要通过指定的医疗提供方考虑地方门诊的服务。

（四）无菌通道

725 在可行的情况下，应考虑提供专门为紧急车辆使用的合适的无菌通道。

（五）位置

726 当评估紧急护理到达在活动内的任何地点的伤亡人员的反应时间时，应答中心（应答人员）的位置很重要。

（六）车辆进出

727 只有在特殊情况下，才允许救护车辆进入观众区域。除非收到出于安全考虑的指令，否则救护车不应该离开它们指定的地点。在观众密度高的活动中，应考虑派步行小队或者使用手推车来移动伤员。

二、维持替补物资

728 指定的医疗提供方应该有足够的储备和安排，以保证替补物资在整个活动中都维持在正确的水平。如果需要用救护车从场地内把一个伤员运送走，则必须有足够的安排来替补那辆车辆，或者使用原本用作场外伤患运送的救护车来运送这个伤员（如果场内需要救护车的话）。

三、直升机

729 在某些活动中，可能需要为由直升机进行的紧急医疗运送或撤离提供一个区域或指定一个合适的着陆位置。该位置可以在场内或场地附近，且必须被标识出来。

四、通讯与沟通

730 在大型活动中，有可能需要一个独立的医疗无线电频道，以联络 NHS 救护车服务和救护车工作人员、主要医疗工作者、机动反应组以及主要急救人员。在活动开始之前，这几方之间必须有达成一致的无线电设备使用协议，包括一致的呼叫标识。应该制订一个通讯计划，涵盖详细的医疗通信联系方式，这个计划应该同时保留在医疗控制点、事故控制室以及救护车调度中心。

731 如果活动现场有多于一个医疗设施点，则应该要有一个指定的主要医疗设施点，并配备一个对外的电话线路（这条电话线不需通过接线总机）和一份合适的电话号码清单。所有其他的医疗设施点应该配备一个连接主要单位的内部电话或无线电通信设备。

五、文档编制

732 活动组织者应该要保留一个活动记录，其应该包括医疗提供方的管理者所采取的任何行动或决定以及其原因。

  备注：根据《关于报告受伤、疾病和危险事件的规定》（1995）（Reporting of Injuries, Diseases and Dangerous Occurrences Regulations 1995, RIDDOR），在一个活动中完成的活动记录、报告表和记录，可能之后会被要求用以协助关于工作人员和观众意外事故和受伤的报告。

733 确保指定的医疗提供方保留所有寻求治疗的人的记录。在某些地方，为了保持文件的一致性和文档编制的便易度，NHS 救护车服务可能会提供适合的病患报表。此报表应包括病患的详细信息，比如姓名、地址、年龄、性别、现有病情、诊断、治疗和伤患的目的地（比如家、医院、家庭医生或门诊），以及包括负责治疗的人员的签名。病患的记录只能给参与治疗的人员或者得到法律授权的人士看。

六、医疗、救护车和急救的供给

734 根据风险评估以及关于医疗、救护车和急救的覆盖程度的一致协议，医疗、救护车和急救的供给以及任何有关卫生保健的进一步安排都应该被写进一份目的声明里，并且由相关人士签字，这些均应包括在活动管理规划中。活动

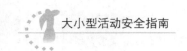

组织者应确保提供一个合适的技能混合或技能综合设施，而且确保医疗、救护车和急救提供方有效地分布在整个场地。

735 有关医疗供给的程度以及 NHS 救护车服务是否会直接介入任何活动，会根据一些特定的因素来决定，这些因素包括以下方面：

（1）观众的规模。

（2）活动和娱乐项目的性质和类型。

（3）观众的性质和类型——包括年龄范围。

（4）场地的位置和类型——户外或室内，有座或无座，通宵露营和场地的大小。

（5）活动的持续时间——几小时或几天。

（6）季节、天气因素。

（7）附加项目、活动和景点。

（9）当地医疗设施的距离、能力、容量。

（10）从其他机构获得的关于类似活动过去的经验的信息。

（11）酒精或药物、毒品（违法的、消遣的或受管控的）的可得性和潜在误用。

（12）外部因素，包括行程安排的复杂性。

（13）排队花费的时间。

（14）现场设施的可得性，包括福利保障与援助、友善扶助和其他社会（公益）服务。

（15）在活动中或与活动有关的一系列可能的重大事故危害（建筑结构坍塌、骚乱、拥挤踩踏、爆炸、火灾、化学物质泄漏、食物中毒）。

（16）是否已配备有经验的急救人员。

736 相关表格请见本章末，这些表格显示了计算各种活动类型所需的医疗、急救和救护车供给的数量的方法。

（一）急救人员

737 在可能没有特殊风险的小型活动中，对最先参加的 3000 名观众，建议最小的急救人员比例是每 1000 个人安排 2 名急救人员。任何活动都不应该少于 2 个急救人员。

738 在室内场馆或者露天体育馆，很有可能已经配有急救设施。但是，已有的由场地提供的急救人员的历史数据并不能替代对每个活动进行评估的需要。一些场馆可能正在举办多种活动，在这种情况下，医疗、救护车和急救资源的整体供给应该要考虑该场馆内发生的所有活动和项目。

739 在有非常年轻的观众参与的活动、长时间的活动或者街头嘉年华中，可能需要大大增加急救人员的数量，或更改急救人员相对专业救护工作人员、医生或护士的比例。在这些情况下，应该和当地的 NHS 救护车服务商量救护车的供给需要，他们可能会提供一些有针对性的建议，可能包括提供一个救护车控制组（中心）或一个救护车紧急设备车。

（二）执业医师

740 活动风险评估可能会指出，需要在活动现场配备执业医师。在这种情况下，除了为照顾表演者分配的医疗工作者以外，还应配备执业医师。

741 通常来说，一个有合适经验的执业医师应该能履行医疗事故指挥官的职责并承担全部责任，能够在一个重大事故现场中与救护车事故指挥官紧密联系，管理医疗资源。

（三）精神病护理

742 在长时间的或大型的活动中，应该认真考虑一个精神病护理团队的任何要求，包括精神病医生、精神科护士和药物顾问。这个团队可能需要和地方政府社会服务部门、医院管理部门和警察局保持联系和沟通协调。

（四）护士

743 可能需要有合格的护士在现场护理需要长期管理的病患。除非作为机动响应小组的一部分接受过培训，否则护士应该负责指定的特定职务，包括主要医疗设施的人员配置，在伤员验伤分类分诊以及在治疗伤患时和执业医师、医疗护理人员和急救人员进行团队合作。

（五）医疗护理人员、救护车技术人员和救护车护理助理

744 活动组织者可能需要在观众狂舞跳动区域（pit area）、医疗设施点或存在预知风险的区域安排医疗护理人员和救护车技术人员，或把他们部署于可以立即对整个活动范围内发生的紧急事件做出反应的地方。

745 救护车护理助理可以协助运送那些有非紧急医疗情况的人员或轻微受伤的人员。

（六）狂舞跳动区域的医疗覆盖

746 活动风险评估可能表明，在狂舞跳动区域内可能需要医疗覆盖。在这个区

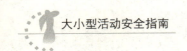

域的医疗工作人员应该要有合适的经验，而且受过合适的培训，能够给现场工作人员提供关于伤患处理的建议，为伤患提供合适的验伤分类分诊，并且在有需要的时候，有能力帮助迅速疏散任何伤患前往医疗设施点。医疗人员或工作人员应该可以在舞台前的区域迅速获取以下设备：

（1）救援担架和颈托。
（2）氧气治疗设备和复苏急救设备。
（3）各种分类的固定夹板。

（七）现场医疗设施点（急救点）

747 活动组织者应该规划好医疗设施点的数量、地点位置和适合性。如果有超过一个的医疗设施点，则应该指定其中一个作为主要的医疗设施点。首要的医疗设施点，包括在狂舞跳动区域的医疗设施点，会把那些需要进一步治疗的人员转介到二线的主要医疗设施点。应该把主要的医疗设施点配置成一个医疗中心或场地医院。在重大事故中，根据当地重大事故处理程序，一个医疗设施点会被建成或指定为伤患处理站。

（八）地图和规划

748 必须在活动之前准备好并提供清晰标明医疗设施点位置的、详细的、带有坐标格网的地图或者场地规划图，这里面应该包括周围的道路公路和进出路线。

（九）建筑结构

749 在户外活动中，如果无法获得一个合适的永久性建筑结构，则要提供带有合适装配的机动急救装置，或提供带有合适地板的大天幕。在室内活动中，要把医疗设施点设置在主要演出区域内或其旁边。

（十）人员配置计划

750 每个医疗设施点都应该配备适当数量的合格的急救人员，并且在合适的情况下，应该有一些医疗工作者、救护车工作人员和护士，能够在观众区域内进行协助。在大型户外活动中，确保战略性地配置一部分机动的急救人员，或者安排他们巡逻某个区域。如果 NHS 救护车服务在场的话，可以咨询他们的意见。所有工作人员都必须能清晰地被识别和被定位或找到。机动急救人员应该经常和他们的主管保持无线电通讯或联系。

（十一）机动响应小组

751 在高风险活动中，应考虑使用一个合适的、各种技术整合的、具备合适装备的机动响应小组，此小组要有相关的交通工具，以到达需要他们特殊技能的医疗紧急事故现场。

（十二）位置

752 在较大型的活动中，应把一个医疗设施点设置在靠近舞台区域的地方，并且从狂舞跳动区域到这个医疗设施点之间要设置无限制的进出通道。一般来说，其他医疗设施点要设置在观众区域的周边，以让救护车有无限制地进出，而不用进入全是观众的区域。

（十三）主要医疗设施点的常规考虑

753 作为最低限度的要求，主要的医疗设施点应该要做到以下方面：

（1）设为一个"禁烟区"。

（2）针对预期的伤患数目设置足够大小的规模，并且伤患和救护车工作人员是随时可进入的。

（3）足够大，可以容纳至少2个检查用的床或救护担架车，有足够的空间让医疗人员或工作人员四处走动，并且要设置一个给坐着的伤患进行治疗的区域。

（4）由地面水平即可进入，且有一个足够大的门口，能让一个救护担架车或轮椅进出。

（5）保持在一个干净和卫生的条件下，无尘且有足够的温度、照明和通风。

（6）要有足够的急救和医疗设备、屏幕等，包括抢救设备、病患护理的消耗品，可能的话还需配备一个复苏电击仪。这些都应该与救护车里的设备分开。在规划阶段，应该就谁去提供以上设备达成一致。

（7）靠近一个容易进入的轮椅使用者厕所，以及靠近工作人员设施。

（8）要提供流动的热水和冷水。如果做不到的话，则必须提供足够的干净的水在储水器中。

（9）在水槽、洗手池或合适的容器处提供饮用水。

（10）为设备和文件提供一个工作台或其他合适的操作面，如折叠桌。

（11）为医疗提供方所使用的药物和设备提供适当的、安全的存储设施。

（12）设置在合适的硬路面或停车设施旁边，以便救护车或相关的紧急车辆停放。

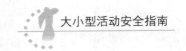
大小型活动安全指南

七、医疗废弃物

754 必须计划特殊的安排来处理医疗废弃物。需要有特殊的"生化危险"容器以处理尖锐利器，或者要有合适标识的"黄色袋子"以处理医用敷料或其他受污染的材料。除此之外，还必须提供适当的安排以处理医疗设施中的非医疗废弃物。

八、与福利保障与援助服务联系和协调沟通

755 医疗设施点的工作人员应该要了解关于社会福利保障与援助所提供的安排，这样人们可以合适地被转移到那些服务机构。

九、员工和活动工作人员的福利保障与援助

756 要规划好医疗工作人员、救护车工作人员、护理和急救工作人员的福利保障与援助。在任何一个持续超过 4 小时的活动里，要提供休息的区域、卫生设施和就餐设施。可行的话，应把以上区域与配给观众的设施分隔开来。

十、为员工和活动工作人员提供的急救

757 根据《健康与安全（急救）条例》（1981）［Health and Safety（First Aid）Regulations 1981］，如果雇员在工作中受伤或生病，雇用者有责任确保为他们提供急救设施、设备以及急救人员。为了确定必须要提供的急救供应等级，雇用者应该评估适于工作环境的急救需求。被指定为急救人员的雇员必须在一个由英国健康与安全执行委员会认可的培训机构内成功完成必要的培训。同时，活动组织者使用一个事故记录本，并在其中记录需要急救处理的事故，这是一个很好的做法。本书强烈建议，各个雇用者之间要签订一份书面协议，比如承包商、分包商和其他在活动中工作的人，以确保所提供的急救设施满足他们的所有需求，并避免误解。

758 有关健康与安全（急救）条例的进一步指导包含在英国健康与安全执行委员会出版的《工作中的急救》（First aid at work）、《健康与安全（急救）条例》（1981）、《认可的执业守则与指导》（Approved code of practice and guidance）中。

十一、医疗工作者的定义和资格

759 急救人员、救护车工作人员和医疗工作人员应该满足以下条件:
（1）至少年满16周岁并且不超过65周岁。
（2）没有其他工作职务或职责。
（3）拥有身份证明。
（4）穿有保护性衣着。
（5）拥有在大型公共事务中急救需求的相关经验或知识。
（6）生理和心理上都能够执行和完成所安排的任务。
此外，未满18周岁的急救人员不允许在不受监督的情况下工作。

（一）执业医师

760 一个"合资格的执业医师"指的是在英国的综合医疗委员会注册的执业医师。此执业医师应熟悉或能获取地方政府和NHS的重大事故规划，并完成过一个重大事故管理课程。此执业医师还应在处理院前紧急情况或事故与紧急环境方面拥有近期的经验（2年内），熟悉当地NHS救护车服务，以及熟悉合资格的急救提供方的运营和操作。除此以外，应已参加过一个院前紧急情况护理课程的培训。

（二）合资格的护士

761 一个"合资格的护士"指的是一个名字被记入由英国护理、助产与健康探访中央理事会主持的专业注册机构的相关部门的护士。此合资格的护士应拥有注册后的专业知识，以及在处理院前紧急情况或事故与紧急环境方面拥有近期的经验（2年内的）。

（三）医疗护理人员

762 一个"医疗护理人员"是NHS救护车服务的成员，有由健康保健和发展研究所（IHCD）颁发的精通辅助医疗技能的有效证书，而且在相关辅助医疗指导委员会的规定与批准下，能够随时获取合适水平的专业设备，包括药物治疗。

（四）救护车技术人员

763 一个"救护车技术人员"是NHS救护服务的成员，有由健康保健和发展

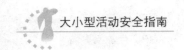

研究所（IHCD）颁发的精通救护车援助技能的有效证书。

（五）救护车护理助理

764 一个"救护车护理助理"是 NHS 救护服务的成员，且已经在一个 IHCD 认可的救护车培训机构参加了一个救护车护理助理课程的培训。

（六）急救人员

765 一个"急救人员"必须拥有由以下三个志愿援救团体之一（或者某些其他团体或组织）颁发的关于急救能力的有效证书：圣约翰救护车机构、英国红十字会、圣安德鲁斯救护车协会。急救人员应该拥有在拥挤活动中实施急救的事前培训或者经验。

766 注释：即使完成了一个"工作中的健康与安全"课程，或者 4 天的"工作中的急救"课程，也不一定证明该人员就有资格能够对公众实施急救。

（七）指定的医疗提供方

767 由活动组织者指定合资格的组织，在活动中对医疗、救护车和急救服务提供全面的管理。

十二、医疗、救护车和急救提供

768 活动中的医疗覆盖可以有不同的组织管理方式，并且最合适的模式会根据医疗提供方和活动的性质的不同而不同。以下图表展示了如何估算所需医疗资源的合理水平的一种方法。

769 需要强调的是，这些数据可能需要修正，因为一些医疗提供方可能选择用医务人员或医疗护理人员来替代急救人员。无论如何，所建议的这些医疗资源的水平仅仅是作为一般的指导，而不应该被视作规定。这些图表并不能替代一个全面的活动风险评估。这些数据并不考虑专门提供给演出人员或贵宾（VIP）的医疗覆盖。

（1）表1根据活动的性质进行评分。
（2）表2根据可获得的历史信息和活动前的信息收集进行评分。
（3）表3考虑其他对风险的可能性产生影响的因素。
（4）使用表4找出一个可供参考的医疗资源需求。

表1 活动的性质

项　　目	详　　细		分　数
（A）活动的性质	古典表演		2
	公开展览		3
	流行音乐演唱会或摇滚音乐演唱会		5
	跳舞活动		8
	农业展或乡村表演		2
	海上的活动		3
	摩托车展览		3
	航空的活动		3
	赛车运动		4
	国事场合		2
	VIP贵宾参观或峰会		3
	音乐节		3
	篝火或焰火演示		4
	新年庆祝活动		7
	示威游行或游行抗议或政治活动	低骚乱风险	2
		中度骚乱风险	5
		高度骚乱风险	7
		涉及对立的派别	9
（B）场地	室内场地		1
	露天体育场		2
	在一个全包围的室外地点，如公园		2
	其他室外场地，如节庆		3
	在街道上的广泛分布的公共场所		4
	临时的户外建筑		4
	包含通宵露营的场地		5
（C）站立无座或就座	就座的		1
	混合的		2
	站立的		3

续表1

项　　目	详　　细	分　　数
（D）观众构成	充分混合，且以家庭的形式为主	2
	充分混合，不以家庭的形式为主	3
	以年轻的成年人为主	3
	以儿童和青少年为主	4
	以老年人为主	4
	充分混合，对立派别	5
A＋B＋C＋D之和	表1的总分	

表2　活动的信息收集

项　　目	详　　细	分　　数
（E）往届历史	良好的数据，往届伤亡率低（少于1%）	－1
	良好的数据，往届伤亡率中等（1%～2%）	1
	良好的数据，往届伤亡率高（2%以上）	2
	初次活动，没有参考数据	3
（F）预期人数	＜1000	1
	＜3000	2
	＜5000	8
	＜10000	12
	＜20000	16
	＜30000	20
	＜40000	24
	＜60000	28
	＜80000	34
	＜100000	42
	＜200000	50
	＜300000	58
E＋F之和	表2的总分	

注意：在持续时间较长的活动中，参与人数可能会在过程中出现变化。因此，可能需要相应地调整资源需求。

表3 额外考虑因素的示例

项 目	详 细	分 数
（G）预期的排队时间	少于4小时	1
	4～12小时之间	2
	12小时以上	3
（H）活动所在的季节（户外活动）	夏季	2
	秋季	1
	冬季	2
	春季	1
（I）与医疗机构的接近程度（最接近的合适的急诊设施点）	少于30分钟的公路路程	0
	多于30分钟的公路路程	2
（J）医疗机构的类型	各种类型的急症室可选	1
	大型急症室	2
	小型急诊室	3
（K）额外的危害物	狂欢节或嘉年华	1
	直升机	1
	赛车运动	1
	跳伞表演	1
	街头的戏剧演出	1
（L）额外的现场设施设备	缝合	−2
	X射线	−2
	小型外科手术	−2
	石膏	−2
	精神病治疗或普通全科的设施设备	−2
G+H+I+J+K之和减去L	表3总分	

十三、计算

通过如下方式计算活动的总分：将上述表1、2、3的分数加起来，给出活动的总分。

根据上述计算的分数来确定活动所需的资源水平。

注意：以下是活动所需资源的一个指引，基于对之前的表格中列出的因素的评估，此资源可能需要用于管理一个活动。必须注意的是，这个表格与本书有关医疗的章节联系在一起，只做指导目的。其无法涵盖所有的情况，也不作为行业规范。

以下分数值是关于所建议的资源需求，这些数目的资源应该在活动期间内任何时间都可得，而并不是在活动全过程中总共配置的人员的累积数量。

表 4 建议的资源需求

分 数	救护车	急救人员	救护车人员	医 生	护 士	NHS 救护车经理	支援小组
<20	0	4	0	0	0	0	0
21~25	1	6	2	0	0	视察	0
26~30	1	8	2	0	0	视察	0
31~35	2	12	8	1	2	1	0
36~40	3	20	10	2	4	1	0
41~50	4	40	12	3	6	2	1
51~60	4	60	12	4	8	2	1
61~65	5	80	14	5	10	3	1
66~70	6	100	16	6	12	4	2
71~75	10	150	24	9	18	6	3
>75	15+	200+	35+	12+	24+	8+	3

注意：一个救护车医疗护理组，至少由一个医疗护理人员和一个经过培训达到 IHCD 标准的救护车技术人员组成。

第二十一章　信息、福利保障与援助

770 在一个活动中提供信息、福利保障与援助服务不仅有助于观众的人身安全以及健康愉悦，而且还能作为一个早期预警系统，发现现场的服务或设施任何潜在的故障。由活动风险评估来决定任何活动所需的信息、福利保障与援助服务的范围、标准和等级。

771 活动组织者要确保事先明确信息、福利保障与援助部门工作人员的角色、任务与责任，向活动的组织和管理中涉及的其他服务部门［比如现场工作人员和紧急（突发）事件服务部门］完整地进行关于所提供的信息、福利保障与援助服务的性质的简报，并且在活动举办前与举办期间，鼓励他们分享信息，且与这些服务提供部门保持联系沟通。需保证信息、福利保障与援助部门的工作人员与活动管理团队的成员、现场工作人员、急救工作人员等有合适的接触渠道与沟通。

772 要把信息、福利保障与援助服务点安置于合适的、易于到达和进出的、有良好标识的且有合适照明的地方，同时确保这些服务点在有观众在现场的任何时间都开放。

一、信息

773 信息是人群管理的一个核心因素。研究显示，当人们在获取信息时遇到困难，可能会感到不满、混乱、孤立，或者甚至变得焦躁而富有攻击性。这可能会导致人们变得更不遵守安全指引，或者在更极端的情况下，会导致公共秩序问题。

774 在发售门票的时候，应提供关于场地布局和场地设施的信息，最好是以宣传单的形式提供这些信息。这些信息可以包括福利保障与援助的提供、预防犯罪提示、行装衣着的建议、餐饮与住宿建议、个人安全提醒、核心的健康与安全标准与措施、一份场地地图、集结安排、交通和停车的详细信息、关于任何违禁品和违法行为的信息，以及关于活动期间任何活动信息的变动如何被告示

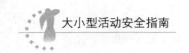

的详细信息（如节目单、交通、服务点或咨询处的位置）。

775 应考虑在门票上附上关于主要进出道路的场地图、活动日期以及任何安全信息或特殊状况的信息。还可以提供电话号码，为有特殊需求的观众就娱乐以及可用设施方面提供进一步的信息。

776 根据活动的规模与持续时间提供信息点或咨询处，并覆盖有观众在现场的任何时间段。把信息点或咨询处安置于显眼的位置，并且配备良好的展示与照明。场地地图应该免费可得，或者至少提供给观众作为参考信息。

777 信息服务点或咨询处可以提供关于公共交通、现场设施、地方设施、演出时间、信息留言系统以及如何电话联系紧急服务的详细信息。部分上述信息可以和其他安全建议一起提供在免费宣传册或者活动节目册子里。信息点或咨询处也可以同时作为提供最新的安全信息的工具。建议要为紧急事件或人道主义方面需求提供一个接通外线的电话线或无线电通信设备。

778 对信息、福利保障与援助服务部门的工作人员介绍有关场地服务和布局的情况、紧急事件处理程序、处理走散或痛苦的人士的设施。

779 在入口处、信息服务点或咨询处、停车场、医疗急救点以及活动节目册子里，以显著的方式展示活动场地平面图。确保这些平面图够大够清晰，最好用大号字体、确保其防水，且根据相关性展示以下信息：

（1）厕所。
（2）演出区域。
（3）露营区域。
（4）出口及入口。
（5）停车场。
（6）主要道路。
（7）急救点。
（8）紧急事件服务。
（9）消防点。
（10）福利保障与援助服务点。
（11）信息服务点或咨询处。
（12）警察服务点。
（13）餐饮设施。
（14）走散人员集合点。
（15）走失儿童的设施。

（16）公共电话。
（17）儿童游乐区域。
（18）失物招领处。
（19）饮用水点。
（20）紧急避难所（合适的话）。
（21）储物处（合适的话）。

780 活动组织者需要把观众离开活动举办场所归入活动风险评估的一部分。很重要的是，如果不允许观众离场到停车场或当地其他区域，则要提前提醒观众。

二、福利保障与援助服务

781 福利保障与援助服务是提供给那些有困难的人士的。这些服务填补了如医疗服务、警察和现场服务等其他专业服务的缺口。在有观众在现场的任何时候，它们都要保持开放。应确保福利保障与援助服务工作人员能够胜任这份工作，并且已经接受足够的培训和简报工作。

782 来自日间护理中心、夜间收容所、毒瘾治疗项目、心理咨询服务、酒瘾治疗服务、缓刑、社会服务的工作人员，以及精神健康工作人员、老师和律师，他们都有相关经验，在一个福利保障与援助服务环境中，这些经验可能是非常宝贵的。但是，福利保障与援助服务只提供危机处理而不能提供长期支持。

783 应考虑将福利保障与援助服务包含在活动的重大事故和紧急应急规划中。要设置安排好福利保障与援助服务，以便为意外事故的目击者或涉及事故当中的人员的家属提供广泛的支持。福利保障、援助与信息服务可以在紧急事件和意外事故期间及之后帮助发布信息。

784 活动的规模决定了福利保障与援助服务的范围。在较小型的活动中，可能可以将信息服务、福利保障与援助服务合并在一个服务点。在较大型的活动中，特别是有提供露营设施的活动，应该在覆盖整个场地的多个地点设置福利保障、援助以及信息服务点。

785 鉴于年轻人可能使用药物或毒品和酒精的情况，如果相关的话，可以考虑提供合适的药物或毒品和酒精辅导咨询。

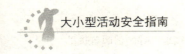 大小型活动安全指南

三、集合点和个人留言

786 在活动中最常见的问题之一就是人们与同自己一起来参加活动的群体走散了。在规划活动的场馆或者场地时，要考虑设置一个让这些人士留言给对方的地点，以及一个有清晰标识的集合地点，让他们可以集合。实践表明，留言的最有效方式是卡片索引系统。

787 活动组织者可能也需要在场地外设置一个集合点，让人们集合或者在活动结束之后由亲朋接走。尤其重要的是，集合点要有良好的照明、清晰的标识以及没有对出口形成障碍。推荐在与福利保障和援助服务工作人员协商之后，使用有线广播系统（PA）在观众群里寻找想找的人。

四、公共电话和其他公共服务

788 活动组织者应考虑提供公共电话，尤其是在场地偏僻且观众离场或重新入场受到限制的情况下。硬币付费或者卡式付费电话是最好的。从安全和24小时服务的角度考虑，如果电话卡可以在现场购买到，则更推荐使用卡式付费电话。有接线总机可以允许拨打被叫方付费电话是很重要的。在紧急事件中，公共电话必须是可用的。在条件允许的情况下，应鼓励银行在现场提供服务。

五、失物招领点

789 信息、福利保障与援助服务也可以提供一个失物招领点，以处理在现场发现的丢失财物，并提供一个丢失或被偷财物报失的地方（条件允许的情况下，与现场的警察服务点进行沟通和协调）。

790 失物招领点和福利保障与援助服务点设置在一起的额外好处就是，可以给那些因为丢失财物而变得焦虑不安的人们提供支持。但是，建议在较大型的活动中为失物招领点设置一个独立的入口，因为关于失物咨询的数量可能会超越信息、福利保障与援助服务的正常接待量。

791 发现的失物交到失物招领点后，失物的详细信息、发现的地点、发现者都要被记录下来。活动组织者可能还需要妥善保管和安排这些在活动结束时还没有被认领的物品。

六、衣帽存放处、行李寄存处、安全存物处

792 在现场提供安全存物处，以让观众可以存放贵重或体积大的物品，这样可以减少财物丢失或者被偷的数量。存放物品的种类以及所提供服务的设计取决于活动的种类，例如，在露营活动里的露营器材、帆布背包等，或在持续时间为一天的活动中的大衣、箱包、厚重服装等。

七、为弱势观众提供的支持

793 活动组织者应为在活动中变得焦虑不安或者被视作弱势的观众提供支持。这些服务点通常可以提供一个空间，让迷失人士可以感到安全，且可以停留到他们感觉可以离开为止，或者需要转介到提供专业帮助的机构为止。在规模更大或者举办时间更长的活动中，可能也需要为对精神病评估和援助有急性需求的人士安排转介专业服务。

794 活动中可能也需要合格的工作人员，来帮助那些因自己吸食药物或毒品包括酒精而遇到问题的观众。活动组织者可以从专门的药物机构或地方健康部门处获得关于帮助有与药物或毒品相关问题人士的基础指南。如果合适的话，所提供的服务应该包括大量免费的饮用水和一个凉爽的空间（休憩区域）。

795 活动组织者应考虑提供一个应急庇护站或者大帐篷，为因为没有交通工具回家而被滞留的人士或在露营活动中没有自己帐篷的人士提供应急住宿。这种大帐篷也可以在一个重大突发事件或者意外事故中提供住宿支持。在这种情况下，应确保地面有遮盖以保护人们不受潮。如果提供大帐篷，福利保障与援助工作人员有必要与医疗服务和现场工作人员就如何使用这些服务进行联络和沟通协调。这种情况下，可能还需要提供卫生设施、应急衣物或者毛毯以及点心小吃。

796 如果有医疗工作者提前安排并监督，可以在福利保障与援助服务点提供急救复苏和观察。但是，对于比较严重的情况，则推荐留在医疗区域。

797 尤其是为年轻人，活动提供了独一无二的健康教育机会。有可能的话，应鼓励相关健康机构与现场福利保障、援助与信息服务点就提供与健康相关的信息方面进行联络和沟通协调。例如，提供关于较安全的日光浴、药物使用的建议、较安全的性行为、艾滋病等信息，以及安全套的提供。

第二十二章 孩　　童

798 活动组织者应考虑到为孩童提供服务，即使活动本身并不以孩童为受众，但是他们可能会和父母一起参加活动。确保活动的宣传材料明确说明该活动是否适合孩童参加，是否要求由成人陪伴，是否禁止在一定年龄以下的孩童进入。

799 《英国孩童法》（1989）（The Children Act 1989）适用于一年中持续时间长达 6 天或以上且每天持续超过 2 个小时的活动。这样的活动需要登记注册。策划孩童活动的组织者应该咨询当地政府社会服务部门的登记与检查单位，以寻求建议和说明。即使在不使用《英国孩童法》（1989）的地方，此法案在成人与孩童的比例以及场所的空间标准方面也提供了充分的指导。

800 在活动中，应考虑与孩童有关的下列事项：
（1）专用游乐区域。
（2）设置在专用游乐区域以外的游乐设施与活动。
（3）有特殊需求的孩童。
（4）涉及少年、青少年的活动。
（5）（所有活动都应该有）为走失孩童提供安全看护的临时托管安排。

一、规划与联络协调

801 在活动风险评估和重大事故及应急规划中应考虑孩童在场的问题。在疏散规划中，可能需要考虑到婴儿车的存在。活动组织者要确保与提供孩童设施的组织者有合适的通讯方式，以及确保其他相关的现场服务部门和人员（如现场工作人员，急救、福利保障与援助部门）了解为孩童提供的服务设施及其所在地点和运营时间，等等。

802 要确保服务和设施的提供者都意识到孩童和年轻人潜在的需求，例如，酒吧工作人员需要了解酒精售卖的条例和情况，且有方法识别低于法定年龄的人士。厕所设施应该包括一个母婴室，以满足喂奶以及更换纸尿布的需求。

二、在专门游乐区域的孩童护理

803 要确保这些区域由有相关专业知识和经验的人员进行安排和管理。以下是一些重要事项:
（1）孩童游乐区域的指定领导人员要有可证实的相关资格和经验。
（2）所有助手都要年满 18 周岁以上。
（3）一定不得录用有与孩童相关的犯罪史的人员。
（4）所涉及的工作人员必须身体健康而且没有在酒精或药物的影响之下。
（5）建议团队中的一些人员持有有效的急救资格证。
（6）工作人员要知道最近的急救点及所有的紧急事件处理流程。
（7）关键的是，要对所有工作人员针对活动安全条例和孩童保护问题的所有方面进行全面的简报。
（8）把所有意外事故都记录在案。

三、在专门游乐区域的孩童保护

804 要考虑以下事项:
（1）不能无人看管 8 岁以下的孩童。
（2）一名孩童必须要有多于一名工作人员看管。
（3）除非由一位家长或者负责任的成年人陪同，否则不宜让 8 岁以下的孩童离开活动现场。
（4）除非提前获得家长许可，否则孩童不可以被带离指定的孩童区域、活动场馆或场地。
（5）与孩童接触的工作人员要认识到不当处理或碰触孩童所涉及的潜在问题。
（6）与孩童接触的工作人员要精通纪律和处理不合作孩童或其家长的程序与步骤。
（7）体罚（如呵斥、拍打和摇晃）孩童是违法的。
（8）不允许做任何威胁恐吓、惊吓或者羞辱孩童的事。
（9）总是制止孩童做出危险行为。
（10）主管人员要意识到外来者或干扰者可能带来的问题；要建立良好的与现场工作人员进行通讯沟通的系统。
（11）工作人员不应该承担照顾护理生病孩童的工作（应该由专门的合格

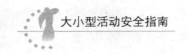
大小型活动安全指南

的医护人员进行——译者注）。

四、专门孩童区域的设施

805 要确保考虑以下事项：
（1）是否有足够的照明、供暖以及通风。
（2）在封闭式场地和场馆是否有受监控的出入口。
（3）是否明确地设置好各区域或者设置好合适的围栏。
（4）是否在露天场地提供遮阳挡雨的地方。
（5）规划好离最终出口的接近度，以便紧急疏散。
（6）禁止设置任何通道让年幼孩童接近没有防护的水域，如水塘。
（7）离该区域合理的距离之内或在场馆内是否有厕所和自来水。
（8）是否有针对孩童的适合的食物和饮料。
（9）孩童区域内要禁烟。
（10）要定时维护和清洁厕所和洗手池。
（11）是否有适合孩童所在年龄段的合适的家具、设备和装置。
（12）是否在低层水平或低阶水平安装了符合相关的英国国家标准的保险玻璃（不碎玻璃）。
（13）楼梯或台阶的扶手是否设在合适的高度。
（14）地板要防滑。
（15）是否提供有足够的设备以定时、安全地处理包括尿包在内的垃圾。

五、在专门游乐区域的孩童数量

806 在任何区域的孩童的数量都决定于空间的大小、活动的内容安排和工作人员的数量。当为 8 岁以下孩童提供活动时，《英国孩童法》（1989）可能生效。活动组织者要联系地方政府的社会服务部门以获取更进一步的建议。

六、在专门游乐区域的孩童活动

807 所安排的活动应该要适合参与孩童的年龄段。要确保为每项活动进行风险评估，且对涉及在活动中的所有人员进行全面的简报。要有清晰的标识，要展示关于潜在的危险和危害物的信息。这些措施如以图片的形式进行，可能对孩童更有效。

808 孩童可以接触到的游乐设备必须是安全的，而且在孩童使用游乐设备的时候需要进行全程严密的监管。确保要针对有潜在危险性的活动进行持续的监管，如木工活或者制作蜡烛活动。活动中使用到的材质要干净无毒且须防过敏。需要在使用前尤其谨慎小心地检查回收材料（垃圾材料），检查其干净程度、适用性以及任何隐藏在其中的尖锐物，如订书钉。

809 脸部彩绘者应只在4岁以下孩童的脸颊或者手上作画，并且一直要得到家长的同意。要向脸部彩绘者索取其公共责任险证明，以及表明其使用的是一个品牌声誉良好的防过敏的水性脸彩的证明。活动组织者要向家长提供关于何时以及如何去除孩童脸上油彩的信息。

七、不同年龄的孩童

810 孩童活动的组织者应该认识到不同年龄段的孩童需要不同程度的监护和不同种类的活动。孩童活动的组织者需要留意以下要点：

（1）对于0～2岁的幼儿，必须配备换尿布的设施、合格的工作人员、合适的安全的玩具，并且必须在所有孩童到场时对其进行登记。为监护者（成年人）提供洗手设施以及桌子，并确保定时清洁所提供的设备。

（2）对于3～5岁的孩童，必须要由合格的工作人员来组织活动。应该提供一个安静的休息区，且活动的种类要多种多样。所有的孩童都必须在到达时进行登记。进出口处必须要一直有人监管，以确保孩童不会在不被留意的情况下离开活动。

（3）5～7岁的孩童应该在到达时进行登记，并且应该为他们提供各种互动的设备和活动。

（4）对于8～11岁的孩童，建议进行登记，且应该提供更有挑战性的、持续时间较长的活动。

（5）对于11～18岁的群体，应考虑酒精售卖的条例、情况以及识别出低于法定年龄人士的方法。作为替代品，应该提供大量的软饮料。

811 如果要运营混合年龄组的活动，则需要留意孩童区域的布局，以避免兴奋的、较大年龄的孩童撞倒或者不小心伤害到较小年龄的孩童。

八、有特殊需求的孩童

812 考虑有特殊需求的孩童的需要，且为这些孩童制定相关措施。在可以为这

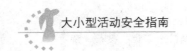

些孩童提供活动的地方，提供合适的设备，并确保这些设备属于可以促使有特殊需求孩童完全参与到活动中的类型。

九、机动游乐设施、景点和户外游乐设备

813 把机动游乐设施和娱乐活动设置在一个适宜孩童的环境空间里。机动游乐设施应该适合玩家的年龄和体型。机动游乐设施的操作员必须要有相关的操作其设备的法定资格证书（参阅本书第十三章"娱乐项目、景点及促销展示"）。充气城堡和跳床操作员必须在任何时间对其进行合适的监控。固定的户外游乐设备需要符合 BS EN 1176 第 1～4 部分、第 6 部分和 1997 年制定的第 7 部分（替代英国标准 BS 5696）。

十、有青少年观众参与的活动

814 当没有父母陪伴参加的青少年观众作为观众的主要构成时，这可能会产生各种问题。他们可能更容易遇到困难，如和同伴失散、错过回家的交通工具以及丢失财物（包括金钱），应考虑为这些孩童提供一个"帮助站"。

815 家长经常带他们的孩子参加这些活动，但是有时候在活动结束时会很难找到他们的孩子。应考虑为家长提供一个专门的等候点，同时提供一个有工作人员在岗的留言设施。另外一个方案是，当家长在现场等待活动结束后接走他们的孩子时，给他们提供一个可以在场馆中停留或消磨时间的地方。

十一、走失孩童

816 制订一个"走失孩童"计划，此计划要确定走失孩童在找到父母或监护人之前的安全护理的安排。

817 要为走失孩童设置一个清楚公告的接收点，此接收点要全程接受监管，并配有接受过全面简报培训的工作人员。应确保走失孩童不在单独一个工作人员的单独照料之下（参阅本书第 804 条）。如果现场有一个孩童区域，那么这会是照料走失孩童的最好地方。在某些情况下，可能有必要用有线广播系统（PA）进行公告或通知。注意，要确保公告或通知不要提及明确的孩童信息，或给出个人详细信息、描述或名字。

818 如果孩童不愿意跟一个家长或认领的大人走，则要向警方寻求建议。同

第二十二章 孩 童

时，也应该索取此家长或监护人的签名和身份证明。如果现场工作人员和警察有参与其中，那么一旦孩童和他们的家长或监护人团聚，则要第一时间通知他们。

第二十三章 演 出 者

819 在活动规划中必须考虑演出者在活动中的需求与责任。对演出合同进行洽谈可以提供一个提前表达担忧和解决安全问题的机会。演出者对观众和场地工作人员的安全也负有责任。因演出者的行为（如从舞台上扔东西或不依循表演时间）而导致人员的受伤，演出者可能要负直接责任。

820 活动开始之前，向演出者的经纪公司（经纪人）提供一份完整充分的简报文件，包括以下内容：

（1）如何到达场地，以及一份显示明确的艺人入口、舞台、舞台平面图和住宿平面图的场地图。

（2）一份包括要发生的事项、场地进场时间段、试音时间段、演出时间段等的行程。

（3）明确的安保计划和安排。

一、演出者的区域及住宿

821 要确保更衣和"热身"设施不受天气影响、有良好而且安全的照明设施。为男、女艺人提供厕所设施，且考虑在靠近舞台处提供单独的厕所。

（一）抵达与离开

822 规划演出者的抵达与离开时间。如果情况允许，他们的进出点应该与普通观众使用的进出点不同。有大量观众关注会产生风险，在有可能发生这些风险的地方，尽量不要让观众看到演出者的车辆。如果觉得演出者会吸引大量的关注，则指派合适数量的现场工作人员分布在该区域内。而且，应谨慎规划用来进入和离开场地的道路。有些演出者可能会乘坐直升机到达现场，所以，活动的风险评估需要包括直升机降落区域的挑选、标记以及位置定位。

（二）公共汽车和其他车辆

823 如果有可能的话，为演出者提供的停车设施应与普通观众停车点分隔，且要靠近舞台。如果没法做到的话，应该有工作人员在停车现场，如有需要还要配备合适的交通工具，去帮忙运载人员和设备。

824 要尽量把车辆的数量控制在最少，并给这些车辆安排一个特定的停车区域，且任何时候都要有司机待命，以防需要移动这些车辆。很多车辆会携带车载发电机，一直开动引擎来为这些发电机充电是不良且不可取的。如果可能的话，车辆操作员应该用电缆布线将其接连到一个交流电源上。可行的话，工作人员要考虑提供一个合适的交流电源（参阅本书第十章"电气装置与照明设备"）。

（三）工作人员与嘉宾

825 要确保控制被准许进入受控区域的工作人员和嘉宾的数量，以使这些区域不会变得过度拥挤，尤其是在舞台上以及演出区域。应尽量把与演出者相关的工作人员控制在最少数量，同时确保他们接受适合的安全调查，这应该根据他们在核心区域的进入权（如更衣室）进行等级设置。

二、演出者的安保工作

826 要确保在演出者抵达场地时有工作人员接见和进行登记，并发给合适的通行证。而且，在看起来有可能有任何威胁（如包围或聚众）的地方，要聘用受过合适培训的现场工作人员。演出期间，应该要尽全力保护演出区域的安全。艺人和经纪公司（经纪人）应该要认识到他们也参与保护演出区域的安全之中。

827 要告知演出者紧急疏散的程序以及医疗设施的位置。如果这不可行的话，要告知一个当演出者在现场时一直跟随他们的高级代表，要求这些高级代表谨记安保需求和逃生路线。

三、演出者在紧急情况应急规划中的帮助和作用

828 在了解场地安全布局和安排的同时，演出者或者他们的代表还可以通过帮忙安抚情况以及叫观众向后撤退的方式，参与到规划好的紧急情况处理程序中（参阅本书第269～278条关于紧急情况公告的内容）。

第二十四章　电视与媒体

829 音乐活动会吸引广泛的各个领域的媒体工作者。根据活动的规模、地点以及类型，活动吸引的媒体关注可以从当地媒体报道到全球媒体关注。大型活动甚至可以吸引多至 30 个电视台工作组、150 个摄影师、200 个新闻记者以及多达 50 个广播台，这可以形成一个多达大概 500 人的小社区。

830 电视与媒体的管理可以分为以下两个部分：
(1) 活动前。
(2) 活动中。

一、活动前

831 为了有助于人群管理与公共信息沟通，活动组织者要考虑发布一份新闻稿，其内容包括关于活动的尽可能多的信息，包括活动名称、举办日期、时间、地点、阵容、票务信息、公共交通信息以及联系人名字和联系电话。

832 活动组织者要确保，不仅已向国家级媒体机构，而且已经向所有地方媒体告知活动的详细信息。如果活动门票卖完，或者活动取消，或者如果发生重大事件，那么与当地媒体的良好沟通会确保信息可以迅速且有效地传播给公众。

833 活动组织者要决定对于活动来说易于管理的媒体数量。根据可以接待照顾媒体的工作人员数量、活动持续的时间以及可用的空间，设定媒体到场人数应维持在一个可接受的水平内。

834 所有媒体都可以有效地向公众提前提供建议或信息，如现场条件、行程安排、场地设施以及场地限制。活动组织者要确保每个要来到活动现场的媒体代表获得活动信息以及关于现场和场地安全安排的信息与建议。

二、活动中

835 在中型到大型规模的活动中，要考虑在贵宾区域（VIP 区域）或嘉宾接待区域内（如果有提供这些区域的话）设立一个小型新闻帐篷或者新闻办公室。理想情况下，这应该要设置在远离活动制作区域或者艺人更衣区域的地方。

836 新闻帐篷或者新闻办公室是公布有关活动信息的地方，是组织采访的地方，也是在媒体活动开始前为摄影师、电影以及广播台工作组设立的聚集点。如果可以的话，为新闻帐篷或者新闻办公室提供一个付费电话以及电源插座，以便媒体可以给电池、电话等设备充电。

（一）摄影师

837 活动组织者要确保护送摄影师进出舞台前台区域，且摄影师要出示合适的通行证。如果可能的话，摄影师应该在同一侧进出舞台前台区域，以便医疗服务可以在另外一侧全程进出。如果因为任何原因，舞台前台变得拥挤，或者观众的安全受到了威胁，那么摄影师应该被勒令离开。如果有大量的摄影师在现场，则应该建议摄影师分成较小的、易于管理的小组，然后再护送其进舞台前台区域，以避免该区域过度拥挤。

（二）电台广播公司

838 当地电台广播站经常带着一个移动式或者外勤广播装置（OB 装置）到活动场地，以便把实时插播或者声音摘录传送回演播室。外勤广播装置的形式通常是一辆带有一个大型伸缩桅的客货两用小客车或者四轮驱动车。一旦采访结束，要确保外勤广播装置移出场地或者移到指定的停车区域。

839 活动组织者有时候会专门在现场设置一个电台广播站向观众广播活动节目。这不仅能提供娱乐及与演出者和观众的采访，还可以极度有效地为人们传播重要的安全信息与讯息。活动组织者要规划好如何使用电台广播站来传达可能想传达的安全信息。

（三）新闻记者

840 新闻记者一般需要活动组织者最少的关注，因为他们是来对整个活动进行评论而不是要做个别的采访。但是，再次强调，要确保任何对艺人的采访要在活动开始之前预先安排好，以限制现场新闻办公室和艺人之间的组织机构的数量。

（四）电视广播公司

841 电视广播公司需要最多的关注，电视台工作组与工作人员的类型可以分为以下三个主要部分：

● **活动拍摄部**

842 一个大型活动一般会由一个专用的制作公司或者广播公司为它做记录或录影录像，以作现场直播或者日后的播放。要提前对这些安排进行规划，因为它们需要特殊的设施，如拍摄台、停放在舞台后台的外勤广播车辆、音频与视像混合（混音、视像组合）工作车、舞台前台拍摄台等，活动组织者需要在场馆和场地设计中考虑到这些安排与布置。

● **电视新闻工作组**

843 电视新闻工作组会由地方新闻工作组、有线电视和卫星电视工作组组成。通常情况下，这些工作组人数比较少（2～4人）。他们只需要在现场停留短暂的时间，因此，接待他们所花的时间不多。任何可能的情况下，都应该对他们进行管理与指导，且应该快速和有效地护送他们到主要的地点（如制作部办公室、服务部办公室、舞台前台等）。

● **制作公司或制作部门**

844 这通常是电视媒体中最大的一个部分或部门，其节目组成包括从覆盖活动的音乐节目到生活节目。

845 电视工作组常常需要使用车辆来取放设备以及存放物品，因此，要考虑把车辆停放的空间设置在离待客区域或贵宾区域（VIP区域）尽可能近的地方。对其他非核心的车辆，可以把其停车空间设置在指定的停车场。

（五）外国媒体

846 需提前对外国媒体工作人员进行清晰的简报，并且提供帮助以使其明白、了解安全要求和需求，尤其是关于电力设备的提供、兼容性以及使用信息。

（六）学生媒体

847 学生媒体对活动可以很有帮助，而且，在主要观众群体是年轻人的活动中，学生媒体也可以有助于与观众进行沟通。

三、现场建筑结构的注意事项

848 除了已经提到的关于设施、车辆以及住宿的要求外，必须要把媒体工作者的出席尤其是电视广播公司人员的到场考虑进活动的场馆和场地设计中。媒体的装置如吊架或门架，可能会限制观众的观看区域，因此，这些受影响的地方无法被纳入到场内容量的测算里。

849 正如在第八章"建筑结构"中提到的，媒体可能需要使用建筑物，如脚手架台以及在媒体装置周围使用的屏障。类似地，关于电力供应的要求，也需要符合相关规定与建议，如掩埋电缆、电线。

四、现场公共关系人员配置要求

850 根据活动的规模、活动持续的天数、活动的类型、活动的容量以及所预期的媒体的规模与数量的不同，需要管理媒体的工作人员的数量也会不同。在大型的、持续3天的、可容纳50000人或以上的音乐活动中，至少需要10人来应付媒体；在较小型的单天活动中，4～6人应该就足够了。

851 要为所有工作人员配置带有他们自己专用频道的现场无线电广播设备，以避免占用他们不必要的时间来处理媒体的发问、宾客名单、艺人行踪等事项（因为如果没有专用频道，多个部门都使用一个公共的无线电频道的话，每个人都会接收到可能不属于自己工作范围内的问题，且花费不必要的时间来应答——译者注）。要确保对所有媒体工作人员进行全面的简报，并且确保他们知道、了解所有紧急事件处理程序。

852 媒体联络人员需要有个工作基地，正常来说，这个点要位于媒体代表签到处或者位于一个新闻帐篷处。最好把这些区域都设置在相互靠近的位置，以避免活动制作区域、舞台前台以及新闻帐篷与媒体签到处之间的距离太远。

853 在活动的过程中，媒体与新闻官（指挥人员）要了解、认识到参与其中的人员，这在紧急事件或者重要声明（通告）中是极度重要的。要确保把首席新闻官介绍给核心的现场服务工作人员、地方政府官员、警方发言人、福利保障与援助组织者、活动拍摄组等。这有助于媒体与各服务部门之间有可控且有效的直接沟通。

第二十五章　露天运动场馆的音乐活动

854 在露天运动场馆举办活动不同于在其他场馆举办活动。本章将首先介绍一般的组织上的安排、法律问题和管理责任，进而介绍在一个露天运动场馆举办一个音乐活动时要考虑的实际操作性问题。

855 体育场馆越来越多用来举办活动而不是只做其原先设计的用途。在正常情况下，举办音乐活动需要有公共娱乐许可证。然而，在体育场馆举办活动的情况下，根据《运动场地安全法案》（1975），需要遵从额外的法律要求。根据《运动场地安全法案》（1975），如果露天运动场馆是被指定的场馆，如"英足联"场地、"英超"场地以及国家体育场，则该场馆一般已经具备一般安全证书，但是这个证书不大可能覆盖如音乐活动这样的活动。因此，对于音乐活动，还需要申请一个特殊的安全证书。

856 在英国的某些地区，娱乐牌照发行和安全认证的责任可能不是由一个统一的官方机构来负责和执行，而是分别由在地区和县区级别不同的地方机构进行。在分别由两个地方机构来执行这些职责的情况下，很关键的是，这些机构之间要有紧密的联络沟通，以确保安全标准和要求具有一致性。

一、《运动场地安全指南》

857 由《运动场地安全法案》（1975）管理及认证的运动场馆要根据《运动场地安全指南》里列出的标准，接受关于其观众可容纳人数、观众安全、观众舒适度以及观众福利援助的评估。当一个体育场地用作音乐活动时，《运动场地安全指南》和本书中的资讯和内容将会是适用的。无论是在《运动场地安全指南》没有覆盖到的问题上，还是因为环境的不同而需要有不同的处理方式上来说，本书所提供的信息对补充《运动场地安全指南》很有必要。

858 当偏离《运动场地安全指南》的建议时，很重要的是，活动组织者要确保有关安全方面的决定要有书面记录且有书面证据支持，还需要进行一个针对活动的风险评估，而这些事项要由运动场的管理团队负责。

二、管理问题

859 根据《运动场地安全法案》(1975),运动场馆管理者是证书的持有者,且会一直负责为来到场馆的观众提供和维护安全的招待设施(比如座位)以及安全标准。地方政府很可能会把公共娱乐许可证授予作为经营场址所有者的运动场馆管理者。然而,也同样有可能会由一个外部组织对音乐活动进行推销和制作。

860 为了避免各方之间的矛盾冲突以及针对具体安全职责的责任的模糊不清,很关键的是,各方之间要有紧密的联络与沟通,以及拥有一份各方之间就安全或安全职能的责任达成一致意见的书面记录。

861 运动场馆管理者需要确保所计划的活动(包括临时的建筑结构)都要适合运动场馆,并且所有计划的招待观众的设施(比如座位),包括永久性和临时性的设施,都安全且足够满足所计划的用途。同时,运动场馆管理者应考虑现有的建筑结构是否能够应付可能由演唱会观众的移动所带来的不断改变的承重,因为演唱会观众的移动不同于体育粉丝的移动。相关人员可以在结构工程师学会的文件《临时可拆卸构建物:设计、采购及使用指导》中找到更多的信息。

三、安全规划

862 运动场馆观众的安全的最终责任方是场馆管理者而不是活动组织者,除非两者是同一个组织。所以,场馆管理者需要有一套合适的安全管理架构,并且可以证明他们遵从了健康与安全法律法规。

863 运动场馆管理尤其需要具备以下要素:
(1)一个针对员工与观众的书面安全政策。
(2)应急预案规划。
(3)通过各方协商后达成一致的重大事件处理程序。
(4)通过各方协商后达成一致的意向声明文件。
(5)为行动、活动、规划以及运营方式提供合理理由和证明的书面风险评估。

864 运动场馆管理者要积极参与到包括地方政府官员以及紧急服务官员的安全咨询小组中。这些小组有助于为运动场馆管理者提供关于如何履行他们的责任方面的帮助与建议，且运动场馆管理者和活动组织者应该在为音乐活动进行规划的初期就联系这些小组。然而，这些帮助并不解除或减轻运动场馆管理者对参观他们运动场馆的人士所负有的责任。

865 运动场馆管理者和活动组织者在活动规划的初期阶段就要开始进行安全规划，因为安全规划对于很多方面包括可容纳人数等重要问题来说非常关键。复审现有的计划以及风险评估是明智的，因为在暂时的安排下这些计划和评估可能仍是合适的，或者可能只需要对其做出调整或修正就可以用来应对不同的情况。

866 活动组织者也可能需要修改某些安全规划以应对特定的情况。例如，规划观众从阶梯观看台疏散，这可能会涉及通向球场草地（作为一个安全地点）的向前移动。显然，如果运动场馆被用来举办音乐活动，且球场草坪区域被指定给观众，那么，必须要考虑观众会尝试通过阶梯观看台撤离运动场馆的可能性。

867 那些参与到复审、修正以及重新撰写重大事件及应急规划、风险评估等过程的人士，他们会通过视察场地（走场地）而有所收获。这个简单的方式被证实极度有效，且可能会发现原本没有被考虑到的却可能会造成伤害和形成风险的潜在问题。

四、观众规模

868 本书在其他章节讨论过计算一个活动的观众规模或可容纳人数的方式。但是，计算在运动场馆里面举办活动的可容纳人数需要考虑一系列的额外因素。确立场馆可容纳人数的目的是保证活动期间的安全进入以及安全接待、活动结束时的安全离开、逃生路径（方式）对参加活动的人员数量是足够的、在音乐活动提供站位的情况下逃生路径（方式）是足够的。确立场馆可容纳人数也可以帮助控制观众密度。了解场馆最大容纳量的另一好处就是有助于决定所需要的急救、现场工作人员、厕所、餐饮设施等的供给水平。

869 当为《运动场地安全法案》（1975）所认证的体育运动场馆计算可容纳人数时，如果已经了解正常观众区域的已定的可容纳量，这是一个直接的优势，这些区域也会提供足够的逃生路径。但是，如果球场草地区域被观众占用（无论是站着还是坐着），或者被临时建筑结构占用（如一个舞台或者看台），则可能需要额外的出口。无论所评估的容纳量和密度是什么，必须强调的是，最终的容纳量不应该超过所计算的可用的逃生路径的容纳量。所以，基于运动

第二十五章 露天运动场馆的音乐活动

场馆的出口的容纳量来对场馆的可容纳人数进行初步计算,这是明智的。

▲ 影响可容纳人数的因素

870 通过减少空间以及限制视线来影响和减少最终可容纳人数的额外因素包括以下方面:

(1) 那些对观众关闭的运动场馆的区域,如后台。

(2) 视线受阻的区域,如后台旁边的舞台左右区域。如果舞台很深且演出者在舞台的靠后区域演出的话,会增加视线差的区域,尤其会增加在阶梯观看台座位区域视线差的区域。

(3) 在阶梯观看台和球场草地处设置的舞台大小和位置——如果舞台大且位置太靠前,则会失掉宝贵的观众区域。

(4) 那些被调音台和调灯台装置(混频器装置)、远舞台区音响架、摄影台、餐饮和商品摊位所占用的区域。

(5) 为了腾出更宽的通往球场草地区域的座间过道而移除的或减少了的阶梯观看台座位。

(6) 附属舞台、为进行表演而设置的大型伸展式舞台以及受保护的进出通道。

(7) 多重护栏系统和围栏——当这些系统用在舞台前台时,这些护栏建筑物以及提供给现场工作人员和急救团队的无菌进出通道会占用球场草地区域的相当大一部分。

(8) 设置在球场草地的急救点。

(9) 在球场草地和阶梯观看台的那些在建筑结构阴影中的区域,比如混音塔台。这些位置通常视线非常差,正因如此不会被占用。

(10) 从阶梯看台区到球场草地区域的观众移动——这些位移会导致球场草地内有比所测量的安全范围更多的观众数量以及更高的观众密度。

871 需要强调的是,舞台建筑结构的位置必须要在场地规划图上协定的正确位置上。至关重要的是,要确保由一个合格人士来监督舞台搭建在其正确的位置上。如果舞台没有搭建在正确的位置上且发生误差,比如所有东西都往球场草地方向多移了1~2米,那么很多与安全相关的问题会接着发生。例如,许多阶梯观看台座位对舞台的视线会突然变得很差甚至什么也看不到,可用的球场草地区域也减少了(这增加了观众密度),而且球场草地的建筑结构也会相应地必须要移动,这会影响更多观众的视线——记住,这可能会发生在当大部分门票已经售出的活动制作当中。

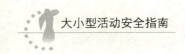
大小型活动安全指南

五、进出管理

872 在体育运动场馆中,入口主要是十字转门,这些入口的数量一般已经得到认证机构的批准。在运动场馆中,为了其原本的设计目的,十字转门或者是入口点的布局会设置成反映体育观众的观看区域。

873 当运动场馆用作举办音乐活动时,有些入口不能使用,因为这些入口是通向舞台后台区域的,或者会损害安全且导致拥挤、挤压、踩踏(让观众从各侧进入舞台前台区域,而同时让观众从球场草地后方进入舞台前台区域可能会损害安全且导致拥挤、挤压、踩踏。因为行进路线和方向不统一,会有交叉,从后面着急进场的观众可能会被在前面的从各侧进场的观众阻挡,造成挤压、踩踏——译者注)。

874 如果所有入口点都不可用,则必须决定运动场馆如何就所评估的可容纳人数让观众安全地进场。体育运动场馆的进出标准基于一个最大理论流量(1 个小时内 660 个人通过一个十字转门)或者实际计算的流量,取其较小的那个流量值,并遵从总体地面进场时间 1 小时的标准(这个标准反映了足球观众的到达模式)。只要不会危害到排队进场的人士的安全,一个更长的进场时间以及一个降低的十字转门流量是可以接受的。

875 要考虑以下因素:
(1)观众的构成特征和特性,以及其可能的行为或已知的行为。
(2)预计观众在更长的时间段内缓慢到达。
(3)至少在第一幕演出前 2 个小时打开入口或开门。
(4)计划使用的十字转门的实际数量及其实际位置。
(5)对通过十字转门进场的观众进行安检的级别。
(6)活动是否是一个公开进出的活动,即人们能否随意、自由移动。
(7)让观众从舞台的对面端进入球场草地的计划。
(8)有座位的球场草地——这会减少单端进出口的需求,且允许更多数量的十字转门打开使用。
(9)预订座位——这会鼓励人们晚点到场,并且不冲闯入口(因为如果是不设预定的位置,人们为了能坐到更好的位置会更早到场且更着急——译者注)。
(10)如果门票在活动当天销售(销售处和取票点应该远离十字转门)。

876 如果大量人群在同一时间到来并且进入场馆的话,拥挤的环境会给运动场馆外围带来消极的影响——这对于在晚上举办的活动来说是个特别显著的问题（场馆的入口处会很容易超载，且不能让观众足够快地进入运动场馆）。健康与安全责任要覆盖到体育场馆外围的人，即使人们在公路上，因此，要考虑以下事项：

（1）及早与警方以及现场工作人员的提供方就引导排队中的观众进行商量和制订计划。

（2）如果需要，要提供合适的护栏系统。

（3）配置部署足够数量的、经过合适培训的现场工作人员。

（4）需要有一个可用的公共广播系统，且其能向等待的观众传播公告和注意事项（观众知悉关于活动和时间的信息，可以使其放心和情绪稳定）。

（5）使用闭路电视来监控排队情况。

（6）如果可以把餐饮设施设置在一个不会造成阻碍、不限制排队或者自由移动的地方，则需要提供这些设施（如果是在公路上，则可能有必要与地方政府相关部门进行讨论协商）。

（7）在运动场馆外围设置急救设施是非常重要的。

（8）要有可供使用的厕所设施——可能有必要提供移动厕所装置（如果是在公路上，那么这需要与地方政府相关部门讨论协商）。

（9）有合适的应急预案计划，以处理观众问题，尤其是缓解位于十字转门前或附近的观众压力点。

六、离场与疏散安排

877 运动场馆观众的离场与疏散安排要已经就绪且被批准。然而，对于音乐活动而言，观众的安排与接待不同于标准的安排。活动组织者要考虑与在球场草地安排接待观众相关的事项，例如，是安排座位还是站位，以及是否增加不会把观众引导到已经人满的阶梯观看台的额外的出口。活动组织者要评估把观众从临时建筑结构疏散的需要。如果在舞台前台使用多重屏障系统和围栏，则需要小心谨慎地对其进行规划和记录。活动组织者要规划观众如何在没有延迟的情况下离开场馆，并且确保任何屏障系统都不会影响观众从球场草地安全地撤离。

878 关于阶梯观看台，必须修正或重新制订紧急事件疏散计划，因为原来的标准计划可能包含使用球场草地作为一种逃生途径或者庇护，而这个标准计划在音乐活动中并不可用。

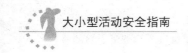

879 当考虑离场与疏散策略时，尤其是在一个体育运动场馆第一次用来举办音乐活动的情况下，要了解到观众会对指示、指挥管理以及紧急事件疏散程序的反应会不同且较慢。这些观众不会有常规体育"粉丝"那样撤离场地的紧迫感。

七、球场草地

880 包含使用球场草地来给观众提供座位安排的体育运动场馆内的音乐活动，必须保证安全地使用球场草地，且有相应的进出通道到达设施设备。所设的安排应该包括以下方面：

（1）提供牢固结实的地面状况，这个地面状况自身不会形成绊倒风险，而且在它们与其他表面和水平面交接的地方不能光滑且不能被点燃。

（2）特殊的供给，例如，包含连接混音装置和舞台设施的电缆线路的坑道、定制的球场草地覆盖装置或者瓷砖。

（3）保护球场草地上临时性建筑结构的护栏系统。

（4）设计好的临时性建筑结构和护栏系统的界面，此界面要成阶梯状，以避免不必要的视线阻碍、出口阻碍以及通向设施的人群自由移动的减慢。

（5）要有战略性地把饮水点设置于球场草地周围，那样不会形成夹点、阻碍以及积水区域——应该要有效地管理这些饮水点。

（6）通过阶梯观看台通向或离开球场草地的进出点，可以允许观众向内部设施、庇护处自由移动，以及允许活动后休息。至关重要的是，要保持良好的秩序以及移动，推荐使用阶梯观看台座间过道作为单行系统，这应该要由现场工作人员和地面闭路电视进行监控和管理。接近舞台前面以及在舞台前面其中一侧的这些进出点必须仅仅被用作离开球场草地的出口，以避免舞台前面过度拥挤，或产生潜在的挤压危险。

（7）球场草地外的座间过道必须要保持通畅，要防止人们为了尝试获得更好的视野而拥到过道上。

八、观众的特征构成——对服务的影响

881 不同于传统的体育活动，在体育运动场馆内举办音乐活动会吸引不同的人群。观众的特征构成会不同且多样，一般会吸引更多的女性、孩童、有特殊需求的人士、上了年纪的人士以及更大的特定世代的族群。观众的特征构成的不同，以及更长的活动时间和入场时间，会要求活动组织者小心谨慎地评估针对

人数容纳量而规划的服务，或者可用服务的适宜性和充分性。需要考虑观众使用或者想使用场址的方式，以及鉴于上述情况，要考虑是否需要重新审视、修改应急预案计划。

九、急救

882 在活动举办期间，有些正常的地面设施可能设在不对观众开放的区域中。在球场草地上尤其是舞台的任意一侧，需要配备额外的设施，用以协助那些管理舞台前屏障、护栏的人士。当规划球场草地急救站时，至关重要的是，要把它们设置在正确的地方，以使它们不暴露于来自附近扬声器架（音响架）的过高声级，并且保证担架与手推车的进出通道良好——不要忘记提供水以及供照明的电。同时也需要在场外提供急救服务，并且可能需要更多数量的医疗工作人员来应对更长的活动持续时间。

十、卫生设施

883 一般来说，现有的体育场馆设施是按照一定的男女比例设置的，如果女性观众人数增加的话，则需要调整这个比例。当考虑这些设施的位置时，服务安排与布置（即下水道和水接头）一定要是可用的，并且它们的位置必须不能阻塞或阻碍流通通道，尤其是会影响到离场和疏散的那些通道。在计算要提供多少厕格时，要考虑可能的天气情况和观众的饮水量。

十一、引导标识

884 一些在体育场馆参加音乐活动的人士很可能不熟悉场馆的布局，对这些场馆的布局以及建筑物用途做出的临时性改变需要额外的引导标识，并要在重点位置，如在通向和离开球场草地的单向进入点安排现场工作人员提供支持。这些额外的标识一定要符合《健康与安全（安全标识及信号）法规》（1996），同时，这些标识不可与已有的标识产生冲突，已有的标识可能需要被取下来或者盖住。

十二、灯光、照明

885 对于夜间演出和夜间活动，为了加强特效和舞台灯光与照明，可能要对球

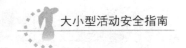

场草地和阶梯观看台区域减低"覆盖"性照明水平。十分关键的是，要维持紧急照明和出口照明，且不能阻挡它们。必须在紧急事件以及活动结束时（观众离开时）为球场草地区域提供适当水平的照明。仅仅依靠运动场馆的强光探照灯来应对这些情况是不可接受的，因为这些系统需要时间通电因而无法及时做出反应——应该要有其他的补充（辅助）灯光、照明。

十三、沟通、通讯

886 关键的是，运动场馆的公共广播系统要可以插入以及中断任何导入的演出的音响系统，只有这样，体育场馆管理团队的活动控制室才可以随时转播安全信息和通告。不同于在正常体育活动里的体验，在音乐活动中一个运动场馆里的环境噪声水平可能会比较高，所提供的支持服务比如安保、现场工作人员、医疗以及防火安全工作人员都依赖无线电广播通信。因此，有必要确保通信系统在这种环境下能够运行。这可能需要对便携式无线电广播设备的麦克风和听筒套件进行升级，以及改变设备的操作方法。

十四、电力装置

887 需要强调的是，包含在运动场馆内的正常的系统可能不足以满足舞台效果、灯光照明以及支持性服务所需的演出制作的电力需求。同时，设置在场馆内的临时性的餐饮和厕所设施（装置）也有更多的电力需求。如果没有提供一个独立的电力供应的话，这些设施和装置也可能使内部电路超负荷。

888 发电机是额外电能需求的正常来源。发电机必须由合格人士进行安装和操作。它们的位置不应该阻挡从运动场馆离场的出口路线，也不应该在观众流通区域制造夹点或拥挤处。要用屏障围栏对发电机进行防护，以防止发生未经允许接触发电机的情况。应该要小心谨慎地规划和监控发动机的电缆电线，以使它们不会妨碍人们的安全移动，且不会被车辆、叉式装卸卡车等破坏。

十五、制作设施

889 在活动举办期间，运动场馆通常只有最少的行政设施和支持设施来供运动场馆管理以及紧急情况服务使用。但是，活动对额外办公场所、仓储、员工餐饮、厂房、设备、卡车磅秤以及艺人区域的需求是相当大的。这些"群落"会发展，且通常会从建筑物后台的边缘发展。这些设施对于演出来说非常重要，必须要对其进行规划、监控以及防护，以避免观众接触，并确保这些设施的位置不会妨碍行人进出通道或紧急情况服务车辆通道。

十六、建筑结构

890 必须强调的是，运动场馆管理层对在运动场馆内搭建的临时建筑结构的安全负有责任，应该参考本书第八章"建筑结构"的详细内容。需要提醒所有在一个运动场馆环境下对临时建筑结构的搭建负有责任的人，如果这些建筑结构的位置欠佳（涉及与其他建筑结构、出口、进出通道和其他设施的邻近度），可能会产生其他严重的安全影响。有些问题可以导致潜在的观众移动的危险发生，这些问题包括差的定位、漏斗型点与夹点的产生以及导致高观众密度的保护性屏障之间的狭隘间隔。

十七、特效

891 活动组织者应该安排、布置好经常在演出最后发生的烟火表演，以避免烟雾充满看台，且避免让烟火的残物碎屑倾泻在运动场馆内向天空观望的观众以及场馆外面的公众的脸上。这样的烟火表演经常从运动场馆看台顶部点燃发放，运动场馆看台顶部并不总会提供安全进出通道，且由于其本身特质，运动场馆看台顶部在建筑建造中是脆弱的。

892 许多在演出中使用的特效是为特定的巡回活动定制、设计和制造的，且可能包含燃料的使用，如瓶装丙烷。使用瓶装气体通常是不被允许的，但是如果活动组织者和运动场馆管理层能够依据已有的安全因素来证明此效果存在的合理性，相关管理部门可能会允许他们使用一次性的效果。

十八、活动工作人员和设施

893 在运动场馆内举行音乐活动可能需要许多不熟悉这个特定地面以及其安全管理措施的工作人员。因此，至关重要的是，运动场馆管理团队要确保所有进入运动场馆的人员，如技术工作人员、承包商、合同制现场工作人员、安保人员、媒体人员、推广单位的工作人员、官员、参与者和艺人代表，都接受了充分足够的简报，且让他们提前足够的了解指挥链以及责任的明确分配情况。

894 如果由运动场馆管理人员负责提供现场工作人员，且有可能使用同样用于体育活动的资源库,那么可能需要重新评估现场的培训工作。由于音乐活动的持续时间更长,还需要考虑现场工作人员的福利保障以及对餐饮、休息设施的需求。在音乐活动中,有一些特别的工作任务,如管理舞台前面的乐池,这需要用到常驻现场的工作人员通常没有的额外技能,这个因素也需要被考虑在内。

895 对于持续时间长的活动,也要考虑"内务工作"的问题,这涉及大量的垃圾产生以及包括厕所在内的所有设施的压力。至关重要的是,要有足够的工作人员去处理这些事项,且保持这些设施安全和干净。活动组织者需要预先规划如何处理在音乐活动中产生的大量垃圾,以免它们危害观众的安全。

896 基于音乐活动的本质、特质以及观众的提前到达,活动控制中心(控制室)需要比平常更早进行运作,并且做好一直运作到活动结束的准备。

第二十六章 室内演出场馆的活动

897 本章旨在阐述当在一个室内演出场馆类型的环境中举办一个音乐活动时需要考虑的一些因素。一个室内演出场馆可以被定义为一个用于公共聚会（集聚）的室内区域。因此，这个定义可以涵盖多种不同的场址，包括从为了举办音乐活动而专门设计的室内演出场馆，到最初并不是为举办音乐活动而设计和建造的场址。

898 许多室内演出场馆是多功能的，因此，它们不但用于举办音乐活动，也很可能用于举办时装秀、体育活动、展览和会议。在拥有若干不同规模的室内演出场馆的更大的综合设施（复合设施）内，有可能在同一个时间有多于一个活动在进行中。尽管本章可能包含可以应用于在室内演出场馆举办的其他类型的活动的良好操作元素，但主要是提供关于音乐活动的建议。

一、规划与管理

899 为举办音乐活动而专门建造的室内演出场馆几乎会有一个年度的娱乐牌照，这个牌照由室内演出场馆的所有者或者管理者持有（在本章接下来的内容中，他们亦被称作室内演出场馆经营者）。如果想要在一个已有娱乐牌照的室内演出场馆内举办活动，那么你需要直接与室内演出场馆经营者进行联络协调。规划的最重要的部分是确定各方之间所要承担的健康与安全责任，以及要用文件记录这些协定或协议。

900 一些室内演出场馆可能还没有获取一个年度娱乐牌照，或者室内演出场馆经营者会要求活动组织者以自己的名义去获取一个专门针对这个活动的"临时的"娱乐牌照。在这些情况下，依然有必要确定各方所应负责的健康与安全责任，尤其是在场址的不同地方有其他活动在举办的情况下。

901 一般来说，室内演出场馆经营者已有这些文件就绪：一份书面的安全政策文件、要求为他们自己的工作人员以及他们自己组织的活动准备的风险评估和重大事件及应急规划文件。如果活动组织者租用整个或部分室内演出场馆，或

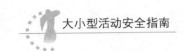

者以自己的名义获取一个娱乐牌照，活动组织者也需要与室内演出场馆经营者进行联络协调，这样才能获取关于现存的安全管理系统的信息。

902 为了准备音乐活动的风险评估，需要确定健康与安全责任。关于室内演出场馆经营者提供的服务，包括工作人员以及设备，也需要对这些服务的协议进行文件记录。可能需要从各方中间的其中一方中任命一个安全协调员。

903 室内演出场馆经营者可能已经准备了自己内部的安全规程，但也需要和任何进入场地的外来承包商针对这些安全规程进行沟通。在被各方占用的场址，很重要的是，在各方之间要达成一致协议，而且要分配好各方之间的健康与安全责任。要确保活动的规划与场址作为一个整体的规划来说是协调的。

904 活动组织者需要建立一个系统，此系统要确保健康与安全信息能够被传达给建筑物中的其他使用者，尤其是如果在同一时间有多于一个活动在举行的情况下，而且这个系统也需要被文件记录以及经各方同意达成一致。

905 如果有其他活动已经预定了此室内演出场馆，则活动组织者可能必须非常迅速地进行活动的拆卸和撤场。活动组织者需要小心地规划那些期限很紧的工作，以避免使工作人员和承包商疲惫且有压力，这样的情况下他们会更容易犯错。

906 应该在和地方政府进行的最早的活动安全规划会议中对所有这些问题都进行讨论。建议室内演出场馆经营者与活动组织者都应该遵循在本书第一章"规划与管理"中列出的指导。

二、人群管理

907 一些室内演出场馆会要求活动组织者聘用场馆现有的现场工作人员与安保人员，有些则不作要求。如果外来的现场服务或安保承包商要与已有的现场工作人员一起工作，则需要建立明确的控管和合作界线。所有的现场服务与安保工作人员应该通过一个中央控管系统运作，活动组织者也应该清晰地明确每位安保和现场工作人员的角色与职务。

908 那些原本并非为音乐活动设计的室内演出场馆，尤其是位于市和镇中心的场馆，不大可能有足够的排队区域。观众可能会在活动正式开始前几个小时就到达。在这些情况下，有必要规划提供护栏或围栏，以免观众排队排到公路上；活动组织者可能还需要仔细考虑安排现场服务和通讯沟通系统，以使观众保持知情，且可以随时转播任何特别的安全信息。

909 排队队伍可能会产生大量的垃圾,包括玻璃瓶和金属罐,可能需要对此安排额外的废弃物容器(垃圾箱)。活动组织者有可能需要在室内演出场馆外提供厕所设施。

910 活动组织者应该与警察、公路管理机构以及地方政府其他相关部门商讨有关观众到达与离开室内演出场馆的管理。可能需要额外的现场工作人员去指引观众离开场馆去寻找等待的大巴车。到最后,大部分的观众都会离开活动现场。重要的是,要提前与公共交通提供方进行合适的洽谈磋商,以确保有足够的公共交通提供给观众(参阅本书第七章"交通、运输管理")。

911 要同意且采用警方机制,以控管室内演出场馆外面不守规矩的行为。观众无序到场的情况是常见的。然而,这可能会根据是提供编号座位的活动还是提供站位的活动而不同。后者中,观众可能会想早到以保证自己得到一个靠近演出或舞台区域的站位。

912 要确保活动的重大事件及应急规划考虑到因需要疏散室内演出场馆而产生的问题。观众突然涌入周围的街道可能会产生交通拥挤问题,且妨碍了紧急情况车辆的进出通道。重要的是要告知观众,活动是否会继续或者被取消。这会决定观众是留在室内演出场馆还是离开室内演出场馆回家。活动组织者应该要对这两种情景进行规划安排,且现场工作人员应该就必要的处理程序获得合适的培训。

三、交通、运输管理

913 关于停车位、公共交通以及其他交通方式(如特殊公交车或客车服务)的可用信息应该与音乐活动一起进行公告和宣传,或者印在门票上。观众是通过自驾车还是乘坐客车、火车、公交车或地铁到达室内演出场馆,这在很大程度上取决于是否有足够的停车区域,以及靠近室内演出场馆的公共交通设施的可用性(参阅本书第七章"交通、运输管理")。

914 要检查与活动重大事件规划有关的交通、运输管理。如果需要疏散室内演出场馆且活动在开始之后要取消,这都要提前进行规划,要考虑到观众突然大量涌入公共交通网络以及周围道路的情况。重要的是,交通运输提供方、警方以及其他机构要迅速获取到信息,以使他们能够实施紧急情况处理程序,而不是在情况发生之后再做出反应。

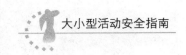

四、场馆设计

915 当规划室内演出场馆活动时，活动组织者要切记，与户外绿地场地相比，室内演出场馆有一定程度的刚性（即缺乏一定程度上的灵活性），如场址的大小、现存的厕所设施以及固定的出入口。因此，室内演出场馆的人数可容纳量首要决定于在发生火警的情况下的逃生路径以及限制因素——针对不同的站位或座位配置、安全出口门的宽度和适合性。为了确保室内演出场馆适合举办音乐活动，可能也有必要从外面带进来一些临时的设备设施，如额外的厕所和发电机。

916 关于是否可以在室内演出场馆内使用不同的站位或座位配置，室内演出场馆经营者需要就此与消防部门和地方政府相关部门达成一致，这样才能提供给活动组织者一份经多方面同意的部署和安排。事先批准的、详细具体的室内演出场馆布局对活动来说是非常有用的。

917 在室内演出场馆的整体设计中，要考虑到任何必要的护栏、围栏的位置及设计。所有建筑结构（无论体积多小）的位置，都应该在规划图中展示出来，如餐饮摊位和展位，因为在发生火警的情况下或者其他紧急事件中，这些可能会影响人员的安全疏散。

五、建筑结构

918 室内演出场馆经营者可能会安排自己的设施和员工，去为一个音乐活动建造必要的建筑结构，如舞台和座位。但是，活动组织者可能也需要安装自己的建筑结构。活动组织者应该清楚地对同意协议进行文件记录，包括要带什么建筑结构和其他设备进场，以及谁会负责其正确的定位、布置、安全搭建和使用。舞台的不正确定位、安置可能会严重地影响观看区域（参阅本书第二十五章"露天运动场馆的音乐活动"相关内容）。

919 应该对加入现场的外部工作人员和现存内部工作人员之间的健康与安全管理系统进行定义和文件记录。活动组织者需要确保自己带到现场的外部承包商是合格的，并确保承包商重视现有的健康与安全程序（参阅本书第190条内容）。

第二十七章　大型活动

920 一个"大型活动"通常由一个或多个以下内容构成：
（1）多个舞台。
（2）多个演出。
（3）多个活动项目。
（4）多天。
（5）场地的物理大小（户外）。

921 然而，显著的因素是观众的规模——通常是 15000～35000 人，甚至有时候会超过 100000 人。可以把一个大型活动看作和任何活动一样，但有更多设施、服务和工作人员等。活动组织者应该参考本书的专业章节，本章中也会谈及活动规模需要特别注意的一些领域。

一、规划与管理

922 需重点强调的是，大型活动非常需要进行大量的咨询磋商和规划。一个包括紧急情况服务和地方政府代表的活动安全管理团队的形成，是体现活动组织者的实践性的一个有效的方法。活动组织者可以在活动之前、期间或者之后安排团队会议，也可以与任何申报正式的公共娱乐许可证程序同时进行。如果给予一个充足的前期准备时期，应该有可能让这个安全管理团队发展成为一个可以解决任何困难的工作团队。

二、人群管理

923 当计划的出席人数成为提供服务与设施的关键因素时，这些人数应该包括来宾和工作人员的数量。根据活动本身特性的不同，可以有多达 10% 的容纳人数是活动的来宾或者工作人员，这会对现场基础设施产生额外的负荷。

924 要同时考虑通过早点开放现场与限制退场来减轻当地交通拥挤的情况。针

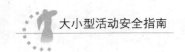

对场地逐渐增加的人数，应该要相应地逐渐增加提供的服务。

925 在某些情况下，对于名义上的非露营活动，在通常安静的夜晚提供应急露营和低音量娱乐可能是有用的。但是，这可能会改变后续那些年的活动的性质。门票价格体系可能会控制观众的到场情况，特别是在周五晚提前到达来参加周六的活动中。

926 场地内需要有有效的人群管理。舞台布局与设计、观众规模及护栏的技术性问题会在别处进行探讨。在一个大型活动中，布局设计应该要考虑观众在整个场地的移动情况，且应该最小化交叉流动和拥挤点。在理想的情况下，一个车轮形的布局设计（娱乐设置在中心，以及露营设置在边缘）可以与一个或多个以下因素相结合：

（1）区域现场服务或单元现场服务，以维持一个受控的观众移动规模。

（2）动态的娱乐管理。这个动态的娱乐管理把在不同舞台的节目并入观众管理项目中。

（3）保证遵守时间安排和演出次序，以避免演出结束时的冲突。

（4）主要舞台的平缓、逐渐闭幕。

（5）持续的（可能是一天24小时的）低阶娱乐活动，如电影或集市。

（6）在既定露营区域内不允许娱乐活动。

三、重大事件规划

927 一个大型活动的基础设施的规模及复杂性，加强了活动对全面的重大事件规划的需求。活动安全管理团队要与地方政府紧急事件规划官员进行协商（这些官员了解地方安排），并在此基础上制定相关规划。应该考虑以下方面：

（1）全场疏散是否可行，或选择性疏散是否更可取？

（2）在某些情况下，活动场地的食物、水和卫生设施可能还在一个很好的规模下运作，而这种规模是其他地方所没有的，这种情况下场地疏散是否合适或是否值得？

（3）在其他地方，什么基础设施是可得的？

（4）活动场地某处的大规模人员离去会对场地其他地方或者所在地区产生什么影响？

（5）公共广播系统在各种紧急情况中有什么作用和影响？

四、交通、运输管理

928 如果有公共交通接驳,那么使用集成票务系统可能会鼓励人们使用这些公共交通接驳。基于活动本身和交通的便利性,许多人可能选择集成的客车加活动这种交通方式(活动的一种售票模式,其包含门票和交通,类似一个套餐一样可供观众选择——译者注)。在乡村或者没有其他交通方式的地方,许多观众几乎不可避免地会采用自驾车的交通方式,应该针对与这种交通方式相关的后勤以及其对当地的影响进行早期咨询和商讨。

929 应该尽快且有效地把交通、车辆从公共道路系统调动到场地上——使用专业的现场服务系统可能是最好的选择。在活动场地内,停车区域应该被划分为易辨识的区域(可能与邻近的露营区相连),并且交通、车辆应该按既定路线进行,以避免驶进专用人行道或区域。

五、孩童

930 活动规模大小产生的一个影响是,人们可能更容易走失。活动组织者需要考虑提供夜宿的需要和《英国孩童法》(1989)的实施、作用(参阅本书第二十二章"孩童")。

六、信息、福利保障与援助

931 要提供一个全面的信息与福利保障服务,活动组织者要随着活动的进行以一个主动的方式吸收和协调信息,以便其他机构(如医疗和警察服务)可以执行他们的专业职责。一般来说,个人在活动期间所有可能需要的东西都应该在现场一应俱全、现成可得。尤其重要的是,要有足够数量的食摊来满足观众的需求。

七、电视、媒体

932 国家和国际媒体的出现可能会影响一个活动的进程,特别是错误地宣传剩余门票可能会导致问题。要确保有发布正确信息的渠道,以便把信息协同地发布给媒体。

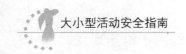

八、场所与场地设计

933 一个持续多天的活动的场地设计，必须为观众以及维修保养设施的人员考虑到 24 小时使用设施的需要。

九、消防安全

934 关于消防安全管理团队的责任领域，应在活动前进行商讨。在什么情况下当地消防队会出面处理，各方对此必须有一个清晰的理解，且必须建立沟通渠道及通信线路。针对如何安全地处理演出区域的小型火警，应该要有一个计划和程序准备就绪。

十、卫生设施

935 在所有户外绿地的活动中，水的供应是限制观众规模的重要因素。因为无论是水还是污水，都需要处理移动大量液体的后勤工作。当抽水马桶是首选时，它们容易受到水供应故障的影响，且即使恢复供水后，它们也可能很难恢复使用。减少厕所区域但在每个区域设更多的厕格（受制于适当的进出通道和有效的、持续的维护保养）意味着更多数量的厕所会保持运作。对于过夜或多天的活动，则不可避免地会存在一个早高峰需求，尤其是当露营区域提供淋浴的情况下。

十一、食物和饮用水

936 食物和饮用水的供应必须足够应付活动的整个持续时间，需要有提供给露营者购买基本商品（如面包、牛奶等）的设施。为了确保水的充足供应，需要有相当多的临时管道工程，而这容易受到损害以及污染的影响。应该考虑将场地内的水供应分隔为若干独立的供应区域，在这种方式下，一个影响水供应的严重事件不会影响整个现场。活动组织者可能有必要通过提升氯化水平以高于正常水平来保护水供应的质量。使用按压式水龙头可帮助减少水资源的浪费。

十二、活动工作人员的健康与安全

937 活动组织者要设立一个带责任授权的合适的管理制度。安全管理团队应该包括有过往或相似活动经历的人士。持续多天的大型活动会遇到的其中一个问题是管理者和承包商的疲劳。所有人都会在紧张的、有压力的情况下长时间地工作,而且如果这没有引起重视和得到处理,他们所做的决定的质量(其中一些可能会是很关键的)可能会很糟糕。

第二十八章　小型活动

938 本章包含专门给小型活动组织者的建议。目前的困难在于如何定义什么是小型活动，并且基于这个定义本书的哪些部分适用和哪些部分不适用。活动组织者要考虑的重要因素并不是活动能否被定义为"小"或"大"，而是活动所需要的设施和安全管理系统的水平和范围，以确保参与人员的健康、安全以及福利保障得到保证。

939 本书主要是为超过 2000 人参与的活动提供建议。因此，其中的安全和福利援助建议反映了这个数字的需求。对于小型活动的组织者来说，本书能帮助其考虑需要关注的安全事项。活动的整体活动风险评估会帮助活动组织者决定需要投入使用什么系统或预防措施以管理活动的安全。但是，请记住，管理任何规模的音乐活动都需要良好的安全规划程序。

940 本章包括完全或部分在露天、大帐篷或在其他临时性建筑结构中举行的小型活动，本章也包括针对在固定建筑物室内举办的小型活动的有用的安全建议。

一、规划与管理

941 建议小型活动的组织者运用本书章节的标题来作为活动规划的一个结构框架或者清单。所有活动组织者都必须清楚知道他们的责任——对于观众以及其他活动参与者，包括演出者、商家等。

942 小型活动的组织者不应该因为活动被视为小型则认为与其相关的风险就会较少。不仅参与人数对于活动管理来说尤为重要，而且活动中的项目本身和观众类型也将影响到活动的安全要求。对于小型活动的组织者而言，同样重要的是，要对活动进行风险评估，以识别何种危害有最高的重要性，因此活动组织者也要识别本书的哪些部分是最为相关的。户外绿地场地的普通危害点，如兔子洞、在长草中的带刺铁丝网、近期出现的动物粪便等，无论对小规模观众还是对大规模观众来说都是一种危险。

943 活动组织者应该制作一份安全政策声明,此声明要清楚地描述活动组织者会如何计划管理安全、谁负有特定责任以及这些事项将如何实施。风险评估和安全政策不需要冗长或复杂,但应该清楚地展示所有用来确保参与到活动中的全体人员安全的措施。活动组织者可以在本书第一章"规划与管理"以及在"参考资料"和"更多信息"部分列出的英国健康与安全执行委员会文件中找到关于如何起草风险评估及安全政策的指导。

944 活动组织者应该组织一个安全管理团队,以实施在安全政策中阐述的行动。对于一个小型活动来说,2~3人的安全管理团队就足够了。活动组织者应当起草一份场地安全规则的清单,并将其分发给需要了解安全规程的所有工作人员或助手。要确保任何雇用来建造舞台、搭建帐篷或摊位等的承包商或分包商有资格、有能力在现场管理其自身的健康与安全。活动组织者要向承包商索取他们的安全政策文件、针对他们工作的风险评估文件以及安全方法声明文件。

二、工作人员配置

945 小型活动可能只有较少的预算来进行运营,且常常依赖于热情的帮手而不是受薪员工或合约服务公司。至关重要的方面是,活动管理团队需要有良好的协调以及对助手的严密监督、支持和监管。组织团队有时候可以在小型活动中提供许多服务,如餐饮及现场服务,而不是从商业公司那里购买这些服务。所有助手都需要认识到会影响到服务提供的法律、法规以及指引。

946 关于工作人员及助手的管理,要求活动组织者明确指定其清晰的工作职责及责任。对于没有经验的工作人员和助手,特别重要的是让他们接受合适的培训及监管。

947 在活动中工作或提供服务的所有人员都应该清楚他们被要求做什么、怎么去做以及何时需要完成任务,这可以通过准备一个计划日程表来说明何时需要开展工作、由谁开展,并通过把其告知所有相关人员的方式来实现。

三、场地服务及设施的提供水平

948 虽然一些在本书中所推荐的服务提供水平可能针对小型活动会相应降低,但有些领域需要的服务提供水平至少要达到最低限度,如厕格的数量明显不能低于2个。事实上,急救人员、现场工作人员等的数量永远都不应该低于2

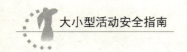

个，以便应对紧急事件或意外事件的发生和处理。

四、与当地政府的联络、协调、沟通

949 小型活动的组织者应该向相关的当地政府官员及负责活动的紧急情况服务代表进行咨询。这些官员将能提供建议和帮助，包括是否需要一个娱乐牌照。

950 要向当地政府提供充足的书面信息，以使官员能理解、认识到活动的性质。在任何情况下，这些文件都要作为活动规划的一部分做好充分准备。

951 这些文件应该包括以下事项：

（1）一份活动描述，包括搭建及拆卸时间、观众规模、活动项目的类型等。

（2）一份场地规划图，显示相关活动特征及活动与邻近社区的关系。

（3）一份组织团队的主要人员的名单以及他们的责任清单。

（4）风险管理战略，包括一份风险评估文件、一份安全政策文件和一份场地安全条例文本。

952 在活动期间，在现场应该有更多文件，包括以下事项：

（1）提供给任何聘请来搭建舞台、帐篷、天幕、摊位等的承包商或分包商的安全政策、风险评估以及安全方法声明。

（2）与娱乐相关的任何活动项目（如充气城堡、弹床等）的风险评估及安全文件。

（3）任何带进场地的工作设备的法定检验证书，如电气设备、发电机、起重设备。

第二十九章　古典音乐活动

953 一个古典音乐活动被定义为一个在室外绿地场地的户外演出——通常是在一个庄园场地内的公用场地（有树丛的开阔草地），观众自带座椅、食物和饮料，且在一个指定区域内随意选择自己想坐的地方。

954 和任何其他活动一样，与当地政府和紧急情况服务机构的初步规划会议是至关重要的。对于一个巡回活动而言，在上午开始"搭建"且在夜间演出结束时马上"拆卸"的情况并不少见。

一、人群管理

955 一个古典演唱会的现场服务配置与一个流行演唱会的现场服务配置非常不同。古典演唱会的观众的结构组成倾向于较年长并且较为沉静的人士。但是，有些古典音乐家和流行演出者相似，都有一批追随者，所以将这些音乐家的演出视为摇滚音乐活动是明智的。

956 现场服务可能（整体或者部分地）由当地的志愿团体进行承担。这些参与现场工作的志愿者需要接受培训。应该任命或指定一个有经验的首席现场工作人员，此现场工作人员已经经过培训，有能力处理有潜在冲突的领域（如去熄灭燃着的烤肉架、转移观众以避免过度拥挤等）。每 250 名观众配备一名现场工作人员的比率被证实是有效的。

二、交通、运输管理

957 对于在一个户外绿地场地举办的演唱会来说，位置设置在靠近主要交通路线的情况并不常见。大部分观众会乘坐小车或自驾车来，因此那些通过小路和有关卡的入口的车辆进出通道可能是限制可容纳观众人数的一个因素。活动组织者需要有应急计划来应对坏天气，这包括碎砖垫层和牵引车的可得性及使用，或实施交通改道。

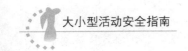

958 利用志愿工作人员在现场指挥交通和组织停车的情况并不罕见。在观众人数超过 4000 人的情况下，可能需要一个更有经验的团队。除非警察特别要求，否则现场志愿工作人员一定不可以在公共道路上指挥交通。

三、演出者

959 一个古典管弦乐队可能有 75 个或更多音乐家或演奏家。如果有合唱团，则可能大大地增加人数。重要的是，要为他们提供专用的停车设施和福利设施。

四、场所与场地设计

960 当使用一个户外绿地场地作为一个音乐场址时，会出现可能从未出现在专门建造的室内演出场馆的问题。最初设计为由一个家庭使用的田庄，可能在一个晚上应对大量观众时会出现超负荷的迹象。当数千人使用时，狭窄的通道和台阶可能形成相当大的危害，因此需要确定和标识那些针对场地基础设施（舞台、移动式厕所等）的合适的进出通道。场地中一些危害是很容易识别的，如湖泊；但其他的一些危害却并不容易识别，如兔子洞。这只能通过了解当地知识和走场地来发现这些危害。

961 牲畜在音乐声或者烟火中可能会受到惊吓，而音乐声或烟火几乎无可避免地会出现在这种活动中，因此，应该做出安排，在演唱会之前就转移牲畜。

962 在紧急情况下疏散场地以及疏散观众，这在空旷的公用场地或有树丛的开阔草地通常不是一个问题，但是如果是在一个规则的庭园场所中，且在需要通过通道进入其中的情况下，在这样的场所中进行疏散则需要深思熟虑。

五、卫生设施

963 除非使用再循环装置、环流装置或者非水冲装置，否则场地的水供应可能是限制观众规模的一个因素。应该预期到，观众对这些设施会有较高的期待和需求，因此，在演唱会期间所有装置由始至终都应该受到维护和保养。

964 厕所的数量应该基于本书第十四章"卫生设施"里所推荐的标准。一般而言，如果厕所集于一地且从观众区域容易进入的话，那么厕所的使用效率会更高。一个例外的情况是，在较大的场地中，无障碍设施或者残障人士所使用的轮椅可进入的设施可以被安置在观众区域的任意一侧，以减少有特殊需求的人士的行进距离。

六、食物

965 在一个典型的古典活动中，观众会进行野餐。活动通常是不允许个人烧烤的，所以活动的餐饮设施需要为观众提供他们没法准备的热食与热饮。

七、废弃物

966 户外绿地场地通常是动物的家，如鹿、羊和牛，如果废弃物没有被有效地清理干净，可能会对这些动物造成极大的危害。在有放牧动物的场地，重要的是，在演唱会的当晚收集尽可能多的废弃物，同时在次日早晨进行清扫以收拾松散的废物料，如烟火碎片、钉子、螺栓和塑料配件等。

967 此外，许多场所可能会在演唱会随后的那天对公众开放，所以重要的是，在活动撤离时场地应与活动举办前的状况一样。观众一般都会尊重活动现场，而且如果发给观众一个垃圾袋（使用白色垃圾袋以增加其在夜间的可见度），他们会把垃圾带走，或者捡起垃圾存放好以便垃圾处理。

第三十章　不设围栏或非售票活动，包括电台路演

968 在开放式场地，如地方政府公园，不设围栏或非售票活动是非常流行的。偶尔地，免费活动会在现有的室内演出场馆或露天运动场馆举办。针对在露天场所举办的不设围栏或非售票活动，本章旨在强调，在考虑这类活动的健康与安全方面时必须要考虑的特定问题。关于在室内演出场馆和露天运动场馆的这类活动以及电台路演，前面已经给出一些特定的建议。

一、规划与管理

969 本书第一章"规划与管理"提供了有关应用良好健康及安全管理系统的信息。

（一）风险评估

970 当有大量人员参加活动时，应该对整个公园或露天场所进行检查，以确定是否存在任何会产生较大风险的特别危险。在挨着或有水景（如湖泊、河流或池塘）的地方举办的活动，需要特殊的配置，以防止人们坠入水中或在水中游泳。活动组织者可能需要雇用经过救生技能培训的现场工作人员，并树立额外的警告标识。在某些特定情况下，可能有必要在物理上将选择作为活动举办地的区域与公园或露天场所的其他区域分割开来。

（二）搭建、拆卸

971 这种没有外围围栏的情况可能会对在现场工作的承包商产生额外的问题。公众会经常在场地周围闲逛，看看活动场地究竟在发生什么。应该要把场地周围的车辆移动限制在专用道路上，并且车辆要遵守严格的速度限制（如8公里/小时）及使用危险警告灯。如果公园或露天场所的使用情况严重（如人流很多），可能有必要考虑让一个相关工作人员走在移动车辆的前方进行指引。

972 活动组织者可以暂时封锁隔离正在施工的区域，以确保没有公众闲逛进施工区域。这时需要有更强的安保措施，尤其是在夜晚，以确保所搭建的临时建

筑结构不会遭到任何形式的破坏或损害。因此，应该考虑为活动提供专业的安保人员。

973 当搭建临时的可拆卸的建筑结构时，要遵循本书第八章"建筑结构"中的指导。电台路演倾向于使用专门为路演而改装的、包含一个完整舞台的车辆。这些车辆需要停在坚实的、有充足排水系统的、水平的地面上。如果这些车辆停放在草地上并且有下雨的可能性，则可能需要考虑使用临时的硬质板供其停车。重要的是，要确保在场所设计中给车辆和舞台提供足够的空间。

（三）人群管理

974 在公园或类似的地方举办免费活动的好处是没有封闭的演出区域，因此，对人群流动没有物理上的限制，但是对于这种活动，总是很难预测当天可能到来观众的人数。正如本书一直强调的那样，为观众的安全和福利所进行的规划是与参加活动的观众的规模和性质相关联的，所需要的现场服务人员的数量取决于整体风险评估。应该要考虑到，观众人员很可能会分散在一个较大的区域。

975 在这些情况下，活动组织者将需要估算预期的观众数量。这个估计值根据不同的要素可能会相当不同，这取决于演出者当时受欢迎的程度、天气状况、在当地区域同一时间举办的其他活动以及媒体给予活动的关注度。在估计可能到来的观众人数时，要获取尽可能多的信息，而且所有场地设施包括现场服务人员的数量，将取决于观众的预期人数。高估观众人数比低估观众人数要更明智。

976 在现有的场址（建筑物）举办的免费或非售票活动，可能会在确保现场观众数量不超过场址本身可容纳最大观众数量方面产生问题。在这些情况下，可能适合通过发放免费的票来允许观众参加活动，或可能适合启用一个统计进出场馆观众数量的系统。

二、先游行后活动

977 有时候，活动开始前会有游行，因此，大多数人会在同一时间抵达活动现场。活动组织者必须小心注意，以确保场地和服务设施都已经准备就绪，且能够在有限的时间内应对大量人流。在这种类型的活动中，现场服务人员的培训是很关键的，以确保观众被引导到预期的地方。

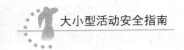

三、给人群的资讯

978 当一个活动有售票时，关于活动时间和交通路线的信息可以附在门票背面。当无法使用这种方法时，更需要在宣传单（传单）、当地电台以及报纸上提供关于活动的信息。同时，也要在活动全程用电子告示板提供信息。

四、重大突发事件规划与紧急情况进出通道

979 在不设围栏的活动中，规划紧急情况和设计专用的紧急情况进出通道更为困难，因为这种活动没有办法把观众控制在一个区域内。在设围栏的活动中，一旦观众都在演出区域观看活动，在场地周围进出则会相对容易。在不设围栏的活动中，观众能够移动到公园或露天场地的所有地方，这可能会妨碍紧急情况下车辆的移动。要考虑为专用的进出通道提供警戒线以及合适的现场服务。这可能需要对公园的现有外围围栏做出调整，以便观众可以从公园安全地疏散，而不是从受到限制的公园出入口疏散。

五、通讯

980 良好的通讯系统对健康及安全管理是至关重要的。在不设围栏的活动中，在场地周围的现场服务人员的位置可能更容易出问题，因为容易界定的现场服务位置更少，如通到设围栏的演出区域的进出口。现场服务人员需要展现更高的纪律性，要留驻在他们被安置的区域内，且不在场地周围闲逛。在一个大型的场地，这可能需要更多地依赖无线电广播通讯的使用，且现场工作人员需要配备一份清晰的网格化的规划图，以便他们能在召唤援助及确认自己的位置时更加精确。

六、演出者

981 活动组织者可能有必要为演出者提供一个安全的后台区域，要用围栏安全地围护这个后台区域，以防止观众尝试接近演出者。在演出者的到场和离场计划中，可能需要包围、隔离独立的区域和道路。

七、孩童

982 相比传统的售票或设围栏演唱会，可能有更大比例的带孩童的家庭参加这

种不设围栏类型的活动。孩童与年轻人参加此类活动的情况也更多。活动组织者要提供"求助点"和处理走失儿童的设施（见本书第二十二章"孩童"）。

八、信息与福利保障

983 活动组织者要为信息与福利保障提供设施。更为重要的是，应为观众设立会面点或结集点，因为这类型活动中没有让观众能够识别的通常意义的入口和出口。

九、场所与场地设计

984 如果出席活动的人数大大地超过了预期数目，在场所设计中应该要考虑到后备区域。需要用后备区域来防止观众堵住道路或者专用的紧急情况逃生路线。

985 食物和商品经营店、厕所、急救点和其他场地设施的数量取决于预期的观众出席人数。活动组织者同样需要小心仔细地考虑食物和商品经营店、急救点、福利和信息点以及厕所的位置。与通常筹划为一个设围栏的或封闭的演出区域相比，这种活动中的观众很有可能会分散在一个更大的区域，因此这些设施的位置也应该要体现这点。

十、食物与饮料

986 现场不应该销售用玻璃瓶盛装的食物与饮料。活动组织者应该联系当地的酒吧和食品店，要求他们在活动期间不使用玻璃容器出售食物和饮料。

十一、废弃物

987 在不设围栏的活动中，实际上是不可能阻止观众携带玻璃瓶器和罐子进入场地的。关于这方面，活动组织者要考虑提供尽可能多的前期宣传；应该提供专门的收集容器来鼓励观众安全地处理他们的玻璃容器；如果可能的话，应鼓励人们把玻璃容器中的东西转移入塑料容器中。

第三十一章　通宵音乐活动

988 本章强调当组织一个通宵音乐活动时要考虑的一些事项。通宵活动可能发生在以下任何地点：围绕一个庄园的公用场地或有树丛的开阔草地、户外绿地场地、仓库、休闲中心（设施）、展览馆、专门建造的室内演出场馆以及夜店。

一、观众构成与概况

989 通宵活动倾向于吸引年龄阶层在 18～30 岁的参与者（通常男性参与者稍多）。通宵活动是与"泡夜店"概念较一致的活动，预期会吸引年纪稍大的观众：20～35 岁，男女比例 50∶50。

二、管制药物

990 活动组织者应在现场安排一个适当的药物或酒精咨询机构，以确保一旦有人需要建议或帮助，可以为他们提供服务，这样安排可能是谨慎明智的。应该让一些工作人员在活动结束后留在现场，直到场地清理完毕或者没有发现问题为止。

三、入场

991 考虑到人们可能会在夜晚或冬天长时间在寒冷天气排队参加活动，要努力缩短人们排队的时间。

四、活动的持续时间

992 通宵活动的持续时间会各有不同，但是对于室内活动而言，10 小时是正常的；对于室外周末活动而言，超过 16 小时也并非不正常。而且，这种活动会有一个"搭建"期，演出之后也会有一个"拆卸"期，这对当地环境会造成影响。

五、管理

993 有关这些活动的安排会反映本书其他章节中的相关内容。大多数户外活动都会持续单个夜晚，但对持续多个晚上的活动，很可能需要设一个晚间工作组来处理场地四处的"日常维修"。基于这些活动的持续时间，要确保工作人员和承包商能得到足够的休息。

六、格局

994 如果场所的布局设计允许，这些活动的格局应该是在不同的区域上演不同类型的音乐，观众在整个活动中可以从一个区域移动到另一个区域。当人们尝试进入有主要 DJ 或者现场表演进行的特定地点时会引起人群流动，这意味着需要进行人群管理。

995 要确保在场所公开地宣传、标示"节目单"，比如在排队道、围栏板以及信息点或咨询处。活动组织者应该确保根据不同区域的可容纳人数进行演出节目的编制和设计，安全地把人群分散在场地四处，以避免过分拥挤、进出点产生压力以及场地四处的大规模移动。

七、场所与场地设计

996 户外活动易受天气的影响，因此应该有恰当的应急安排，因为在极端恶劣的天气状况下，地面状况可能会迅速恶化。低水平的人工照明亮度可以预防"滑倒和绊倒"的危险（在通宵户外活动中，且天气恶劣环境恶化的情况下，如果使用高水平的人工照明亮度，当观众从暗处进入高亮度的区域，容易因为亮度太强视力不适应而看不清地面，同理，从高亮度区域进入暗处也容易因为亮度差异而导致看不清地面；还存在的可能性是，低亮度的照明在晚间会形成较少的阴影——译者注）。

997 应该限制场地周围的车辆移动，特别是在夜间，因为这可能非常危险（因为人们可能会坐着或躺着）。可行的话，应使用专用的行车路线。外围围栏系统之间形成的"壕沟"可以形成一条理想的行车路线。然而，必须用荧光带

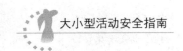

或白色颜料清晰地高亮标注或强调围栏的支柱结构（比如支柱撑杆和建筑支架）。

八、大帐篷、天幕

998 户外活动通常在跳舞音乐帐篷或露天场地中举办。一个影响观众安全的需特别关注的问题是：帐篷盖是否足够遮挡活动的可容纳人数。一个户外的日间演唱会可以长达 13 小时，且缺乏为观众提供的应对天气的遮盖物。然而，夜间空气温度可能会迅速降低，且可能只有有限的公共交通，或者场地可能远离其他设施，因此，风险评估应该要考虑到低体温症出现的可能性。

999 一个合理百分比的观众群应该能够找到遮蔽的地方，尤其是在坏天气下。所有有遮蔽的住宿必须要遵循本书第八章"建筑结构"和第三章"消防安全"中提到的相关的建筑及消防安全标准。

九、"放松"区域

1000 快节奏舞蹈可能会导致参与者体温上升，且这可能会因一些药物的效果导致情况恶化。因而，非常关键的是要提供一个或者多个"放松"区域。这些区域可以让人们冷静下来，且处在一个更加平静、冷静的环境中。这些区域可能也会有音乐，但更安静些且更放松些。这些"放松"区域可以采用多种形式，比如一个房间、帐篷、设座位的大帐篷（天幕）或者户外空间。

1001 在冬天的时候，如果提供一个户外"放松"设施，空气温度可能会太低，以至于可能有必要为"放松"区域提供暖气，如大帐篷或天幕。在这些区域，应该保持有工作人员在场服务，且特别留心观察可能需要医护或福利援助的人们。如果青年顾问或药物顾问在现场，他们也应该特别留意这些区域。关于此，可以在出版物《安全地跳舞到黄昏》（*Dance till dawn safely*）中了解更多的信息。

十、室内场馆的通风系统

1002 大多数用作通宵活动的夜店和仓库型场所通常不能提供一个备有空调装置的环境。尽管如此，还是能够使用多种办法来达到标准良好的通风。

1003 由于场地存在大量需要移走的湿热空气，可能会需要使用高速度的风扇

（强制通风或诱导通风）以达到足够的换气。如果可能的话，应采用一个"平衡"系统，用吸入场馆的新鲜空气替代被提取的空气。在这种情况下，需要对制造烟雾效果的机器的使用或者类似效果的使用进行谨慎的评估。

1004 如果场馆不能像前文所描述的那样实现良好的通风，则可以采用临时性设施来缓解观众的不适感，如放置在大约 1.6 米高（人脸高度水平）的高速度风扇。可以将这些风扇放置在人们站立区域的旁边，比如吧台。

1005 如果能提供对流通风，使空气快速地流动，这最好不过了。在实际操作中，这可以通过打开在建筑物对立方向（反方向）的门或消防出口来实现。基于场馆的位置，噪音"溢出"可能并不成为一个问题；然而，在许多情况下，还是很可能会成为一个问题。打开任何一个门都必须受到管制，管制的方式可以是通过 DJ 或主持人向观众解释，出于安全原因需要有控制地开闭任何门以减少声级（或对外产生的噪音——译者注）。如果采取了这种办法，那么场馆内应该不会出现公共秩序问题。

1006 在小型室内演出场馆或者房间，可以使用便携式的空调机组，它们会合理地降低温度。轻型的建筑结构在冬季的月份会迅速变凉，而在夏季期间会变得极热。

十一、水

1007 在活动中有多种方法可以提供水。通常会有一个总管道供应水，但也可能要用到水槽车。永久性场馆或固定场馆内的水供应可能来自上行水管或者盖住的（密封的）水槽。

1008 重要的是，如果洗手池的单个水龙头可提供可变温的水，则要确保水温不会过热。用作个人卫生的洗手池水龙头不应该用于饮用水，因为这些水龙头可能会通过各种途径被污染，比如呕吐。

1009 要确保可以收集和保留饮水器的废水，且地面不会变滑或导致危险。饮用水水龙头应该一直要有标签标注是饮用水。总管道水供应的水压应该要足够应付从主管道中用水的水龙头的数量（按压式水龙头）。活动组织者要向当地水务公司寻求技术建议。实践显示，每 750 人配备一个饮水器在实践中是可行的。

十二、免费饮用水

1010 毫无疑问，提供免费饮用水是保持跳舞活动中个人安全的最重要的方面。

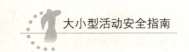

尤其在室内活动中，人们可能会大量地出汗，因而每人每小时需要摄入大约556毫升（1品脱）的液体。让人体的核心部位保持凉爽是很关键的，否则人体会过热（中暑）。然而，有告诫指示：太快地喝太多水和喝太少水有同样的危险，且可能会导致后果严重的医疗问题。

1011 无论场馆是什么类型，都必须提供免费饮用水。供水的方式可以包括带喷水管或喷水水龙头的水槽车、饮用水器、单独密封的瓶装矿泉水，以及由酒吧或餐饮工作人员装满的防水纸板箱，等等。

1012 现场服务工作人员应该知道这些饮水设施的位置。

十三、酒和软饮

1013 在通宵活动中酒的消耗情况会基于活动的性质不同而不同。含糖高的"能量/等张"（isotonic）软饮或果汁可以帮助补充人们在热环境下跳舞所流失的生理盐分和矿物质。

十四、衣帽寄存处

1014 在整个通宵跳舞活动期间，基于温度人们需要不同的服装。跳舞时人们穿衣比较轻便且少，随着活动的进行，一些衣服可能会被换下来。重要的是，要提供一个安全的衣帽寄存处设施来存放人们的手袋、提包、夹克、外套等。

十五、福利保障与援助

1015 通宵活动可能需要提供一些额外的福利保障与援助。由于大多数参加此类活动的是年轻人，所以，关键在于要有受过培训的青年工作者或药物工作者在现场，以便识别哪些人可能需要支持或帮助。这些工作人员身上应该有合适的外部标识，以便能够被轻易地识别出来。他们也应该有一个可进出的基地在现场，以便当人们需要其服务时可以简易地联系到他们。活动需要为走失人士提供一个清晰可见的汇合点。

十六、有特殊需求的人士

1016 在这些活动中，观景平台通常并不必要。要确保有特殊需求的人士能尽可能地参与到活动中。所有设施都必须可以被他们使用，以便他们能够享受最好的服务。现场服务工作人员应该意识到如果发生疏散的情况，有特殊需求的人士在现场可能需要帮助。

十七、疏散

1017 需要对整个场地进行疏散的情况是不常见的，特别是活动在一个户外绿地进行的情况下。然而，对一个单独的大帐篷（天幕）或者建筑物进行疏散可能是一个更现实的情景。有可能的话，应该使用一个专用的疏散撤离区域，在情况被处理且区域恢复安全之后，可以允许观众有序地回到原有区域。

十八、交通

1018 要把特殊的交通安排落实到位，特别是当商业公共交通运营商已经承诺提供额外的车辆或轨道车辆，或者改变其交通时间表来配合活动时。

1019 对于持续超过 12 小时的活动，必须要采取交通安排，以使得在活动期间能够把人们带回到公共交通目的地或停车区域。应该制定一个合适的时间表，且交通的出发时间要尽可能地遵循此时间表。应该要把这些详细的信息展示在信息板上，或纳入现场可取的宣传册子中。应该要考虑把活动结束时间设置在第二天早晨公共交通已经再开始运行的时候。

十九、天气预报

1020 最新的天气信息会对制作团队和观众都有帮助。晚上的气温会降低，因此穿衣少的参与者如果准备不足，可能会发生身体状况，如低体温症。

第三十二章　不持牌活动

1021 本书的信息主要是针对《劳动健康与安全法》(1974)在音乐活动中的应用提出建议，通常此类活动需要向当地政府部门申请一个公共娱乐牌照。

1022 本章关注的是不需要申请一个公共娱乐牌照的活动。这些活动可能包括种类广泛的娱乐，其中音乐并不一定是活动的主要特征。体育比赛、狂欢节或嘉年华、游乐会与集市、航空展（表演）、农业和乡村展、在伦敦市以外的公共用地举办的活动以及拥有大量露营者且持续时间超过若干天数的活动都可能纳入这种活动类别。也有特殊的活动类型被法律排除在外，如宗教集会和游乐集会。

1023《劳动健康与安全法》(1974)在一个有牌照的活动和一个不持牌的活动中的应用是没有区别的。区别在于，当地政府部门是否能强制执行与当地政府部门相关的关于公共娱乐牌照发行法律的更加详细的条件（娱乐牌照发行法律在英格兰、威尔士、苏格兰、大伦敦地区和英格兰的其他地方之间会有不同）。

1024 在组织一个不需要获得公共娱乐牌照的活动时，并不一定必须通过"牌照发行"程序来接触地方政府部门。此类活动仍然必须遵守《劳动健康与安全法》(1974)的规定，因此本书中的信息同样适用于不持牌的活动。

1025 本指南是为了负责音乐活动的活动组织者能更好地开展工作所创作的。不过，本指南的元素（部分）也可以作为组织大量人群可能聚集的其他类型活动的一个范本。本书第一章"规划与管理"可以被应用于大部分类型的公共活动。

1026 在这些情况下，联系当地政府部门探讨活动计划，以及与可以就活动的安全管理和遵守《劳动健康与安全法》(1974)及其他相关法律提供建议的警方、消防部门、救护车服务、其他机构建立非正式的讨论可能是很有利的。

1027 此外，邀请当地政府部门、警方、消防部门以及救护车服务的代表来参加活动管理会议，针对交通管理、标识、安保、现场服务、急救、卫生设施等方面，协商同意一系列的非正式条件，这对活动组织也是非常有利的。这样，所有相关各方都可以获取正确的安全信息。

第三十三章　健康与安全责任

1028 活动组织者经常面对的难题之一,是决定谁负有保护在现场的承包商、自雇人员、供应商、工作人员和公众的健康、安全与福利的法律责任。

1029 本章会列出这些责任中的其中一些。同时也应该注意到,本章并不试图为活动现场健康与安全的责任程度提供一个权威的、官方的法律定义。活动承办方、活动主办方、承包商、分包商、自雇人员和雇用人员之间的法律关系可以是非常复杂的法律领域。此法律关系会基于各方彼此签订的合约类型的不同而不同。

一、场所或场地所有者的责任

1030 想举办一个活动的活动组织者通常会租用一个场所或者场地。活动场所的类型可以是由一个公司、个人或地方政府持有的专门建造的露天运动场馆或室内演出场馆,也可能是一个户外绿地场地,如一个公园或一些旷野之地。这些"持有者"可能自己拥有这些场所或场地,可能已经把它们租给或者分租给其他人士。要考虑的一个重要因素是,究竟谁拥有对这些场址(场所或场地)的控制权。拥有控制权的人被定义为持有者。

1031 一个负责任的场所或场地的持有者需要确保场所或场地是安全的,且对任何租用场址的人都不存在风险,并且这些持有者在以下法律中负有责任。

(一)《持有者责任法案》(1957)

1032 一个房地产的持有者对于他(她)的所有合法的访问者都负有"照料的一般责任"。"照料的一般责任"是确保在所有合理的情况下,访问者在使用场址作为其受邀来的目的时或作为被场址持有者批准到来的目的时是合理的、安全的责任[《持有者责任法案》(1957)(Occupiers Liability Act 1957)第二部分(2)]。

(二)《劳动健康与安全法》(1974) 第四部分 (2)

1033 此法案赋予对场址有控制权的人士一个法律责任，以确保场址、场址内的进出通道以及场址内的任何设施设备和物品是安全的，而且要确保对使用场址作为工作地点的人或者在场址使用设备或物品的人的健康不造成风险。

二、活动组织者的责任

1034 音乐活动通常由一个承办方（推广方）负责组织。一个承办方（推广方）可以是一个由娱乐机构专门聘请的自雇人士、艺人的经纪人（管理者）、唱片公司或者其他想举办活动的组织机构。有时候，不同的承办方（推广方）可能共同参与组织一个音乐活动。承办方（推广方）可能凭自身的实力作为活动组织者来举办活动，或者聘请一个制作公司，或者以合约的方式聘请一个活动组织者来举办活动。

1035 承办方（推广方）或者场址持有者可能会以自己的名义申请娱乐牌照，或者可能要求活动组织者获取娱乐牌照。娱乐牌照的持有者会对违反娱乐牌照的条件或要求负有责任。但是，可能无法轻易界定违反《劳动健康与安全法》(1974) 以及相关的法规的情况或行为。

1036 因此，尤为重要的是，承办方（推广方）、制作公司、活动组织者和承包商应清楚明确各自可能要承担的、涉及遵守健康与安全法规的法律责任。在大多数情况下，这一责任会落在活动组织者上。或者，在露天运动场馆的情况下，责任会落在运动场馆管理方上。

三、承包商、分包商和自雇人士的责任

1037 承包商是指任何受雇来执行工作但并不是一个直属雇员的人士。承包商同样可能会雇用其他分包商来执行部分他们合约要求的工作。

1038 根据《劳动健康与安全法》(1974)，承包商和分包商作为雇主，负有法律责任去确保（只要是合理可行的）其雇员的健康、安全和福利，以及不是他们雇用的但可能被他们的工作所影响的人士的健康与安全。

1039 根据《劳动健康与安全法》(1974)，自雇人士负有责任去确保自己以及可能会被其工作影响的任何其他人不会暴露在对他们的健康有影响的风险中。

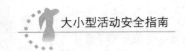

1040 承包商、分包商和自雇人士在《劳动健康与安全管理条例》(1999)(以下简称《管理条例》)下同样负有责任。这些责任包括以下要求：需要确保人员的健康与安全，评估工作人员和其他人员的工作对他们自身的风险，以及与现场的其他雇员和自雇人士进行合作和交换信息。

1041 承包商和分包商负有以下责任：
　　(1) 如果雇用的人员数量大于或等于 5 人，要为他们的工作制定一个健康与安全策略。
　　(2) 评估工作人员以及其他人的活动对他们自身所产生的风险。如果雇用的人员数量大于或等于 5 人，那么必须记录风险评估时的重大发现。
　　(3) 告知其雇员针对他们的健康与安全的任何风险。
　　(4) 对其雇员进行培训。
　　(5) 为其雇员提供正确的个人防护设备。
　　(6) 当其雇员在现场工作时，为他们做出适当的安排。
　　(7) 检查所雇用的任何分包商的资格和能力。
　　(8) 为在现场工作的其他雇主或自雇人士提供信息。
　　自雇人士负有类似的与他们工作相关的职责与责任。

四、受雇或者自雇

1042 《劳动健康与安全法》(1974) 第 53 部分 (1) 将自雇人士描述为不在雇用合约之下为获得收获或回报而工作的个体，不论此人是否雇用其他人。税务局对自雇人士的定义很大程度上取决于当下情况，但自雇人士是一个签订提供服务合同的个人，而不是签订劳务合同的个人（劳务合同与雇用合同是一样的）。在音乐这一领域，找到只提供劳动力的自雇的分包商是常见的，这与建筑行业相似。

1043 雇用只提供劳动力的自雇的分包商的承包商必须要有清楚的证据证明：尽管这些自雇人士缴付他们自己的收入税和英国国民保险供款，并坚信自己是自雇人士，但仍要证明这些人确实是自雇人士。尽管这些人缴付自己的收入税和英国国民保险供款，但没有雇用合同并不总能作为足够的证明。

1044 基于自雇人士在现场执行的工作类型以及工作方式，许多仅提供劳动力的自雇人士可能事实上可以被归类为雇员。在涉及要求雇主购买雇主责任保险时，这一点相当重要。

五、雇员的责任

1045 雇员有责任合理地照顾自己的健康与安全，以及可能受到自己工作中的行为和疏失影响的任何其他人的健康与安全。他们必须与雇主合作，且不应该鲁莽地干涉或滥用任何为健康、安全和福利所提供的东西。雇员也应该告知其雇主关于健康与安全安排中的任何不足。

自雇人士的标准声明

尽管只有法庭能够给出对法律的权威性的解释，在考虑把这些法规和指南应用于在其他人的指导下工作的人士时，应该考虑以下事项：

如果在其他人的控制和指导下工作的人士出于税收和英国国民保险的意图被当作自雇人士对待，然而，基于健康与安全意图，他们也可能被作为雇员对待，因此可能有必要采取恰当的方式来保护他们。如果对于谁为工作人员的健康与安全负责存在任何疑问，这可能可以在合同的条款里面阐明且列入。然而，要记住，在《劳动健康与安全法》（1974）第三部分述及的法律责任不能通过合约的方式被转移。在《劳动健康与安全法》（1974）第三部分的规定下，自雇人士仍对其他人负有责任。如果这些工作人员在他们为自己的健康与安全负责的基础上受雇，雇主则应该在雇用他们之前寻求法律建议。

六、法律

1046 所有娱乐活动都归类为工作活动，因此都受《劳动健康与安全法》（1974）以及多方面法规和操作守则的管制。此外，牌照发行法规也可能适用。

1047 "只要是合理可行的"，大多数健康与安全法律法规都可以采取行动。"合理可行"的意思是，采取措施去避免风险的时间、问题、成本以及物理困难并不是完全不成比例的。雇主的规模或财务状况并不在考虑范围内。

1048 在牌照发行法律之下，应用的是一个不同的概念。牌照发行部门可能会强加受"合理"义务管制的条件。这意味着牌照发行部门可以强加要求，这些要求可能比在健康与安全法律下的要求标准更高。

七、应用《劳动健康与安全法》（1974）

1049 活动组织者、演唱会推广方、牌照持有者、专业承包商以及场所持有者

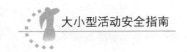

都有法定的责任去保护他们的工作人员以及可能被他们的工作活动影响的其他人的健康与安全。

(一) 第二部分

1050 法案的第二部分关注的是雇主对他们的雇员的责任。雇主的常规责任是,只要合理可行,就要确保所有雇员在工作中的健康、安全和福利。此常规责任中包括的一些最重要的领域是有详细规定的,如准备培训、工作的安全系统以及安全政策。此部分适用于在音乐活动中聘用雇员的所有组织,包括承包商和建筑公司。

(二) 第三部分

1051 法案的第三部分赋予雇主和自雇人士一个责任去保护那些并不与他们有雇佣关系的人,如公众。活动组织者应该确保他们尽其所能地在保护公众。他们可能并没有雇员在活动场所,但是他们对第三方的保护责任会延伸到要为人们提供可能影响人们健康与安全的工作的相关信息,如紧急情况处理程序。承包商应该考虑到他们的工作可能会对其他组织的雇员的安全以及对公众有什么影响。

(三) 第四部分

1052 法案的第四部分赋予那些对非住宅场所(房产)有(在任何程度上的)控制权的人一个责任,只要是合理可行的,要确保这些场所(房产)是安全的,且不对在那里工作的人的健康造成风险。取决于合约上的安排(活动将在这些合约安排下举办),管理风险的首要责任通常都落在活动组织者、管理者、场所持有者(所有者)、牌照持有者、承办方(推广方)上。可能会由多方共同对场所进行控制,如果确实如此的话,那么应该要有联络沟通方面的安排,以确保合适地识别和分配各方的责任。对场所有(在任何程度上的)控制权的组织和个人应该考虑他们可以采取什么措施去确保场所是安全的。

(四) 第六部分

1053 法案的第六部分与在工作中使用的设备或物品的供应商特别相关。它也适用于演出者使用的装备设计师和供应商等,以及适用于搭建或安装舞台和音响系统的承包商。

（五）第七和第八部分

1054 法案的第七和第八部分描述了适用于在活动中的所有雇员的普遍责任。

八、《劳动健康与安全管理条例》（1999）

1055 此条例要求雇主评估在工作场所可能存在且可能影响雇员或非雇员（公众人员）的风险。此外，条例还要求雇主确定安全预防措施是否充足，如果不充足的话，可能需要用到什么其他的控制措施。自雇人士必须也采取类似的行动。

1056 当雇员人数大于或等于5人时，必须要记录风险评估。此记录应该包括评估的重要发现、被识别为尤其处在危险中的任何雇员的详细信息以及已经采取什么措施以控制风险。

1057 因此，雇主可以正确地履行他们的责任。此条例要求雇主任命一位合格的人士来协助雇主履行其健康与安全方面的责任。

1058 当雇主与其他雇主或自雇人士共用他们的工作场所时，或者有其他雇主的员工在他们的场址（房产）工作时，他们有责任相互合作且交换关于健康与安全的信息。

1059 此条例也要求雇主必须已经准备好处理程序，以处理严重且紧逼的危险。这可能包括工作场所的疏散撤离，雇主必须安排充足的人员来实施此处理程序。这些人员应该受过培训，且有资格、有能力在紧急事件中执行他们的任务与职责。在活动中，观众的疏散撤离通常包括在重大事件规划中。

九、《报告受伤、疾病以及危险事件条例》（1995）

1060 在《报告受伤、疾病以及危险事件条例》（1995）（Reporting of Injuries, Diseases and Dangerous Occurrences Regulations 1995，RIDDOR）下，某些和工作相关的事故和危险事件是应该报告给健康与安全强制执行官方机构的（取决于活动本身，这或者是当地政府，或者是英国健康与安全执行委员会）。

1061 在以下情况下，雇主必须报告与工作相关的事故：

（1）在他们控制下的场所里的工作雇员或者自雇人士被杀害或者经受某些类型的伤害。

（2）在他们控制下的场所里的公众人员被杀害或送往医院。

（3）发生在条例中列出的危险事件之一，如某些脚手架倒塌、起重设备故障、某些电路短路。

1062 人们可以在英国健康与安全执行委员会的网站上查找到关于 RIDDOR 的更多建议。网址为：www.HSE.gov.uk/riddor。

十、娱乐牌照发行法

1063 涉及牌照发行法的可能相关的法律法规包括以下各项：

（1）《地方政府（杂项规定）法案》（1982）[Local Government (Miscellaneous Provisions) Act 1982] 中的目录1。

（2）《伦敦政府法案》（1963）（London Government Act 1963）中的目录12。

（3）《公民政府（苏格兰）法案》（1982）[Civic Government (Scotland) Act 1982] 中的第41部分。

以上法律法规全部已被《防火安全以及体育场地安全法案》（1987）（Fire Safety and Safety of Places of Sport Act 1987）的第四部分进行修改。

1064 其他相关的法律法规如下：

（1）《牌照发行法案》（1964）（The Licensing Act 1964），后由《牌照发行法案》（1988）（The Licensing Act 1988）修订。

（2）《牌照发行（苏格兰）法案》（1976）[The Licensing (Scotland) Act 1976]。

（3）《娱乐私营场所（牌照发行）法案》（1967）[Private Places of Entertainment (Licensing) Act 1967]。

（4）《公共娱乐牌照（药物滥用）法案》（1997）[The Public Entertainment License (Drug Misuse) Act 1997]。

（5）相关的地方法案。

（一）英格兰与威尔士

1065 在《地方政府（杂项规定）法案》（1982）之下，或者在大伦敦地区在《伦敦政府法案》（1963）之下，区域议会或者相关的伦敦自治市镇（在伦敦的话）负责控管用于公共音乐、跳舞和类似的娱乐的地方，包括音乐活动。然而，如果在英格兰没有区议会，责任则落在县议会上。在威尔士，责任主体仅仅落在县议会或镇自治议会上。如果没有事先从地方政府那里获取牌照就组织公共娱乐活动，或者违反了法律授权给政府强加于这个牌照的任何条款、条件或限制，这通常是犯罪行为。

1066 除了别的目的之外，牌照发行管理体制的目的是，确保举办娱乐活动的场所有足够的、合适的安全和卫生标准，且把可能会对周围环境造成影响的任何可能的噪音降低到最小。在审核公共娱乐牌照申请时，地方政府一般会咨询警方和消防部门，因此活动组织者必须把申请提前告知这两个部门。

1067 公共娱乐的牌照发行适用于在英国全国各地的室内举办的活动，以及在大伦敦地区户外举办的活动。在大伦敦地区以外，牌照发行仅适用于在私人土地上（公众能够进入的）举办的户外音乐活动，且只有在地方政府已经采取必要的措施去执行《地方政府（杂项规定）法案》（1982）的相关规定的情况下。

1068 地方政府部门在是否授予公共娱乐牌照上有非常大的自主裁量权。对于在大伦敦地区举办的室内或户外活动，他们可以在任何牌照中附加他们认为合适的条款、条件和限制。对于在大伦敦地区以外的私人土地上（公众可进入的）举办的户外音乐活动，地方政府可能会仅仅因某些特别目的［在《地方政府（杂项规定）法案》（1982）中的目录 1 中的段落 4（4）中详细说明的目的］而在颁行的任何牌照中强加条款、条件和限制。这些涉及以下条款：
（1）保护演出者以及出现在演出活动中的其他人员的安全。
（2）确保有足够的进出通道给紧急车辆，以及提供足够的卫生器具。
（3）防止对附近人们造成不合理的噪音干扰。

1069 然而，倘若这些都在某种程度上与《地方政府（杂项规定）法案》（1982）中的目录 1 中的段落 4（4）中详细说明的目的之一相关，则地方政府有可能给活动强加各种条款、条件或限制。

1070 此外，《娱乐私营场所（牌照发行）法案》（1967）赋予所有地方政府广泛的执行权力，这类似于关于公共娱乐场所的广泛权力。且此法案赋予所有地方政府权力去要求包含音乐和跳舞的（如为私人利益而推广的）私人活动获取牌照。

（二）苏格兰

1071 当地方政府的区域议会已经通过一个决议去发行牌照给特殊类别的公共娱乐活动时，在《公民政府（苏格兰）法案》（1982）中的第 41 部分下，此议会可能会向在它们区域内举办的公共娱乐活动发行牌照。在这些情况下，地方政府可能会对一个要求公众付费进场的活动发放公共娱乐牌照。当活动不收费时，根据《公民政府（苏格兰）法案》（1982），不可以发放牌照给活动。根据《公民政府（苏格兰）法案》（1982）第七部分，在需要牌照却不具备牌照的情况下推广活动是违法行为。在发放这样的牌照时，地方政府可能会附加条件以规管活动，如活动的开始和结束时间这样的事项，或者针对门票、观众可容纳人数、观众密度以及环境噪音水平提出强制性的要求。《公民政府（苏格兰）法案》（1982）第89部分对临时座位和舞台等的使用以及提供足够数量的出口等方面提出要求。这些条件经过设计以确保关于场所、场所里面的设施物品以及消防预防措施达到足够的公共安全标准。

1072 活动也可能在根据《牌照发行（苏格兰）法案》（1976）由一个牌照发行委员会授予娱乐牌照的场址举办。这样一个牌照可能被授予给娱乐场地，如电影院、剧院、舞厅和私人俱乐部。且牌照允许在场址内销售或提供酒精饮用品，前提是酒精的销售或提供涵盖在牌照之内，以确保酒精的销售或供应确实从属于此娱乐活动。

（三）《公共娱乐牌照（药物滥用）法案》（1997）

1073 如果可以证明有涉及与场址有关的管制药物的供给或使用的严重问题，此法案授予地方政府有权力撤回或不续展一个公共娱乐牌照。关闭场址的决定会立即生效且不会被推迟，直到牌照持有者提出任何上诉（如果牌照持有者提出任何上诉，关闭场址的情况可能会发生改变——译者注）。地方政府会根据警察报告而行事。地方政府可能会在牌照上强加条款、条件或限制，如要求活动增加安全措施。

十一、谁来执行

（一）健康与安全法

1074 针对健康与安全法的执行责任取决于"主要活动项目"的主要成分。当主要活动项目是休闲活动时，比如一个音乐活动，那么则是地方政府负有责任去执行健康与安全法，但是如果这个活动本身就是由地方政府组织的而不是其他单位或团体组织时，在这种情况下则是英国健康与安全执行委员会承担对这些活动执行健康与安全法的责任。某些活动项目，如无线电广播、电视广播和游乐场，是由英国健康与安全执行委员会维持和负责执行健康与安全法。但是，在某些情况下会做出把针对这些活动项目的执法责任转移给地方政府的安排，这样地方政府会对整个活动负责（在某些情况下这些活动项目是整个活动的一部分或某些部分，与其让 HSE 负责这些部分，地方政府负责剩余部分，不如让地方政府对整体进行负责可能会更加方便——译者注）。通常是由环境卫生官负责地方政府部门对于健康与安全法规的执行。

1075 地方政府部门和英国健康与安全执行委员会在执行上会遵守健康与安全委员会的政策声明。执行的原则包括有：对等性、一致性、目标性和透明性。对等性，即将执行行动与风险联系起来。一致性，即在相似的情况下采取相似的方法，取得相似的结果。目标性，是指确保检察主要瞄准那些显示出最严重风险的活动项目。透明性，意味着帮助活动组织者明白执行部门对他们有何期待，以及他们应该从执行部门那里期待什么。活动组织者要和健康与安全检查官讨论这些原则，这样可以清楚地知道健康与安全检查官从活动那里期待什么，以及活动组织者可以从健康与安全检查官那里期待什么。

（二）娱乐牌照发行法

1076 娱乐牌照发行法的执行责任是地方政府部门的责任，他们有法定的责任去咨询警方和消防部门。地方政府通常会把娱乐牌照发行的职责指派给环境卫生部门，但也可能会指派给地方政府内的其他部门。

（三）重叠法律法规

1077 如果执法行动是必要的，则由地方政府决定哪个法律法规是最合适的。因此，地方政府会确保避免双重执法。

实 用 地 址

一、一般综合类

Ambulance Service Association
Capital Tower
91 Waterloo Road
London SE1 8XP
Tel: 020 7928 9620

Association of Chief Police Officers
Greater Manchester Police
PO Box 22
South West PDO
Chester House
Boyer Street
Manchester M16 0RE
Tel: 0161 872 5050

Association of Festival Organisers
PO Box 296
Matlock
Derbyshire
DE4 3XU
Tel: 01629 827014

Chief and Assistant Chief
Fire Officers Association
9 – 11 Pebble Close
Amington
Tamworth
Staffordshire B77 4RD
Tel: 01827 302300

Concert Promoters Association
6 St Mark's Road
Henley-on-Thames
Oxfordshire RG9 1LJ
Tel: 01491 575060

Electrical Contractors Association
ESCA House
34 Palace Court
Bayswater
London W2 4HY
Tel: 020 7313 4800

Production Services Association
PO Box 2709
Bath BA1 3YS
Tel: 01225 332668

实 用 地 址

Football Licensing Authority
27 Harcourt House
19 Cavendish Square
London W1G 0PL
Tel: 020 7491 7191

Institute of Acoustics
77a St Peter's Street
St Albans
Hertfordshire AL1 3BN
Tel: 01727 848195

Institute of Engineering and Technology
Michael Faraday House
Stevenage
Herts SG1 2AH
Tel: 01438 313 311

Performance Textiles Association
42 Heath Street
Tamworth
Staffordshire B79 7JH
Tel: 01827 52337

Nationwide Caterers Association
89 Mappleborough Road
Shirley
Solihull
West Midlands B90 1AG
Tel: 0121 603 2524

National Arenas Association
20 Manorfields
Whalley
Clitheroe
Lancashire BB7 9UD

National Outdoor Events Association
7 Hamilton Way
Wallington
Surrey SM6 9NJ
Tel: 020 8669 8121

Professional Lighting and
Sound Association
1 Edward Road
Eastbourne
East Sussex BN23 8AS
Tel: 01323 524120

The Chartered Institute of
Building Services Engineers
222 Balham High Road
London SW12 9BS
Tel: 020 8675 5211

The Chartered Institute of
Environmental Health
Chadwick Court
15 Hatfields
London SE1 8DJ
Tel: 020 7928 6006

The Event Services Association
Picton House
Lower Church Street
Oxon OX12 8PN
Tel: 01291 630402

The Home Office
Direct Communications Unit
2 Marsham Street
London SW1P 4DF
Tel: 020 7035 4848

The Institution of Structural Engineers
11 Upper Belgrave Street
London SW1X 8BH
Tel: 020 7235 4535

Ofcom
Riverside House
2a Southwark Bridge Road
London SE1 9HA
Tel: 020 7981 3000
Fax: 020 7981 3333

The Royal Environmental Health
Institute of Scotland
3 Manor Place
Edinburgh EH3 7DH
Tel: 0131 225 6999

The Scottish Office
Victoria Quay
Edinburgh EH6 6QQ
Tel: 0131 556 8400

二、特殊需求类

代表有特殊需求的人士的组织的名称和地址可以在黄页上找到。为了方便查阅，一些主要的相关组织如下：

The Access Association
Access Officer
c/o Walsall Metropolitan Borough Council
Council House
Litchfield Street
Walsall WS1 1TP
Tel: 01922 652010
Fax: 01922 614210
E-mail: Foxs@walsall.gov.uk

Disabled Living Foundation
380 – 384 Harrow Road
London W9 2HU
Tel: Helpline 0845 130 9177
Fax: 020 7266 2922
E-mail: advice@dlf.org.uk
Website: www.dlf.org.uk

Joint Committee on Mobility for
Disabled People
11 Rothesay Court
Le May Avenue
London SE12 0BA
Tel：020 8857 8640

Leonard Cheshire Foundation Centre
for Accessible Environments
70 South Lambeth Road
London SW8 1RL
Tel：020 7840 0125
Fax：020 7840 5811
Website：www. cae. org. uk
E-mail：info@ cae. org. uk

MENCAP
National Centre
123 Golden Lane
London EC1Y 0RT
Tel：020 7454 0454
Fax：020 7608 3254
Website：www. mencap. org. uk
E-mail：information@ mencap. org. com

MIND
15 – 19 Broadway
London E15 4BQ
Tel：Infoline 08457 660 163
Website：www. mind. org. uk
E-mail：contact@ mind. org. uk

National Federation of the Blind of the
United Kingdom
Sir John Wilson House
215 Kirkgate
Wakefield WF1 1JG
Tel：01924 291313
Fax：01924 200244
E-mail：nfbuk@ nfbuk. org

National Music and Disability
Information Service
7 Tavern Street
Stowmarket
Suffolk IP14 1PJ
Tel：01449 673990
Fax：01449 673994

RADAR (the disability network)
Head Office
12 City Forum
250 City Road
London EC1V 8AF
Tel：020 7250 3222
Fax：0870 141 0337
E-mail：radar@ radar. org. uk

Royal National Institute of the Blind
(RNIB) 105 Judd Street
London WC1H 9NE
Tel：020 7388 1266
Fax：020 7388 2034
E-mail：helpline@ rnib. org. uk

Royal National Institute for Deaf
People (RNID)
19-23 Featherstone Street
London EC1Y 8SL
Tel: 0808 808 0123
Textphone: 0808 808 9000
Website: www.rnid.org.uk
E-mail: informationline@rnid.org.uk

Scottish Accessible Information
Forum (SAIF)
Royal Exchange House
100 Queen Street
Glasgow G1 3DN
Tel: 0141 226 5261
Fax: 0141 221 0731

Disability Wales
Bridge House
Caerphilly Business Park
Van Road
Caerphilly CF83 3GW
Tel: 029 2088 7325

声　　明[①]

英国健康与安全执行委员会感谢英国内政部、苏格兰事务部以及以下人士在此书创作中提供的帮助。

工作组的成员：

Mark Thomas
HSE, Local Authority Unit

Lorraine Miller-Patel
London Borough of Haringey, representing local authorities

Melvin Benn
Mean Fiddler Organisation, representing the Concert Promoters Association (CPA)

Steve Dudley
NEC Group, Birminham, representing the National Arenas Association (NAA)

Richard Limb
Symonds Group Ltd, representing The Events Suppliers Association (TESA) and the National Outdoor Events Association (NOEA)

Tim Norman
ESS, representing the Productions Services Association (PSA)

Dick Tee
Thats EnTeetainment, representing the Productions Services Association (PSA)

[①] 此为英文原著声明——译者注。

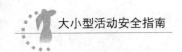

Andrew Young
Wembley stadium, representing the National Arenas Association (NAA)

以及特别感谢：
Penny Mellor
Event industry co-ordinator and member of the PSA for help with liaising between HSE and the Event Industry Working Group members, and contributors.

英国健康与安全执行委员会也特别感谢以下人士参与本书的起草以及更新工作。那些名字加粗的人士撰写了此书的章节。

Tim Abbott
Big Green Gathering

Richard Abel
Event Production Management, The Kayam Theatre Tent

Stephen Abrahall
Festival Information

John Alexander
Scottish Ambulance Service

Steve Anderson
Mendip District Council

Ross Ashton
E/T/C UK Ltd

Andy Ayres
Mantaplan Ltd

Steve Bagnall
London Arena

Richard Balmforth
Austen-Lewis Ltd

Helen Barnsley
Guildford Borough Council

Roger Barrett
Star Hire Ltd

Graham Bawden
Festival Branch

Melvin Benn
Mean Fiddler Organisation

Iain Bisset
Halton Borough Council

Mark Blackstock
Wolverhampton Council

声　明

Linda Blair
St Andrew's Ambulance

Mike Boocock
Department of Health

GP Bowles
HM Fire Services Inspectorate

Steve and Janthea Brigden
Nippabout

Peter Brown
Strawberry Fayre

Sally Cavanagh

Lisa Charlwood
Performing Arts Management

Rodney Clark
Pyrovision Ltd

Inspector Alan Clarke
British Transport Police

Tom Clements
Specialized Security

Dick Collins
D C Site Services

John Conway
Reading Borough Council

Paul Cooke
Promed

Jim Cosgrove
London Fire Brigade

Alan Craig
National Arenas Association

Barry Croft
The Royal Borough of Kensington and Chelsea

Dave Crump
Screenco Ltd

Pauline Dalby
Musicians Union

Jenny Davenport
Manchester City Council

Bill Deeker
Pains Fireworks

Jim Dickie

Clive Dickin
Hire Association (Europe) Ltd

Tony Douglas-Beveridge
PLASA

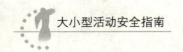

Steve Dudhill
Highway Solutions Ltd

Steve Dudley
NEC Group, Birmingham

Paul Dumpleton
Paul Dumpleton Associates

Roger Duncan

Andrew Dunkley
HSE

Bill Egan
Show Power

Nick Ellison
Stratford on Avon District Council

Kevin Fetterplace
Mojo Working International

Roger Finch
North Hertfordshire Council

Nick Fisher
Firethorn Productions

Keith Flunder
Laser Hire

Bob Fox
MOCA

Andy Frame
TP & TS Ltd

Danni Fuimecelli
London Borough of Islington

Jim Gaffney
Pitstop Barriers

Niall Gaffney
Seating Contracts

Stuart Galbraith
MCP

Geoff Galilee
London Borough of Brent

Aoife Gardiner
The Royal Borough of Kensington and Chelsea

Keith Gosling
London Borough of Brent

John Grant
Walsall Metropolitan Borough Council

John Green
East Lindsey District Council

Jim Griffiths
Symonds Group Ltd

Chris Guy
Playlink

声 明

Kevan Habeshaw
Nyrex Arena

Steve Haddrell
WOMAD

David Hall
London Borough of Tower Hamlets

Chris Hannam
South Western Management

Les Hart
Home Office

Steve Heap
Assocation of Festival Organisers

Barbara Herridge
UK Waste

Mike Herriot
Scottish Ambulance Service

Steve Hick
Home Office Emergency Planning College

Peter Hind
Total Fabrications

Dr Ken Hines
BASICS

Judy Hoatson
Reading Borough Council

MS Hooker
Solihull Metropolitan Borough Council

Dr Chris Howes
Festival Medical Services

Roy Hunt
Hunts Exhibition Services

Penny Jackson
National Youth Arts Festival

Alan Jacobi
Unusual Services

Keith James
Cardiff City Council

Fiona Jones
Cambridge City Council

Frank Jones
Hertfordshire Fire and Rescue

Paul Kilgallen
Leicestershire Ambulance Service

Stewart Kingsley
Chelmsford Borough Council

Liz Kwast

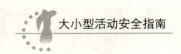
大小型活动安全指南

Dr C Laird
BASICS (Scotland)

Ray and Bev Langton

Gary Lathan
Glasgow City Council

Peter and Katrina Lawrence
Celebrate Independant Promoters Association

Richard Limb
Symonds Group Ltd

Charles Lister
Search Ltd

Bethany and Tony Llewellyn Creek
Fairs and Festivals Federation

Bernard Lloyd
Central Catering
Sergeant Gary Lockyer
Metropolitan Police

Paul Ludford

Hash Maitra
HSE

Mike Mathieson
Cake

Penny Mellor

Commander Mike Messinger
Metropolitan Police

David Miller
Gofer

Lorraine Miller-Patel
Candlish Miller Consultants

Kevin Minton
Hire Association (Europe) Ltd

Steve Newman
Stratford on Avon District Council

Tim Norman
ESS

Peter O'Conner
Central Office of Information

John O'Hagan
NRPB

Shawn O'Malley
WAVE

Rachel Parker
Earls Court

Lincoln Parkhouse
Just FX

Graham Pollock
West Dumbarton Council

Dave Pratley
Helter Skelter

Ray Rhodes
RTW Concessions Ltd

Walter Richardson
British Red Cross

Andy Rock
Network Recycling

Peter Rooke
Cherwell District Council

Tony Rosenburg
Sanctuary Leisure

Richard Saunders
Royal London Borough of Kensington and Chelsea

Paul Scott
Belfast City Council

Wilf Scott
Pyrovision Ltd

Robert Seaman
Oxfordshire Ambulance Service

Donald Sinclair

Michael Skelding
MUTA

Peter Smith
Crawley Borough Council

Mark Stracey
Bravado/CMI

Bill Stuart
Stuart Leisure and Security

Tony Sullivan
London Fire and Civil Defence Authority

Peter Swindlehurst
St John's Ambulance

David Taylor
London Ambulance Service

Heather Taylor
Chelmsford Borough Council

Dick Tee
Thats EnTeetainment

David Tolley
London Borough of Tower Hamlets

Mary Treacy

Steve Tuck
Blackout

Mick Upton
Showsec

Brian Waddingham
London Borough of Haringey

Tony Wadley
TESS

Steve Walker
HSE

Annie Watson

G Weaver
London Borough of Islington

Alan Webb
HSE

Gary White
Unusual Engineering Ltd

Dick Whittingham
Wembley Arena

Colin Wickes
London Borough of Brent

Ray Williams
Williams Management
Communications

Geoff Wilson
Football Licensing Authority

Philip Winsor
Milton Keynes Borough Council

Dave Withey
Arena Seating

Nich Woolf
Festival Medical Services

Andrew Young
Wembley Arena

参 考 资 料

此参考资料经过整理，以使标题按照字母顺序排列。

A guide to the Reporting of Injuries, Diseases and Dangerous Occurrences Regulations 1995 L73 (Second edition) HSE Books 1999 ISBN 978 0 7176 2431 7

Avoidance of danger from overhead electric power lines General Guidance Note GS6 (Third edition) HSE Books 1997 ISBN 978 0 7176 1348 9

Avoiding danger from underground services HSG47 (Second edition) HSE Books 2000 ISBN 978 0 7176 1744 9

Carriage of Dangerous Goods (Amendment) Regulations 1999 SI 1999/303 The Stationery Office 1999

Carriage of Dangerous Goods and Use of Transportable Pressure Equipment Regulations 2004 SI 2004/568 The Stationery Office 2004

Carriage of Dangerous Goods by Road (Driver Training) Regulations 1996 SI 1996/2094 (DTR) The Stationery Office 1996

Civic Government (Scotland) Act 1982 (c.45) The Stationery Office 1982

Classification and Labelling of Explosives Regulations 1983 SI 1983/1140 The Stationery Office 1983

Code of practice on environmental noise control at concerts Noise Council 1995 ISBN 978 0 900103 51 3

Conditions for the authorization of explosives in Great Britain HSG114 HSE Books 1994 ISBN 978 0 7176 0717 4

Control of Explosives Regulations 1991 SI 1991/1531 The Stationery Office 1991

Control of substances hazardous to health (Fifth edition). The Control of Substances Hazardous to Health Regulations 2002 (as amended). Approved Code of Practice and

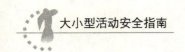

guidance L5（Fifth edition）HSE Books 2005 ISBN 978 0 7176 2981 7

Controlled Waste Regulations 1992 SI 1992/588 The Stationery Office 1992

Controlling noise at work. The Control of Noise at Work Regulations 2005. Guidance on Regulations L108（Second edition）HSE Books 2005 ISBN 978 0 7176 6164 0

Controlling the radiation safety of display laser installations Leaflet INDG224 HSE Books 1996

Dance till dawn safely: A Code of practice on health and safety at dance venues London Drug Policy Forum 1996

Dealing with disaster（Third edition）Home Office 2003 ISBN 1 874447 42 X

Disability Discrimination Act 2005（c. 13）The Stationery Office 2005

EH40/2005 Workplace exposure limits: Containing the list of workplace exposure limits for use with the Control of Substances Hazardous to Health Regulations 2002（as amended） Environmental Hygiene Guidance Note EH40 HSE Books 2005 ISBN 978 0 7176 2977 0

Electrical safety at places of entertainment General Guidance Note GS50（Second edition）HSE Books 1997 ISBN 978 0 7176 1387 8

Electrical safety for entertainers Leaflet INDG247 HSE Books 1997（single copy free or priced packs of 10 ISBN 978 0 7176 1406 6）www. hse. gov. uk/pubns/indg247. pdf

Environment Act 1995（c. 25）The Stationery Office 1995

Environmental Protection Act 1990（c. 43）The Stationery Office 1990

Explosives Act 1875（c. 17）The Stationery Office 1875

Fairgrounds and amusement parks: Guidance on safe practice HSG175（Second edition）HSE Books 2007 ISBN 978 0 7176 6249 4

Fire Precautions（Workplace）Regulations 1997 SI 1997/1840 The Stationery Office 1997

Fire Precautions Act 1971（c. 40）The Stationery Office 1971

Fire Safety and Safety of Places of Sport Act 1987（c. 27）The Stationery Office 1987

参考资料

Fireworks (Safety) Regulations 1997 SI 1997/2294 The Stationery Office 1997

First aid at work. The Health and Safety (First-Aid) Regulations 1981. Approved Code of Practice and guidance L74 HSE Books 1997 ISBN 978 0 7176 1050 1

Five steps to risk assessment Leaflet INDG163 (rev2) HSE Books 2006 (single copy free or priced packs of 10 ISBN 978 0 7176 6189 3)

Guide to fire precautions in existing places of entertainment and like premises Home Office, Scottish Office and Health Department 1990 ISBN 978 0 11 340907 5

Guide to safety at sports grounds (Fourth edition) Department of National Heritage 1997 ISBN 978 0 11 300095 1

Health and Safety (First Aid) Regulations 1981 SI 1981/917 The Stationery Office 1981

Health and Safety at Work etc Act 1974 (c. 37) The Stationery Office 1974

Incident at work? Flyer MISC769 HSE Books 2007 www.hse.gov.uk/pubns/misc769.pdf

Licensing (Scotland) Act 1976 (c. 66) The Stationery Office 1976

Licensing Act 1964 (c. 26) The Stationery Office 1964

Licensing Act 1988 (c. 17) The Stationery Office 1988

Local Government (Miscellaneous Provisions) Act 1982 (c. 30) The Stationery Office 1982

London Government Act 1963 (c. 33) The Stationery Office 1963

Maintaining portable and transportable electrical equipment HSG107 (Second edition) HSE Books 2004 ISBN 978 0 7176 2805 6

Management of health and safety at work. Management of Health and Safety at Work Regulations 1999. Approved Code of Practice and guidance L21 (Second edition) HSE Books 2000 ISBN 978 0 7176 2488 1

Managing contractors: A guide for employers. An open learning booklet HSG159 HSE Books 1997 ISBN 978 0 7176 1196 6

Managing crowds safely. A guide for organisers at events and venues HSG154 (Second edition) HSE Books 2000 ISBN 978 0 7176 1834 7

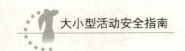

Managing health and safety in construction. Construction (Design and Management) Regulations 2007. Approved Code of Practice L144 HSE Books 2007 ISBN 978 0 7176 6223 4

Manual handling. Manual Handling Operations Regulations 1992 (as amended). Guidance on Regulations L23 (Third edition) HSE Books 2004 ISBN 978 0 7176 2823 0

Memorandum of guidance on the Electricity at Work Regulations 1989. Guidance on Regulations HSR25 (Second edition) HSE Books 2007 ISBN 978 0 7176 6228 9

Noise at work: *Guidance for employers on the Control of Noise at Work Regulations 2005* Leaflet INDG362 (rev1) HSE Books 2005 (single copy free or priced packs of 10 ISBN 978 0 7176 6165 7) www.hse.gov.uk/pubns/indg362.pdf

Occupiers Liability Act 1957 (c. 31) The Stationery Office 1957

Privy Council *Order in council relating to stores licenced for mixed explosives* Order in council no 6 The Stationery Office 1875

Privy Council *Order in council amending order in council (no. 6) of the 27th day of November 1875, relating to stores licensed for mixed explosives* Order in council no 6a The Stationery Office 1883

Privy Council *Order in council relating to premises registered for the keeping of mixed explosives* Order in council no 16 The Stationery Office 1896

Personal protective equipment at work (Second edition). Personal Protective Equipment at Work Regulations 1992 (as amended). Guidance on Regulations L25 (Second edition) HSE Books 2005 ISBN 978 0 7176 6139 8

Placing on the Market and Supervision of Transfers of Explosives Regulations 1993 (POMSTER) SI 1993/2714 The Stationery Office 1993

Private Places of Entertainment (Licensing) Act 1967 (c. 19) The Stationery Office 1967

Public Entertainments Licences (Drug Misuse) Act 1997 (c. 49) The Stationery Office 1997

Radiation safety of lasers used for display purposes HSG95 HSE Books 1996 ISBN 978 0 7176 0691 7

Research to develop a methodology for the assessment of risks to crowd safety in public venues CRR204 HSE Books 1999 ISBN 978 0 7176 1663 0

Rider-operated lift trucks: *Operator training. Approved Code of Practice and guidance* L117 HSE Books 1999 ISBN 978 0 7176 2455 3

Safe use of lifting equipment. Lifting Operations and Lifting Equipment Regulations 1998 (*LOLER*). *Approved Code of Practice and guidance* L113 HSE Books 1998 ISBN 978 0 7176 1628 2

Safe use of work equipment. Provision and Use of Work Equipment Regulations 1998 (*PUWER*). *Approved Code of Practice and guidance* L22 (Second edition) HSE Books 1998 ISBN 978 0 7176 1626 8

Safety of Sports Grounds Act 1975 (c. 52) The Stationery Office 1975

Safety signs and signals. The Health and Safety (*Safety Signs and Signals*) *Regulations 1996. Guidance on Regulations* L64 HSE Books 1996 ISBN 978 0 7176 0870 6

Smoke and vapour effects used in entertainment Entertainment Information Sheet ETIS3 HSE Books 1996 www. hse. gov. uk/pubns/entindex. htm

Special Waste Regulations 1996 SI 1996/972 The Stationery Office 1996

Barnett P and Woodgate J *Stadium public address systems* Football Stadia Advisory Design Council 1991 ISBN 978 1 87 383110 6

Temporary demountable structures: *Guidance on design, procurement and use* (Third edition) Institution of Structural Engineers 2007 ISBN 978 090129745 7

The BERSA Code of Safe Practice British Elastic Rope Sports Association 1993

The Children Act 1989 (c. 41) The Stationery Office 1989

Writing plain English: *Why it should be done? how it's been done? how you can do it?* Plain English Campaign 1980 ISBN 978 0 907 42400 0

Waste Management Licensing Regulations 1994 SI 1994/1056 The Stationery Office 1994

Work at Height Regulations 2005 SI 2005/735 The Stationery Office 2005

Working at heights in the broadcasting and entertainment industries Entertainment Information Sheet ETIS6 HSE Books 1998 www. hse. gov. uk/pubns/entindex. htm

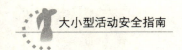大小型活动安全指南

Working together on firework displays: A guide to safety for firework display organisers and operators HSG123（Third edition） HSE Books 2006 ISBN 978 0 7176 6196 1

Workplace health, *safety and welfare. Workplace （Health*, *Safety and Welfare） Regulations 1992.* Approved Code of Practice L24 HSE Books 1992 ISBN 978 0 7176 0413 5

虽然我们已经尽了最大努力以确保此出版物里的参考资料的准确性，但是不能保证这些资料在未来仍可以被获取。

有关文书局出版的书籍可从文书局获得：邮政信箱29，诺威奇 NR3 1GN；电话：0870 600 5522 传真：0870 600 5533 邮箱：customer. services@ tso. co. uk 网址：www. tso. co. uk。

英 国 标 准

英国标准根据数字顺序进行排序。

BS 3169：1986　*Specification for first-aid reel hoses for fire fighting purposes*

BS 3944 – 1：1992　*Colour and diffusion filter material for theatre, television and similar entertainment purposes. Specification for flammability and dimensional stability*

一、紧急照明

BS 5266 – 1：2005　*Code of practice for the emergency lighting of premises*

BS 5266 – 2：1998　*Code of practice for electrical low mounted way guidance systems for emergency use*

BS 5266 – 3：1981　*Specification for small power relays (electromagnetic) for emergency lighting applications up to and including 32 A*

BS 5274：1985　*Specification for fire hose reels (water) for fixed installation purposes* (withdrawn replaced by) BS EN 671 – 1：2001　*Fixed fire fighting systems. Hose systems. Hose reels with semi-rigid hose*

二、场址的灭火装置及设备

BS 5306 – 1：2006　*Code of practice for fire extinguishing installations and equipment on premises. Hose reels and foam inlets*

BS 5306 – 3：2003　*Code of practice for selection and maintenance of portable fire extinguishers*

BS 5438：1989（amd 1995）　*Methods of test for flammability of textile fabrics when subjected to a small igniting flame applied to the face or bottom edge of vertically oriented specimens*

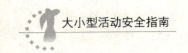

三、消防安全标识、通告和图形符号

BS 5499-1: 2002   *Graphic symbols and safety signs. Safety signs, including fire safety signs. Specification for geometric shapes, colours and layout*

BS 5499-2: 1986 (amd 1995)   *Specification for self luminous fire safety signs*

BS 5696 Parts 1-3   *Play equipment intended for permanent installation outdoors (withdrawn replaced by) Playground equipment*

BS EN 1176-1: 1998   *General safety requirements and test methods*

BS EN 1176-2: 1998   *Additional specific safety requirements and test methods for swings*

BS EN 1176-3: 1998   *Additional specific safety requirements and test methods for slides*

BS EN 1176-4: 1998   *Additional specific safety requirements and test methods for runways*

BS EN 1176-6: 1998   *Additional specific safety requirements and test methods for rocking equipment*

BS EN 1176-7: 1997   *Guidance on installation, inspection, maintenance and operation*

四、建筑物的火警探测与警报系统

BS 5839-1: 2002   *Code of practice for system design, installation, commissioning and maintenance*

BS 5839-3: 1988   *Specification for automatic release mechanisms for certain fire protection equipment*

BS 5839-5: 1988   *Specification for optical beam smoke detectors*

BS 5839-6: 2004   *Code of practice for the design, installation and maintenance of fire detection and fire alarm systems in dwellings*

BS 5839 - 8: 1998 *Code of practice for the design, installation, commissioning and maintenance of voice alarm systems*

BS EN 54 - 2: 1998 *Control and indicating equipment*

BS EN 54 - 11: 2002 *Manual call points*

五、用于窗帘和褶裥的织物的规格

BS 5867 - 1: 2004 *Textiles and textile products. Curtains and drapes. General requirements*

BS 5867 - 2: 1980 (amd 1993) *Flammability requirements*

BS 6465 - 1: 2006 *Sanitary installations. Code of practice for the design of sanitary facilities and scales of provision of sanitary and associated appliances*

BS 6472: 1992 *Guide to the evaluation of human exposure to vibration in buildings (1 Hz - 80 Hz)*

六、烟火

BS 7114 - 1: 1988 *Classification of fireworks*

BS 7114 - 2: 1988 *Specification for fireworks*

BS 7114 - 3: 1988 *Methods of test for fireworks*

七、建筑物震动的评估与测量

BS 7385 - 1: 1990 *Guide for measurement of vibrations and evaluation of their effects on buildings*

BS 7385 - 2: 1993 *Guide to damage levels from groundborne vibration*

BS 7430: 1998 *Code of practice for earthing*

BS 7671: 2001 *Requirements for electrical installations. IEE Wiring Regulations. Sixteenth edition*

BS 7863: 1996 *Recommendations for colour coding to indicate the extinguishing media contained in portable fire extinguisher*

BS 7909: 1998 *Code of practice for design and installation of temporary distribution systems delivering ac electrical supplies for lighting, technical services and other entertainment related purposes*

BS 7944: 1999 *Type 1 heavy duty fire blankets and Type 2 heavy duty heat protective blankets*

BS EN 1869: 1997 *Fire blankets*

BS 8300: 2001 *Design of buildings and their approaches to meet the needs of disabled people. Code of practice*

BS EN 2: 1992 *Classification of fires*

八、便携式或手提式灭火器

BS EN 3-1: 1996 *Description, duration of operation, class A and B fire test*

BS EN 3-2: 1996 *Tightness, dielectric test, tamping test, special provisions*

BS EN 179: 1998 *Building hardware. Emergency exit devices operated by a lever handle or push pad. Requirements and test methods*

BS EN 1125: 1997 *Building hardware. Panic exit devices operated by a horizontal bar. Requirements and test methods*

BS EN 60825-1: 1994 *Safety of laser products. Equipment classification, requirements and user's guide*

BS EN 60849: 1998 *Sound systems for emergency purposes*

英国标准可以从英国标准学会的客户服务处获得：389 Chiswick High Rd, London W4 4AL

电话：020 8996 9001　传真：020 8996 7001

邮箱：cservices@bsi-global.com

网址：www.bsi-global.com

延伸阅读

此"延伸阅读"的参考读物名单已经过整理，书籍名称按字母顺序排列。

A short guide to the Personal Protective Equipment at Work Regulations 1992 Leaflet INDG174（rev1）HSE Books 2005（single copy free or priced packs of 15 ISBN 978 0 7176 6141 1）www. hse. gov. uk/pubns/indg174. pdf

A step by step guide to COSHH assessment HSG97（Second edition）HSE Books 2004 ISBN 978 0 7176 2785 1

Assured safe catering：*A management system for hazard analysis* 1993 Department of Health ISBN 0 11 321688 2

Camera operations on location：*Guidance for managers and camera crews* HSG169 HSE Books 1997 ISBN 978 0 7176 1346 5

Construction（Head Protection）Regulations 1989. Guidance on Regulations L102（Second edition）HSE Books 1998 ISBN 978 0 7176 1478 3

Electrical safety and you Leaflet INDG231 HSE Books 1996（single copy free or priced packs of 15 ISBN 978 0 7176 1207 9）www. hse. gov. uk/pubns/indg231. pdf

Electricity at work：*Safe working practices* HSG85（Second edition）HSE Books 2003 ISBN 978 0 7176 2164 4

Guidelines for good practice at dance events Scottish Drugs Forum 1995 ISBN 0 9519761 2 5

Association of Chief Police Officers General Policing Committee Standing Sub-committee on Emergency Planning *Emergency procedures manual* 1997 ACOP

Industry guide to good food hygiene practice：*Catering guide* Chadwick House Group 1997 ISBN 0900 103 00 0

Industry guide to good food hygiene practice：*Markets and fairs guide* Chadwick House

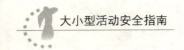

Group 1998 ISBN 1 902 42300 3

HELA *Keeping of LPG in vehicles*: *Mobile catering units* 52/13 HSE Books 1986

LP Gas Association *Use of LPG cylinders in mobile catering vehicles and similar commercial units* Code of Practice 24 Part 3 LP Gas Association 1996 ISBN 1 87 39118 0

Managing crowd safety in public places: *A study to generate guidance for venue owners and enforcing authority inspectors* CRR53 HSE Books 1993 ISBN 978 0 7176 0708 2

Managing health and safety: *Five steps to success* Leaflet INDG275 HSE Books 1998 (single copy free or priced packs of 10 ISBN 978 0 7176 2170 5) www.hse.gov.uk/pubns/indg275.pdf

Workplace transport safety: *An overview* INDG199 (rev1) HSE Books 2005 (single copy free or priced packs of 15 ISBN 978 0 7176 2821 6) www.hse.gov.uk/pubns/indg199.pdf

MOCA *Code of practice for mobile and outside caterers* (Second edition) The Mobile Outside Caterers Association 1999

MOCA *Due diligence system* (Second edition) The Mobile Outside Caterers Association 1999

National Outdoor Events Association *Code of Practice for outdoor events* 1993 NOEH plus amendments 1997

Need help on health and safety? Guidance for employers on when and how to get advice on health and safety Leaflet INDG322 HSE Books 2000 (single copy free or priced packs of 10 ISBN 978 0 7176 1790 6) www.hse.gov.uk/pubns/indg322.pdf

Protecting the public: *Your next move* HSG151 HSE Books 1997 ISBN 978 0 7176 1148 5

Safety in working with lift trucks HSG6 (Third edition) HSE Books 2000 ISBN 978 0 7176 1781 4

Football League, Football Association and Football Association Premier League *Stewarding and safety management at football grounds* 1995

Successful health and safety management HSG65 (Second edition) HSE Books 1997 ISBN 978 0 7176 1276 5

延伸阅读

Technical standards for marquees and large tents DOC14 Home Office 1995

Small-scale use of LPG in cylinders Chemical Information Sheet CHIS5 HSE 1999 www.hse.gov.uk/pubns/comahind.htm

Workplace transport safety: *An employers guide* HSG136 (Second edition) HSE Books 2005 ISBN 978 0 7176 6154 1

更 多 信 息

想要获取关于健康与安全的信息可以拨打英国健康与安全执行委员会的信息热线，联系电话：0845 345 0055，传真：0845 408 9566，短信电话：0845 408 9577，邮箱：HSE. infoline@ natbrit. com，或者写信到：HSE Information Services, Caerphilly Business Park, Caerphilly CF83 3GG。

英国健康与安全执行委员会定价的及免费的出版物可以通过网上阅读（网址：www. HSE. gov. uk）或者联系 HSE Books, PO Box 1999, Sudbury, Suffolk, CO10 2WA 进行订购，电话：01787 881165，传真：01787 313995。英国健康与安全执行委员会的定价出版物也可以通过书店购买。

英国标准的 PDF 格式可以通过英国标准学会的网上商店获取：www. bsigroup. com/Shop 或者通过联系英国标准学会客户服务获取纸版书（仅仅是纸版书），电话：020 8996 9001，邮箱：cservices@ bsigroup. com。

文书局的出版物可以从文书局获取：The Stationery Office, PO Box 29, Norwich NR3 1GN。电话：0870 600 5522，传真：0870 600 5533，邮箱：customer. services@ tso. co. uk，网址：www. tso. co. uk（它们也可以从书店获取）。法定文件可以在 www. opsi. gov. uk 免费阅览。